유월절을 통하여 일어난

히스기야 왕의
신앙 부흥 운동

水川 정복문 목사

히스기야 왕의 신앙 부흥 운동

水川 정복문 목사

머리말

이 글은 주후 1980년에 필자가 어느 기도원에서 사십 일 금식기도를 하면서 하나님 말씀의 진수(眞髓)에 상당히 심취되어 성경을 읽고 있을 즈음에 히스기야 왕의 유월절을 접(接)하게 되었다.

읽는 말씀에 큰 감동을 받고 깨달은 바를 종이에 초안하였고, 집에 와서 보호식을 하면서 정리하였고, 그 후 전국 각처 교회에서 부흥성회를 인도할 때마다 사경회 낮 교안으로 사용해 오다가, 나중에는 내용이 깊고 방대하여 사경회 전(全) 기간을 주야로 이 말씀을 가지고 외치기도 하였다.

본 내용으로 말씀을 전할 때마다 많은 성도들이 뜨거운 눈물의 회개와 신앙의 새로운 결심과 기쁨의 감사가 넘쳤고 성령의 은사도 나타났다.

부흥 사경회는 그 성격상 내용의 제한된 범위 내에서 전할 수밖에 없으므로, 본 내용을 필자가 깨달은 만큼을 소개하고 싶은 심정에서, 그리고 사경회에 참석한 목사님들의 요청도 있어서 글로 쓰게 되었는데, 이제야 아들 정성수 목사가 세상에 빛을 보게 하였다.

그러나 필자는 지식에 졸하고 글 솜씨마저도 부족해 직접 설교로 듣는 것보다 글로 대하면 은혜가 덜할까 염려하는 마음이 앞선다.

아무쪼록 읽고 신앙에 도움이 된다면 필자는 더없는 영광으로 생각하면서 조심스럽게 이 글을 출판한다.

독자 여러분께, 하나님의 감동하심이 있으시기를 손 모아 기도합니다.

주후 2021년 12월

저자, 水川 정복문 목사

차례

서론

(역대하 29:1-2)

히스기야 왕의 주도 아래 지켰던 유월절은 유다 국민의 큰 신앙 부흥 운동이 되었다. 유다 국민은 과거에는 하나님을 바로 알지 못하고 갖가지 우상만 섬겼던 자들이었는데, 이제 유월절을 통하여 하나님을 알게 되었고, 또한 하나님께로 돌아오게 되었다.

그뿐만이 아니라 그들은 하나님 언약의 할례를 받게 되었고, 마음에 통회를 하며 하나님께 지은 죄를 자복하였다. 그리고 하나님께 예물을 드리며 제사를 드렸고, 더불어 십일조와 감사의 제물을 드렸다. 그리고 제사장들도, 레위인들도, 모든 백성도 다 하나님께로 돌아왔다.

그래서 히스기야 왕의 유월절은 이스라엘 민족에게 위대한 변화를 일으켰으니, 이는 곧 회심과 회개였고, 유대인들의 생활에 전환점을 이룩한 신앙 부흥 운동이 되었다.

역대하 28장은 유월절을 지킬 수밖에 없도록 한 원인(原因) 장(章)이며,

역대하 29장은 유월절을 위한 준비 장이며,

역대하 30장은 유월절을 지키는 유월절 장이며,

역대하 31장은 유월절을 통한 변화와 축복받아 충성하는 결과 장이다.

역대하 32장은 유월절 이후에 나타난 히스기야 왕의 모습이 담긴 장이다.

1. 유대 나라의 역사적 배경

일반 성도들은 성경을 읽어도 그 시대의 역사적 배경을 모르기 때문에 성경을 이해하는 데 어려움이 많다. 성경은 모두 다 사실이므로 역사적인 배경을 가지고 있다. 성경은 전설(傳說)이 아니기 때문이다.

선지자 모세의 인도로 이스라엘 민족은 애굽 나라에서 나와 광야에서 무려 사십 년이란 긴 세월을 보냈다. 사십 일이면 갈 수 있는 길인데, 사십 년의 세월을 보내야 했다(민수기 14:34).

왜 그랬을까? 그것은 이스라엘 민족의 범죄 때문이었다.

민수기 14:34에 "너희는 그 땅을 정탐한 날 수인 사십 일의 하루를 일 년으로 쳐서 그 사십 년간 너희의 죄악을 담당할지니…."라고 하였다.

민수기 32:13에 "여호와께서 이스라엘에게 진노하사 그들에게 사십 년 동안 광야에 방황하게 하셨으므로 여호와의 목전에 악을 행한 그 세대가 마침내는 다 끊어졌느니라."고 하심으로서 그들이 범한 죄악 때문에 가나안 복지를 잃게 된 것을 알 수 있다.

이스라엘 백성의 광야 사십 년의 유랑 세월은 죄악을 범한 세대들의 죽음을 기다리는 기간이 되어 버렸다. 사십 년의 광야 생활의 배회하는 기간에 모세 선지자는 죽었고, 새로운 지도자 여호수아가 그들을 가나안 땅으로 인도하게 되었다.

이스라엘 민족은 가나안 땅에 정착한 지 약 410년 동안 사사(士師)들의 통치를 받았다. 성경의 연대를 계산하면 410년으로 나타나 있으나 학자들은 약 180년으로 본다. 이 기간을 '사사 시대'라고 부른다.

그다음에는 왕국 시대가 있다. 유명한 선지자 사무엘은 사사이면서 선지자였다. 그때 이스라엘 백성들은 이방 나라들처럼 자기들을 다스릴 왕을 구했다. 사무엘 선지자는 여호와 하나님의 승낙을 받고 최초로 사울을 찾아 기름 부어 왕을 세웠다.

이렇게 해서 세워진 나라가 이스라엘 나라이었다. 초대 왕은 베냐민 지파 사람, 사울이었다. 2대 왕은 성군 다윗이었고, 3대 왕은 지혜의 사람 솔로몬이었다. 그런데 솔로몬은 노년에 여러 후궁으로 인하여 우상숭배하는 죄에 빠졌다(열왕기상 11:1-8).

그러므로 하나님께서 솔로몬 왕에 대하여 매우 진노하셨다. 그러나 하나님은 다윗 왕을 위하여 솔로몬 왕 때에는 나라를 빼앗지 아니하시고(열왕기상 11:12-13) 솔로몬의 아들 르호보암 왕 때에 나라를 둘로 나누셨다.

북쪽에는 이스라엘 민족의 열두 지파 중에 에브라임, 므낫세, 아셀, 스불론, 잇사갈, 단, 납달리, 갓, 르우벤 지파들이 모여 이스라엘 왕국을 세우고 여로보암이 왕이 되었다.

그리고 남쪽에는 유다, 시므온, 베냐민 지파들이 모여 솔로몬 왕의 아들이자 다윗의 손자인 르호보암을 왕으로 추대하여 유다 왕국을 이룩하게 되었다.

이때로부터 이스라엘은 분열 왕국 시대를 맞게 된다. 다윗과 솔로몬의 혈통은 유다 왕국이었다. 북쪽 이스라엘 왕국은 솔로몬의 신하이며, 느밧의 아들인 여로보암이 왕국을 건설하였으나 하나님을 섬기지 아니하고 우상을 숭배하므로 신하들이 자주 반역하여 일어나서 왕조가 빈번히 바뀌게 된다.

　　　　　히스기야 왕의 신앙 부흥 운동

　　그러나 남쪽 유다 왕국은 하나님께서 다윗을 기억하셨으므로 다윗의 왕조가 계속되었다. 유다 왕국은 북쪽 이스라엘 왕국에 비하면 우상숭배는 조금 적은 편이었으나 왕 중에 우상숭배자가 많았다.

　　북이스라엘 왕조는 주전(B.C) 722년에 앗수르의 침공으로 수도 사마리아 성이 삼 년 동안 포위되었다가 결국 함락되었다. 남쪽 유다 왕국은 그로부터 135년 후인 주전(B.C) 587년에 바벨론 왕 느부갓네살의 침공으로 예루살렘 성이 18개월 동안 포위되어 버티다가 결국은 함락되었고, 성읍 사람들과 유대인들은 바벨론으로 사로잡혀 갔다.

　　이 글의 주인공인 히스기야 왕은 유다 왕국의 13대 왕이다. 유다 왕국은 아주 작은 나라이다. 유다 왕국이 차지하고 있는 지역은 땅덩이도 작고 인구도 적다.

　　이스라엘 왕조는 그들 민족 중에 아홉 지파였는데, 반하여 유다 왕조는 겨우 세 지파뿐이었다. 면적은 115.2㎢이었다. 우리 대한민국과 비교하자면 강원도 정도밖에 안 된다.

　　유다 왕국의 역사는 주변국 곧 이스라엘, 앗수르, 바벨론 나라들과의 관계에 따라 삼기(三期)로 나뉜다.

<table>
<tr><td colspan="3" align="center">제1기 유다와 이스라엘의 관계에서</td></tr>
<tr><td align="center">초대 왕</td><td align="center">르호보암</td><td align="center">주전 936-919</td></tr>
<tr><td align="center">2대 왕</td><td align="center">아비얌</td><td align="center">〃 919-916</td></tr>
<tr><td align="center">3대 왕</td><td align="center">아사</td><td align="center">〃 916-875</td></tr>
<tr><td align="center">4대 왕</td><td align="center">여호사밧</td><td align="center">〃 875-851</td></tr>
<tr><td align="center">5대 왕</td><td align="center">여호람</td><td align="center">〃 850-842</td></tr>
<tr><td align="center">6대 왕</td><td align="center">아하시야</td><td align="center">〃 842-841</td></tr>
<tr><td align="center">7대 왕</td><td align="center">아달랴</td><td align="center">〃 841-835</td></tr>
<tr><td align="center">8대 왕</td><td align="center">요아스</td><td align="center">〃 835-795</td></tr>
<tr><td align="center">9대 왕</td><td align="center">아마샤</td><td align="center">〃 795-768</td></tr>
<tr><td align="center">10대 왕</td><td align="center">웃시야</td><td align="center">〃 768-740</td></tr>
<tr><td align="center">11대 왕</td><td align="center">요담</td><td align="center">〃 740-731</td></tr>
</table>

<table>
<tr><td colspan="3" align="center">제2기 유다와 앗수르의 관계에서</td></tr>
<tr><td align="center">12대 왕</td><td align="center">아하스</td><td align="center">주전 731-727</td></tr>
<tr><td align="center">13대 왕</td><td align="center">히스기야</td><td align="center">〃 727-696</td></tr>
<tr><td align="center">14대 왕</td><td align="center">므낫세</td><td align="center">〃 696-641</td></tr>
<tr><td align="center">15대 왕</td><td align="center">아몬</td><td align="center">〃 641-639</td></tr>
<tr><td align="center">16대 왕</td><td align="center">요시야</td><td align="center">〃 639-608</td></tr>
</table>

<table>
<tr><td colspan="3" align="center">제3기 유다와 바벨론의 관계에서</td></tr>
<tr><td align="center">17대 왕</td><td align="center">여호아하스</td><td align="center">주전 608-608</td></tr>
<tr><td align="center">18대 왕</td><td align="center">여호야김</td><td align="center">〃 608-597</td></tr>
<tr><td align="center">19대 왕</td><td align="center">여호야긴</td><td align="center">〃 597-597</td></tr>
<tr><td align="center">20대 왕</td><td align="center">시드기야</td><td align="center">〃 597-586</td></tr>
</table>

히스기야 왕의 신앙 부흥 운동

제2기 유다와 앗수르의 관계에서		
12대 왕	아하스	주전 731-727
13대 왕	히스기야	〃 727-696
14대 왕	므낫세	〃 696-641
15대 왕	아몬	〃 641-639
16대 왕	요시야	〃 639-608

유다 왕국은 다윗의 전통을 이어 약 350년간 존재하며, 여호와의 종교를 유지해 오다가 결국 주전(B.C) 587년에 바벨론 나라에 의해 완전히 패망케 되었다.

그 이후로는 줄곧 이스라엘 민족의 주권 국가를 설립하지 못하다가 주후(A.D) 1948년에 비로소 독립하여 현재의 이스라엘 나라가 탄생하였다.

이스라엘은 하나님의 선택된 거룩한 민족이었으면서도 최대의 수난(受難) 민족이었다. B.C.587년~A.D. 948년까지 무려 2,535년간이나 나라 없는 민족으로서 세계 도처에서 여러 나라, 여러 민족의 틈새에 끼어 더부살이하였다.

더욱이 주후 70년에 로마 제국으로부터 여루살렘 성읍이 함락된 이후로 약 2,000년 동안을 그들의 조상 아브라함에게 하나님께서 약속하신 가나안 땅, 곧 지금의 팔레스타인 지방을 잃어버리고 나라가 없고, 영토가 없고, 주권이 없는 민족으로서 유랑(流浪) 생활을 해 왔다.

이스라엘 민족이 하나님의 특별한 선민(選民)이면서, 왜 이렇게 수난의 민족이 되었을까? 그것은 바로 종교적 타락 때문이었다. 이스라엘 민족은 세계 열방 민족 중에서 제사장 민족, 즉 제사장 나라가 되었는데, 그 사명을 감당하지 못했기 때문에 하나님의 징계를 받게 된 것이다.

하나님은 말씀하셨다. 출애굽기 19:5-6에 "세계가 다 내게 속하였나니 너희가 내 말을 잘 듣고 내 언약을 지키면 너희는 모든 민족 중에서 내 소유가 되겠고 너희가 내게 대하여 제사장 나라가 되며 거룩한 백성이 되리라 너는 이 말을 이스라엘 자손에게 전할지니라."고 하였다.

이스라엘은 세계 모든 민족에게 하나님의 복음을 전하고 여호와 하나님을 알려서, 하나님을 알지 못했던 다른 이방 민족으로 하여금 신앙을 가지고 하나님께로 돌이키도록 할 사명을 가진 민족이었다. 그런데 그 사명을 저버리고 감당치 못하였기 때문에 무서운 징계를 받은 것이다.

북이스라엘 왕조는 이미 멸망하였고, 남유다 왕조는 겨우 신앙의 명맥만 유지하다가 제14대 왕, 즉 히스기야 왕의 아들 므낫세가 하나님 앞에 너무나 악독하게 행하였기 때문에 하나님의 돌이킬 수 없는 진노를 샀던 것이다. 결국은 예레미야 선지자의 예언이 성취되었다.

예레미야 15:4에 "유다 왕 히스기야의 아들 므낫세가 예루살렘에 행한 것으로 말미암아 내가 그들을 세계 여러 민족 가운데에 흩으리라."고 하신 것이다.

▎ 2. 히스기야 왕에 대하여 (역대하 29:1-2)

히스기야 왕은 통일 이스라엘 왕국 시대의 왕들, 즉 다윗과 솔로몬에 버금가는 위대한 왕이었다. 그의 명성을 열방어 떨치게 되었다.

역대하 32:23에 "여러 사람이 예물을 가지고 예루살렘에 와서 여호와께 드리고 또 보물을 유다 왕 히스기야에게 드린지라 이 후부터 히스기야가 모든 나라의 눈에 존귀하게 되었더라."는 말씀을 보면 알 수 있다.

그의 위대한 업적은 종교적인 면에서, 정치적, 군사적인 면에서도 뛰어났다.

구약 성경에는 다른 왕들에 비하여 비교적 상세하게 그의 행적을 기술하고 있다(열왕기하 18:-20:, 이사야 36:-39:, 역대하 29:-32:까지).

역대하 29:1-2에 보면 히스기야는 25살에 왕위에 올라 29년 동안 예루살렘에서 나라를 다스렸다. 그의 아버지 아하스 왕은 하나님 보시기에 악한 왕으로 20세에 왕이 되어 예루살렘에서 16년간을 치리하였으나 다윗 왕처럼 정직하게 행하지 아니하였고, 이스라엘 열왕(列王)의 길로 행하여 우상들을 만들어 숭배하였다(역대하 28장). 히스기야 왕의 어머니는 아비야로서 스가랴의 딸이었다.

역대하 26:5에 "하나님의 묵시를 밝히 아는 스가랴"라고 하였는데, '스가랴' 선지자는 웃시야 왕 시대에 사역하던 자로서 이분의 딸이 바로 히스기야 왕의 모친 아비야가 아닌가 싶다.

히스기야 왕의 성품은 "여호와 보시기에 선과 정의와 진실함"이었다(역대하 31:20). 그리고 "여호와 보시기에 정직히 행하였다(역대하 29:2)."

히스기야가 왕이 되던 때는 종교적으로는 우상이 매우 성행하였고, 영적으로는 하나님과의 교제가 단절되었고, 경제적으로는 가난과 기근이 극심하였으며, 정치적으로는 전쟁이 계속되어 평화와 안정이 깨어져 버렸고, 혼란이 가중되어 비참한 상황에 부닥쳤었다.

이런 때에 하나님께서 선하고 정직한 사람 히스기야를 왕으로 부르시어 종교개혁을 일으키게 하셨다. 그리하여 종교적으로 신앙 부흥 운동을 일으켜, 모든 백성을 하나님께로 돌아오게 하였고, 정치적 경제적으로는 안정과 번영을 누리게 하였다.

그것은 우리에게 무엇을 깨닫게 하는가? 하나님께서 히스기야 왕처럼, 그리고 다윗 왕처럼 선하고 정직하여 하나님의 마음에 맞는 사람을 찾아 쓰신다는 사실이다.

이스라엘에는 모두 42명의 왕이 있었다. 통일 왕국 시대에 3명, 남유다 왕국에 20명, 북이스라엘 왕국에 19명이 있었다.

이처럼 수많은 왕 중에, 북 왕조는 겨우 단 한 사람 예후를 제외하고는 모두 하나님 보시기에 악한 왕들이었고, 남 왕조는 20명 중의 일곱 사람만 하나님 여호와께서 보시기에 선하였을 뿐, 나머지 13명의 왕은 모두 악한 자들이었다.

남쪽 유다의 일곱 왕 중에도 비록 그들이 하나님의 보시기에 선하다 하였으나 하나님의 마음에 맞는 사람은 역시 단 한 사람, 히스기야 왕뿐이었다. 그래서 하나님께서는 히스기야를 들어 쓰셨다.

히스기야는 이스라엘 백성들의 머릿속에서 잊혀 가는 '여호와의 신앙'을 일깨워 주고, 소멸해 가는 종교적 의식을 되찾아 주는 큰일을 하였다.

 히스기야 왕의 신앙 부흥 운동

하나님은 지금도 그분의 마음에 맞는 사람을 찾고 계신다. 다윗의 경우를 보라.

사도행전 3:22-24에 "모세가 말하되 주 하나님이 너희를 위하여 너희 형제 가운데서 나 같은 선지자 하나를 세울 것이니 너희가 무엇이든지 그의 모든 말을 들을 것이라 누구든지 그 선지자의 말을 듣지 아니하는 자는 백성 중에서 멸망받으리라 하였고 또한 사무엘 때부터 이어 말한 모든 선지자도 이때를 가리켜 말하였느니라."라고 하였다.

하나님은 다윗 왕을 통하여 하나님의 나라를 더욱 견고케 하셨다. 그리고 하나님을 섬기는 예법을 더욱 체계화하였다. 하나님의 성전을 지을 생각을 창안케 되었고, 또한 그 계획을 구체화하였다.

하나님은 다윗 왕을 통하여 많은 영적 계시를 주셨다. 구약 성경 중에 하나님을 찬양한 시편 말씀들이 대부분 다윗 왕을 통하여 기록되었다. 미래에 이루어질 메시아에 대해서도 예언을 주셨다. 하나님은 다윗이 그분의 마음에 딱 맞는 사람이기 때문에 이렇게 귀히 쓰셨다.

히스기야 왕의 경우도 마찬가지다. 하나님은 히스기야 왕을 들어 쓰시기를 즐겨 하셨다.

역대하 29장~31장까지의 내용은 나라와 민족이 전쟁과 재난과 기근으로 인하여 패망의 위기에 있었을 때, 히스기야가 왕위에 올라 전국에 명령을 내려, 우상에서 돌이켜 하나님께로 돌아오기 하고, 성전과 제사장과 백성들을 성결케 하여, 그들에게서 잊혀져 버렸그, 없어져 버렸던 하나님의 명하신 유월절 절기를 지키게 하였던 것이다.

그리하여 이스라엘 민족의 신앙을 회복게 하고 결심케 하여 하나님의 품으로 돌아오게 하였고, 하나님의 말씀으로 돌아오게 하여 백성들이 영육(靈肉) 간에 평안함과 풍요로움을 누리게 하는 역사적인 종교개혁을 하였다.

히스기야 왕은 이스라엘 역사상 보기 드문 성군(聖君)이었다. 백성들을 우상에서 하나님께로 돌이켰고, 하나님의 진노와 재난을 평화와 축복으로 바꾸었고, 나라와 민족을 고통에서 구원한 지도자였다.

놀라운 영적 변화와 육신적 변화를 유다 왕국 백성들에게 가져다주었다. 하나님은 예나 지금이나 변함없이 선하고 정직하여 하나님의 마음에 합당한 사람을 들어 크게 사용하신다는 것을 반드시 깨달아야 한다.

히스기야 왕의 유월절이 유다 왕국 백성들에게 신앙 부흥이 되었고, 축복의 동기부여가 된 것처럼, 우리도 히스기야 왕의 유월절을 배우면서 신앙을 새롭게 하고, 생활을 신바람 나게 하는 심령 부흥 운동이 되기를 간곡히 원하는 바이다.

Ⅱ

방법론

신앙 부흥 운동의 방법

(역대하 29:3-5)

  히스기야 왕은 유월절을 통한 신앙 부흥을 위하여 언제 시작하였고, 어떻게 준비하였는가? 그리고 히스기야 왕의 신앙 부흥 운동이 우리에게 어떤 교훈을 주는가를 살펴보자.

1. 언제 시작하였는가? (時期)

1) 히스기야 왕의 통치 첫해

역대하 29:3 "첫째 해 첫째 달에…"

역대하 29:17 "첫째 달 초하루에 성결하게 하기를 시작하여…"

유다 왕조의 히스기야 왕은 신앙 부흥을 일으킬 때의 시점을 유월절 명절에 맞추었다. 이스라엘 민족의 신앙 부흥은 유월절이 가장 적합하였다. 그리고 시기적으로도 적절했다. 왜냐하면 히스기야 왕의 통치 첫해였기 때문이다.

그러므로 유월절 절기를 지키기 위하여 준비를 시작한 것은 히스기야가 왕이 된 첫해, 첫 달, 첫날이었다. 다시 말하면 히스기야는 25세 되던 해, 정월 초하루에 왕이 되었고, 그는 왕이 되는 즉시로 유다 전국에 명령을 내려 유월절 명절을 지키기 위해서 준비케 한 것이다.

이는 히스기야 왕의 아주 용감하고 현명한 결단이었다. 아무나 쉽게 내릴 수 있는 결단이 아니었는데 그는 이것을 잘 실행하였다.

누구든지 왕자로 있다가 왕위에 오르게 되면 이날은 경사스러운 날로 여겨 잔치를 베풀고 풍악(風樂)을 울리는 날이 되어야 할 것이다. 그것은 새로운 왕이 탄생했기 때문이다.

궁중은 물론하고 전국의 만조백관(滿朝百官)이며, 모든 백성이 새로운 왕의 등극(登極)을 위하여 경하하며 유흥을 즐기는 날이다. 이날을 공휴일로 정하여 온 국민을 편히 쉬게 할 것이다.

그러나 히스기야 왕은 그리하지 않았다. 오히려 그는 이날에 새로운 용단을 내렸다. 그것이 곧 유월절을 지키라는 명령이었다. 히스기야 왕, 자신에게는 가장 귀한 경사스러운 날을 여호와의 신앙을 위하여 모든 것을 버리고, 오직 주님의 영광을 위하여 힘쓴 것이다.

• 이 일에 우리는 히스기야 왕을 높이 평가할 세 가지 이유가 있다

하나, 왕이 된 첫날을 자기를 위하여 쓰지 않고 주님의 영광을 위하여 썼다는 점.

둘, 가장 귀한 날을 자기를 위하여 즐기지 않고 주님을 위하여 드렸다는 사실.

셋, 가장 귀하고 경사스러운 날에 유월절을 지키기 위하여 명령을 내림으로써 유월절에 대한 의지를 극대화했다는 것.

이러한 위대한 히스기야 왕의 결단을 본받는 모든 우리가 되자.

2) 신앙 부흥 운동의 필요를 느꼈을 때

히스기야 왕은 신앙 부흥의 필요를 느꼈을 때, 지체하지 않고 바로 시작했다. 그는 왕이 되기 전, 25세가 될 때까지 그의 아버지 아하스 왕의 치정(治政)을 눈여겨봤다. 아버지의 신앙이 우상에게로 향하는 것을 보았고, 왕의 우상숭배는 왕과 백성이 함께 고통받는 생활이란 것을 깨달았다. 그는 왕세자로 있으면서 궁중의 현실을 직시하였다.

하나님을 섬겨야 할 왕과 백성이 하나님을 떠나서 우상을 섬기는 것이 얼마나 불행한 고통인가를 새삼스레 알게 되었다. 그래서 그는 결심하였다. '내가 만일 왕이 된다면 하나님께로 돌아가리라. 분명 나는 하나님께로 돌아가리라. 결단코 나는 하나님께로 돌아가리라.'고 다짐하면서 입술

　　　　　　　　　　히스기야 왕의 신앙 부흥 운동

을 지그시 깨물었을 것이다.

내 백성 모두를 하나님께로 돌이키겠노라고 그는 하나님께 다짐하며 기도하였을 것이다. 그의 중심에 불붙는 이러한 믿음이 용트림하였기 때문에 히스기야는 왕이 된 그날, 그 시로 전국에 명령을 내리게 된 것이다.

히스기야 왕의 유월절 신앙 부흥 운동은 결코 갑작스럽게 된 것도 아니며, 우연히 된 것도 아니다. 겉으로는 갑작스레 된 것 같지만, 히스기야 왕의 마음속에는 이미 오래전부터 계획하고 있었던 것이다. 그의 마음속에는 여호와의 신앙이 불붙고 있었으나 그의 아버지 아하스 왕의 우상 종교 때문에 마음 한구석에 감추고 있었던 것뿐이었다(역대하 28장).

히스기야 왕의 부친 아하스 왕은 우상에 대한 열성이 대단하였다. 그러나 그것이 아하스를 망하게 한 요인이었다. 히스기야는 부왕(父王)의 우상에 대한 열성 때문에 숨을 죽이고 있었다.

그러다가 기회가 오자마자, 왕이 되자마자 즉시 '여호와의 신앙'을 위하여 행동으로 옮긴 것이다. 히스기야 왕은 지혜로웠고, 신앙의 용기가 있었다. 일을 하여야 할 때 결단을 내리는 패기가 있었다. 히스기야는 아주 귀한 시간을 하나님께 바쳤다.

사람은 누구든지 자기의 가던 길이 잘못된 줄 알았다면, 그 사실을 안 즉시 돌이키는 행동이 필요하다. 기회가 왔을 때 놓치지 말고, 그 기회를 활용하는 것이 매우 현명한 처사이다.

사람이 자기의 과오를 알면서 시인할 줄 모르는 어리석은 사람이 있는가 하면, 또한 자기의 과오를 고치려 노력하지 않는 무능한 사람도 있다.

이런 사람들은 시간이 흐르면 흐를수록 불행을 품에 안고 사는 자들로서 나쁜 결과를 초래한다.

기회를 적절히 잘 활용할 줄 아는 사람이 곧 성공하는 자가 된다. 이 교훈을 꼭! 잊지 말자!

3) 징벌(懲罰)이 임한 즉시

히스기야는 하나님의 징벌이 임하였을 때, 그때 즉시 신앙 부흥 운동을 전개하였다. 미련한 자들은 자기가 하나님의 징계를 받으면서도 그것이 징벌인지 모르고 산다. 그런가 하면 또 다른 어리석은 사람들은 자기가 당하는 고통이 하나님의 징벌이라고 알고 있으면서도, 입으로 시인하면서도, 돌이킬 줄 모르는 뜨뜻미지근한 자들도 있다.

또 어떤 자들은 그가 지금 겪고 있는 고난이 하나님의 징벌이라고 암시하여 주거나 일깨워 주는데도 깨닫지 못하고 돌아설 줄 모르는 안타까운 바보들도 있다.

이런 자들은 지혜가 어두워진 자들이다. 지혜로운 성도라야 복을 받는다. 우리 모두 지혜로운 성도가 되기를 기도하자!

"보라 내가 너희를 보냄이 양을 이리 가운데로 보냄과 같도다 그러므로 너희는 뱀 같이 지혜롭고 비둘기 같이 순결하라(마태복음 10:16)."

█ 2. 준비는 어떻게 하였는가? (方法)

히스기야 왕은 유월절을 지키기 위하여 무엇을, 어떻게 준비하였는지를 살펴보면서 우리의 신앙 부흥에도 교훈을 삼자.

1) 성전 문(門)을 열었다

역대하 29:3 "…여호와의 전 문들을 열고…"

예루살렘 성전 문은 그의 아버지 아하스 왕이 우상숭배자였기 때문에 성전 문들을 폐쇄해 버렸고, 성전은 이미 방치된 상태였다. 그렇기 때문에 성전 문을 열어야 우선 성전 안에 들어갈 수 있었다. 당시에 성전은 굳게 닫혀 버렸고, 성전 안은 엉망이었다.

오랫동안 버려져 있었기 때문에 먼지 구덩이였고, 부서진 성구들이 볼썽사납게 흐트러져 있었다. 이런 상태로는 하나님께 제사를 드릴 수가 없었다. 그러므로 성전을 수리하려면 먼저 성전 문을 열어야 했었다.

자! 그렇다면 지금 우리는 어떻게 신앙 부흥을 하여야 할까? 지금 우리의 성전인 예배당 문은 활짝 열려 있다. "아무나 와도 좋소!"라고 하며 활짝 열어 놓고 기다리고 있다.

아무나 누구든지, 아무 때나, 언제라도 원하는 자들이 마음대로 예배당 안에 들어와서 찬송과 기도를 드릴 수 있다. 예배를 드릴 수 있다. 친교와 봉사를 할 수 있다. 마음껏 주님과 교제할 수 있다. 하나님의 영광을 위한 그 어떠한 일들도 할 수 있다.

그렇다면 무엇이 문제일까? 외적인 조건은 완전히 갖추어졌으나 내적인 조건이 충족되지 못했다. 그것은 하나님을 향한 우리의 마음이 활짝 열려 있지 못했다는 문제이다.

혹 입으로는 "주여! 주여!" 하면서도 진정 마음으로는 부르짖지 못하는 사람이 있는지 점검해 볼 필요가 있다. 마음은 굳게 닫힌 채, 입으로만 주님을 부르고 있지 않은지 진단해 보자.

성도의 마음은 보이지 않는 하나님의 성전이다(고린도전서 3:16). 우리 속에 있는 마음의 성전 문을 열어야 한다. 우리의 마음은 하나님의 집이다. 마음의 성전 문을 잠가 두고는 심령 부흥이 일어날 수 없다.

히스기야는 보이는 성전 문을 열고 유월절 신앙 부흥 운동을 하였으나 이제, 우리는 보이지 않는 마음의 성전 문을 열고서 신앙 부흥 운동을 하여야 한다.

고린도전서 3:16에 "너희는 너희가 하나님의 성전인 것과 하나님의 성령이 너희 안에 계시는 것을 알지 못하느냐."라고 하였으며, 고린도전서 6:19에 "너희 몸은 너희가 하나님께로부터 받은 바 너희 가운데 계신 성령의 전인 줄을 알지 못하느냐 너희는 너희 자신의 것이 아니라."고 하였다.

성전은 보이는 예루살렘 성전만 있는 것은 아니라 우리의 마음에 보이지 않는 성전도 있다.

• **성전은 몇 가지로 구분할 수 있다**

   - 보이는 성전과 보이지 않는 성전이 있다.
   - 지상에 있는 성전과 천상에 있는 성전이 있다.
   - 성전과 교회는 구별이 되어야 한다.

   보이는 성전은 지상에 세워진 건물로 된 성전이며, 보이지 않는 성전은 영적인 것으로서 무형적(無形的) 존재다. 보기지 않는 성전은 하늘나라에도 존재하고, 우리의 마음속에도 있다. 그것이 하늘나라 성전과 마음의 성전이다.

   그리고 교회와 성전도 혼동해서는 안 된다. 흔히 교회와 성전을 같은 것으로 오해하고 있다. 그러나 다르다. 어떻게 다를까? 교회는 예수님을 믿는 성도들이 모인 단체이며, 성전은 하나님이 임재하여 계시는 하나님의 집이다.

   교회는 모임의 개념이며, 성전은 장소의 개념이다. 교회란 하나님의 부르심을 받은 성도들이 모이는 거룩한 집단이겨, 성전은 거룩한 집단인 교회가 모이는 장소이다.

   성전은 눈에 보이는 건물로 지어진 성전이 있는가 하면, 움직이는 성도의 몸도 성전이라 하였고, 하늘나라에는 성전을 볼 수 없었으니 친히 하나님과 어린양이신 예수께서 성전이기 때문이라고 하였다(요한계시록 21:22).

히스기야 왕 때는 보이는 지상의 건물인 성전 문을 열고서 신앙 부흥 운동을 시작하였으나 지금은 어떻게 하여야 할까? 우리는 마음의 성전 문을 열고 심령 부흥과 신앙 부흥을 해야 한다. 이것을 해결하지 않으면 결코 교회 부흥이란 것도 생각할 수 없다. 이제 우리는 모두 다 마음을 활짝 여는 것이 필요하다.

시편 81:10에 "네 입을 크게 열라 내가 채우리라."고 하였다.

여기 말하는 '입'은 마음의 입이다. 곧 마음의 문을 가리킨 것이다. 우리가 마음의 문을 활짝 열면 하나님께서 우리의 심령 속에 가득 채워 주신다는 말씀이다.

나는 어린 철부지 소년 시절에 푸른 하늘, 맑은 공기, 사방이 산으로 빙 둘러선 농촌 마을에서 자랐다. 집은 덩실하게 잘 지어진 한옥 네 칸 겹집이었다. 선친께서 목수이신지라 손수 정성을 들여 지으신 작품이었다.

그런데 봄이 돌아와, 제비들이 강남에서 날아와 우리 집 앞 마루 위에 둥지를 마련하였다.

나는 한동안 제비들과 힘든 전쟁을 치렀다. 제비는 집을 짓고, 나는 쳐부수는 전쟁이었다. 내 어린 소견으로는 깨끗한 새집에 흙집을 짓고 날아다니는 제비의 꼴이 보기 싫었기 때문이었다.

그러나 제비는 승리했다. 어느 날 둥지 속에는 새끼들이 우글거렸다. 제비 새끼들은 노란 입술연지를 바르고 나를 향해 짹짹거리며 "우리는 여기서 태어났지롱!" 하며 짹짹거렸다. 어미 새가 먹이를 물고 오면, 노란 입술연지를 바른 삼각 주둥이를 크게 벌리고 짹! 짹! 하면, 어미 제비는 자기 주둥이를 새끼 주둥이 속에 깊숙이 넣어 준다. 새끼들은 그것을 받아 꿀꺽! 꿀꺽! 삼키면서 쑥쑥 자라났다.

그러나 어미가 새끼에게 주려고 먹이를 물고 왔을 때, 만약 어떤 새끼가 입을 꾹! 다물고 있다면 아무리 어미가 먹이를 넣어 주고 싶어도 주지 못한다. 입을 벌리지 않는 새끼들은 굶어 죽을 수밖에 없다. 이것이 제비들이 살아가는 법칙이었다.

어느 때에는 어미 제비가 둥지에 앉아서 서끼들을 향하여 한참 동안 지지구재재구 하면서 지저귀는 모습도 볼 수 있었다. 도대체 뭐라고 지저귈까? 분명 의미 있는 그들만의 의사소통일 것이다.

그것은 어미가 새끼를 향하여 삶의 방식을 가르치고 있는 것이 아닐까? "내가 밖에 나가 먹이를 사냥해 오면 너희들은 반드시 입을 크게 벌리고 나를 향하여 먹이를 달라고 소리쳐라! 나는 입을 벌리지 않는 새끼들에게는 먹이를 줄 수 없단다. 너희들이 입을 크게 벌려야 산다! 입술을 크게 벌리지 않으면 굶어 죽는다! 이 말을 명심해라. 알았지! 알았지!" 하더니 다시 어미 새는 휙! 먹이 사냥을 위해 날아가는 것이라고 나는 느꼈다.

성도는 말씀의 젖을 먹는 자녀들이다. 목사는 하나님의 말씀을 입에 물고 성도들의 심령 속에 깊숙이 넣어 주어야 할 사명을 가지고 있다. 목사의 입술을 통하여 전달되는 하나님의 말씀을 받아 성숙한 그리스도인이 되기 위해서는 마음의 입을 크게 벌려 아멘으로 응답하여야 한다.

목사가 진리의 꼴로 생수와 같은 말씀을 전할 때, 교인들이 받아들이지 않으면 아무런 소용이 없다. 하나님께서 교인들에게 은혜를 주실 때 강단의 말씀을 통하여 주신다. 하나님께서 목사를 은혜 주시는 전달 매체로 사용하신다.

그래서 바울 사도는 고린도 교회의 성도들에게 이렇게 부탁하였다. "고린도인들이여 너희를 향하여 우리의 입이 열리고 우리의 마음이 넓어졌으니 너희가 우리 안에서 좁아진 것이 아니라. 오직 너희 심정에서 좁아진 것이니라. 내가 자녀에게 말하듯 하노니 보답하는 것으로 너희도 마음을 넓히라(고린도후서 6:11-13)."

마치 어버이가 사랑스러운 자녀에게 훈계하듯, 사도 바울은 고린도 교인들에게 마음을 넓히라고 권면한다. 입을 열라는 말씀이나 마음을 넓히라는 말씀이나 마음의 성전 문을 열라는 말씀은 다 같은 의미를 가지고 있다.

• **복음성가**

1절)
그 누가 문을 두드려 / 그 누가 문을 두드려
우리들의 마음의 문을 / 그 누가 두드리신다.
예수님 같아 / 그 누가 문을 두드려
예수님 같아 / 그 누가 문을 두드려
우리들의 마음의 문을 / 그 누가 두드리신다.
2절)
성도여 문을 열어라 / 성도여 문을 열어라
우리들을 불러 주신다 / 성도여 문을 열어라
은혜 주신다 / 성도여 문을 열어라
은혜 주신다 / 성도여 문을 열어라
우리들을 불러 주신다 / 성도여 문을 열어라

　히스기야 왕의 신앙 부흥 운동

요한계시록 3:20에 "볼지어다. 내가 문밖에 서서 두드리노니 누구든지 내 음성을 듣고 문을 열면 내가 그에게로 들어가 그와 더불어 먹고 그는 나와 더불어 먹으리라."고 예수님께서 라오디게아 교회 성도들에게 말씀하셨다.

• 이 말씀에서 문을 두드린다는 것은 무엇인가?

이 '문'(門)은 대문인가? 방문인가? 아니다. 우리의 마음 문이다. 주님께서는 철 대문을 굳게 닫아 두어도 들어오실 수 있다. 방문을 굳게 잠가 놓아도 들어오실 수 있다.

그러나 우리들의 '마음의 문'이 닫혀 있으면 못 들어오신다. 왜냐? 하나님은 인격적인 분이시기 때문에 강제로 마음 문을 여시지 않으신다. 사람들이 자기의 '마음 문'을 안 열어 놓으면 예수님은 절대로 도적처럼 내 마음에 들어오시지 않으신다.

그렇기에 예수님은 문 열어 달라고 우리들의 마음의 문을 두드리고 계시는 것이다. '내가 문밖에서 두드리노니 누구든지 내 음성을 듣고 열면' 들어오시겠다고 하신 것이다.

• 그렇다면 주님께서 우리들의 마음의 문을 어떻게 두드리실까?

그 방법은 설교를 들을 때 말씀을 통하여 두드리시는 방법이 있다. 성경 말씀을 읽을 때 그 말씀을 통하여 두드리시는 방법도 있다. 기도할 때 기도하는 중에 두드리시는 방법도 있다. 세상의 어떤 사물이나 사건을 통하여 성도의 마음을 두드리시는 일도 있다.

우리가 세상에서 일상생활을 하다가 우연히 어떤 사건 또는 어떤 사람을 통하여 충격적인 자극을 받는다. 그것이 신선한 자극이었든지, 아니면 심한 충격이었든지 깨달음을 얻는 경우가 있다.

이런 때에는 주께서 이런 것들을 통하여 나의 마음을 두드리신다는 심정으로 자성(自省)해야 한다.

• 성도가 마음의 문을 여는 것은 무엇을 의미할까?

성도가 마음의 문을 열고자 한다면 말씀에 귀를 기울여야 한다. 말씀을 잘 경청해야 한다. 설교자에 대한 거부감을 버려야 한다. 교회나 성도에 대한 거부감도 버려야 한다. 이런 거부감을 느끼는 선입견을 버려야 한다. 나쁜 선입견들이 있을 때는 절대로 마음은 빗장을 열지 않는다. 오직 굳게 닫혀 있을 뿐이다.

더 나아가 이제는 듣고 깨닫는 것이다. 그리고 마음에 아멘으로 받아들여야 한다.

하나님의 말씀에 대한 마음의 시인(是認)과 동참이 있어야 한다. 말씀을 듣고 깨달은 바를 말과 행동으로 옮기도록 결심하는 것이다. 이런 자들에게는 하나님께서 차고 넘치도록 은혜를 부어 주신다.

• 마음의 문을 열라는 명령은 누구에게 주신 말씀인가?

요한계시록 3:20의 말씀은 아시아의 일곱 교회 중, 라오디게아 교회에 하신 말씀이다. 예수를 믿는다고 "주여! 주여!" 하면서도 주님의 뜻대로 살지 못하는 자들에게 하신 것이다.

주님께서 문을 두드리실 때 열어 주는 성도가 되어야 한다. 예수께서 언제나 항상 나의 마음을 두드리고 계시는 것은 아니다. 그리고 어느 때나 내가 은혜를 받고 싶다고 느낄 때 은혜를 받는 것도 아니다. 하나님이 은혜를 주실 때에만 우리가 은혜를 받게 된다는 것을 기억하자.

 히스기야 왕의 신앙 부흥 운동

고린도후서 6:2에 "…보라 지금은 은혜받을 만한 때요 보라 지금은 구원의 날이로다."라고 하였다. 하나님이 은혜를 베푸실 때가 있다. 그때를 놓치면 안 된다.

구약 아가서에는 솔로몬 왕이 술람미 여인을 사랑하는 내용이 기록되어 있다. 이것은 곧 예수님과 성도 간의 사랑의 관계를 보여 주는 말씀이다. 솔로몬 왕은 신랑이신 예수님의 모습이요, 술람미 여인은 신부인 성도의 모습이다.

신부는 언제나 집안에서 생활하고 있으나 신랑은 밖에 나가서 일하다가 늦은 시간에 들어온다. 신부는 신랑을 기다리다가 잠이 들었다. 신부는 신랑을 기다리다 지치고 피곤하였고 그래서 잠이 들었다.

그런데 신부가 잠은 들었는데 말소리가 들려온다. 기다리던 신랑의 음성이었다. 어느 때인지는 모르나 신랑이 문밖에서 두드리며 부르고 있는 것이다.

아가서 5:2에 "…나의 누이, 나의 사랑, 나의 비둘기, 나의 완전한 자야 문을 열어 다오 내 머리에는 이슬이, 내 머리털에는 밤이슬이 가득하였다 하는구나!"라는 음성이 들려온다.

신랑은 잠든 신부를 사랑스러운 목소리로 부르며 깨운다. 그러나 신부는 일어나지 못한다. 잠이 들었기 때문이다. 피곤하고 지쳐 있기 때문이다. 잠든 신부는 신랑의 음성은 들으나 일어나지는 못한다. 마음속으로는 일어나리라고 다짐하지만, 몸은 움직이질 않는다.

이 술람미 여인의 잠든 모습이 오늘날 성도의 잠든 모습일 수 있다. 성도가 영적으로 신앙의 잠을 자고 있다. 심신(心身)이 세상 것들로 지쳐 있다. 술람미 여인의 핑계와 오늘날 성도의 핑계가 너무도 흡사하다.

술람미 여인은 "내가 벗었으니 어찌 다시 입겠으며 내가 발을 씻었으니 어찌 다시 더럽히랴(아가서 5:3)."라고 생각한다.

신랑이 오기 전에 자기가 먼저 잠든 것은 자책할 줄 모르고 '잠이 온다.' '피곤하다.' '벗었다.' '씻었다.'라고만 생각하는 신부의 태도는 진정한 아름다운 신부의 모습은 아니다.

한 마디로 게으름뱅이의 독백이며 투정이다. 성도가 믿음에 잠이 들면 꼭 이렇다. 바쁘다, 시간 없다, 피곤하다, 좀 쉬고 싶다, 힘이 든다면서 갖가지 핑계를 늘어놓는다.

영혼도 잠들었고, 육신도 졸고 있다. 자기의 믿음이 병들었고, 잠든 것은 모르고 교회와 성도와 목사에게 화살을 겨냥한다.

술람미 여인이 늦게야 비로소 잠을 깨어 일어나 문을 열었으나 신랑은 벌써 물러갔다. 밤새도록 이슬을 맞으며 문밖에 서서 신부를 부르던 신랑은 떠나가 버렸다.

훨씬 늦은 후에야 잠들었던 신부는 정신을 차려 일어났으나 허탈감뿐이었다. 때늦은 뉘우침은 후회뿐이었다. 술람미 여인은 허겁지겁 뛰쳐나가 성중(城中)을 헤매었다. 그러다가 성중(城中)을 순행하는 자들을 만나 물어본다. 그러나 그들은 밤중에 성중을 헤매는 여인을 때려 상처를 입힌다. 신부는 겨우 순행하는 자들을 피하여 다시 성벽을 파수하는 자들을 만나 물어본다. 그러나 이들도 신랑을 찾는 신부를 희롱하기 위하여 윗옷을 벗겨 빼앗는다.

이 얼마나 엄청난 비극인가? 이것이 신랑을 기다리다가 잠든 신부의 모습이다.

혹시 이런 술람미 신부의 모습이 나의 모습이 아닌지! 여러분은 살펴보시라. 내가 신앙생활을 게을리하다가 이미 때늦은 시점에야 자각하고 일어나 이곳으로, 저곳으로 분주히 주님을 찾아 나섰다가 주님은 만나지 못하고 마귀들, 거짓된 미혹의 영들을 만나 상처만 가슴에 안고 울부짖고 후회하는 자가 되어서는 안 된다.

미련한 자는 기회를 얻지 못한다. 게으른 자는 은혜를 받지 못한다. 잠든 자, 병든 자는 주님을 만나지 못한다. 핑계하는 자는 핑계치 못할 책망을 당하게 된다. 믿지 못하는 자는 구원을 받지 못한다. 불충한 자는 주님으로부터 내쫓김을 받는다.

내게서 주 예수님이 멀리 떠나간 후에, 발을 동동 구르며 소리칠 때는 술람미 여인이 만난 성중을 돌아다니는 야경꾼, 파수꾼 등을 만나 신랑이 있는 곳으로 안내를 받기는커녕 찢기고, 빼앗기고 상처를 입은 것처럼, 사단과 그의 졸개 귀신들, 이단자들을 만나 상처만 입게 된다는 것을 깨달아야 한다.

이제 우리는 마음 문을 활짝 열고 주님을 영접하고, 주님이 주시는 넘치는 은사로 채움을 받아야 할 때이다.

마태복음 25:1-13의 열 처녀 비유를 보자! 신랑을 기다리다가 졸며 잠든 자들은 모두가 신랑을 맞이하지 못하고, 신랑이 이미 떠나버린 후에야 기름을 채우고 등불 켜 들고, 신랑을 쫓아갔으나 문은 굳게 닫혀 버렸고, 열어 주지 아니했다.

여기의 '열 처녀들'은 신랑 예수를 기다리고 있는 자들이었으므로 모두 신자들, 교인들이었다.

그중에 다섯 처녀는 지혜로운 신자의 모형으로서 졸지도 아니하고 믿음에 깨어 있는 성도였고, 기름도 떨어지지 아니하고 믿음이 충만한 성도였으며, 등불을 밝게 켜 든 처녀들은 성령이 충만한 성도이었다. 그래서 신랑 예수를 만나 혼인 예식을 하고 천국에 들어간 성도의 모습이었다.

그러나 또 다른 다섯 처녀는 졸며 잤다. 기름이 떨어지고 등불도 꺼졌다. 신앙이 병들어 졸며 자는 교인이었기 때문에, 믿음도 성령의 충만함도 받지 못했다. 그래서 그들은 예수님을 만나지도 못했고 천국에 들어가지도 못했다.

그러므로 주님이 내 마음의 문을 두드릴 때 얼른 열어 주는 지혜로운 성도가 되기를 바란다.

• 찬송가 535장

1절)

주 예수 대문 밖에 / 기다려 섰으나

단단히 잠가 두니 / 못 들어오시네

나주를 믿노라고 / 주 이름 부르나

문밖에 세워 두니 / 참 나의 수치라

2절)

문 두드리는 손은 / 못 박힌 손이요

또 가시면류관은 / 그 이마 둘렸네

이처럼 기다리심 / 참사랑이로다

문밖에 굳게 닫아 두니 / 한없는 내 죄라

2) 수리(修理)하였다

> 역대하 29:3 "…수리하고…"

예루살렘 성전이 히스기야 왕의 아버지 아하스 왕 때에는 안타깝게도 우상의 소굴이 되었으며, 나중에는 아하스가 하나님 성전의 기구들을 모아 부수고 또 여호와의 성전 문들을 닫고, 예루살렘 곳곳 구석마다 우상의 제단을 쌓고, 유다 각 성읍에 산당을 세워 다른 신에게 분향하여, 그의 조상들의 하나님 여호와를 진노하게 되었다(역대하 28:24-25).

그러므로 성전 안에는 우상의 잔재(殘在)들이 즐비하였고, 부서진 기구의 조각들이 흐트러져 있었다. 그리고 오랫동안 성전을 방치해 왔기 때문에 먼지와 쓰레기, 여러 가지 더러운 것들로 가득 찼다.

이런 상태로는 도무지 하나님께 제사를 드릴 수가 없었다. 그러므로 먼저 성전 문을 열었고, 그다음에는 성전을 수리하기 시작하였다.

• 그렇다면 우리의 신앙 부흥 운동은 어떻게 해야 할까?

먼저 더러워진 우리 마음의 성전을 수리해야 한다. 각종 우상숭배로 더러워진 마음, 각양 죄악으로 인하여 악해진 마음, 온갖 욕심으로 인하여 부패해진 마음을 깨끗하게 수리해야 한다.

마음의 성전을 정결하게 수리하기 위해서는 예수님 보혈의 성수(聖水)로 씻어내어야 한다.

요한일서 2:16에 "이는 세상에 있는 모든 것이 육신의 정욕과 안목의 정욕과 이생의 자랑이니 다 아버지께로부터 온 것이 아니요 세상으로부터 온 것이라"고 하였다.

우리가 예수를 믿기 이전에는 마음이 다 이와 같았었고, 중생하지 못한 자들의 마음이 다 이와 같았으니, 하나님의 말씀을 통하여 깨끗이 수리하고, 예수 그리스도의 피로 씻어 깨끗하게 하고, 성령의 능력으로 성결케 수리해야 한다.

육신의 정욕과 안목의 정욕과 이생의 자랑을 다 말씀과 물과 피로 깨끗이 씻어내야 한다. 성령의 불로 정결하도록 태워 버려야 한다. 그것은 우리들의 마음속에는 아직도 옛사람의 추한 흔적들이 부분적으로 남아 있기 때문이다.

마귀는 아직도 완전히 우리에게서 떠나 버리지 아니하였고, 지금도 우리를 자기의 소유인 것처럼 농락하며, 때로는 장난감처럼 희롱하고 있다. 마귀의 유혹과 농락으로 우리의 심령은 흔들리며, 부패하여서 아직도 퀴퀴한 냄새가 나는 채로 남아 있다.

　　　　　　　　　　　　　히스기야 왕의 신앙 부흥 운동

로마서 1:28-32에 밝힌 바와 같이 사람들의 마음속에는 아직도 사형에 해당하는 죄, 하나님께 합당치 못한 죄악들이 깊숙이 뿌리 박혀 있다.

그것은 곧 불의, 추악, 탐욕, 악의, 시기, 살인, 분쟁, 사기, 악독, 수군수군, 비방, 하나님의 미워하는 것, 능욕, 교만, 자랑, 악을 도모, 부모 거역, 우매, 배약(背約), 무정, 무자비 등이다.

그런가 하면 또한 우리는 육체의 일만 힘쓰고 있으니, 그것은 곧 음행, 더러움, 호색, 우상숭배, 술수, 원수 맺음, 쿤쟁, 시기, 분 냄, 당 짓는 것, 분리하는 것, 이단, 투기, 술 취함, 방탕(갈라디아서 5:19-21) 등 헤아릴 수 없는 죄악들이 살아 있어 꿈틀거리며 싹트고 있다.

이런 것들을 모조리 깨끗하게 뽑아내고 정리하여 수리해야 한다. 추하고 더러워져 냄새나는 것들을 예수의 보혈로 씻어내고, 상하고 부서진 것들을 성령의 능력으로 고치고, 시들어 병든 것들은 성령을 힘입어 중생을 새롭게 하심으로 신선해지고, 울퉁불퉁 모나고 아름답지 못한 것들은 성령의 검, 곧 말씀의 검으로 깎고 찍어내어 시원스럽고 깔끔하게 단장하자.

이제 성도의 마음은 성령의 열매로 알뜰살뜰히 채워져 있어야 한다. 성령의 열매는 곧 사랑, 희락, 화평, 오래 참음, 자비, 양선, 충성, 온유, 절제 등이다(갈라디아서 5:22).

히스기야 왕은 "아하스 왕이 왕위에 있어 범죄할 때에 버린 모든 그릇들도 우리가 정돈하고 성결하게 하여 여호와의 제단 앞에 두었나이다(역대하 29:19)."라는 말을 성전 수리하는 제사장들로부터 보고받았다.

그와 같이 지금, 우리들의 마음의 성전도 수리하고, 정돈하고, 성결케 되어서 여호와 하나님 앞에 설 수 있도록 하여야 한다.

지금 여러분 중에 마음이 흐트러져 어수선한 분들이 있는가?

마음이 불안하고 안정감이 없는 분들이 있는가?

이리저리 방황하며 뒤숭숭한 분들이 있는가?

근심과 걱정, 그리고 초조한 분들이 있는가?

감사치 못하고 짜증스럽고 신경질적이며, 분함이 치밀어 오는 자들이 있는가?

이런 마음의 상태들은 모두 다 마귀가 가져다주는 것들이다. 이제 모두 청산해 버려야 한다.

정상적인 성도의 마음은 평안하고 안정되고 잠잠하여 맑은 정신으로 정리 정돈되어 있어야 한다. 모두 다 감사와 기쁨과 평안이 넘치는 심령으로 바뀌어야 한다.

하나님이 주신 선물은 기쁨과 감사와 평안과 만족감이 넘치는 마음이다. 입가에는 항상 미소를 머금고, 마음에는 감사가 있고, 입에서는 기도와 찬송이 흘러나오는 모습이 성령이 충만한 상태이다.

근심, 걱정, 불안, 초조, 슬픔, 염려, 원망, 불평, 짜증, 투정, 시기, 질투, 그리고 어수선하고 복잡한 마음들은 모두 마귀의 선물들이므로 내던져 버려야 한다. 모두 속 시원하게 밖으로 토(吐)해내야 한다.

마귀는 육신의 열매인 죄악들을 주지만은 하나님은 성령의 아름다운 열매들을 주신다.

고린도전서 14:33에 "하나님은 무질서의 하나님이 아니시요 오직 화평의 하나님이시니라."고 하였다.

　　　　　히스기야 왕의 신앙 부흥 운동

• 복음성가

1절)
내게 강 같은 평화 / 내게 강 같은 평화
내게 강 같은 평화 넘치네
내게 강 같은 평화 / 내게 강 같은 평화
내게 강 같은 평화 넘치네
2절)
내게 바다 같은 사랑 / 내게 바다 같은 사랑
내게 바다 같은 사랑 넘치네
내게 바다 같은 사랑 / 내게 바다 같은 사랑
내게 바다 같은 사랑 넘치네
3절)
내게 샘솟는 기쁨 / 내게 샘솟는 기쁨
네게 샘솟는 기쁨 넘치네
내게 샘솟는 기쁨 / 내게 샘솟는 기쁨
네게 샘솟는 기쁨 넘치네
4절)
네게 믿음 소망 사랑 / 네게 믿음 소망 사랑
네게 믿음 소망 사랑 넘치네
네게 믿음 소망 사랑 / 네게 믿음 소망 사랑
네게 믿음 소망 사랑 넘치네

3) 제사장들을 불러들였다

제사장들은 이전에 아하스 왕의 우상숭배로 인하여 하나님의 성전을 폐쇄하여 버렸기 때문에, 제사장들과 레위인들이 봉사해야 할 일터를 잃어버렸다. 제사장과 레위인은 성전에서 봉사하고 성전에서 나오는 것을 가지고 살아야 하는데, 일터를 잃어버렸으니 자연히 그들은 생계를 위하여 각기 제 갈 길로 뿔뿔이 흩어질 수밖에 없었다.

그래서 이제 성전 문을 열고 수리하였으니, 세 번째로는 성전에서 봉사하여야 할 제사장들과 레위인을 불러들이게 된 것이다.

성전과 제사장은 불가분리의 필연적인 관계이다. 성전 안에는 제사장 외에는 아무도 들어가지 못한다. 성전에서 하나님께 제사를 집례할 자는 오직 제사장밖에 없다.

레위인들은 제사장을 도와 시중들어야 한다. 그래서 이들을 함께 불러 모은 것이다. 성전이 없는 제사장은 아무 쓸데 없거니와 또한 제사장이 없는 성전도 역시 무용한 것이다. 그 이유는 성전 안에는 제사장만 들어갈 수 있기 때문이며, 제사 드리는 일은 오직 제사장만의 고유 권한이기 때문이다.

• **제사장의 직무**

성전을 관리한다. 제사를 집례한다. 제사를 통하여 모든 것을 성결케 한다. 백성들의 질병을 진찰한다(레위기 13:-14).

옴, 붓는 것, 피부병, 색 점이 생기는 것 등으로서 나병인지 아닌지를 가리는 것이다.

그러나 지금은 율법 시대가 아니라 복음 시대임으로 자연히 율법에 따라 세워진 제사장직도 폐지되었다. 그러나 그 원리는 동일하다.

신약의 복음은 구약의 율법에 기초하고, 신약의 모든 의식은 구약의 율법에서 유래하였다.

구약의 제사는 신약의 예배다. 구약의 제사는 제사장만 집례하였지만 신약의 예배는 목사가 집례한다. 그러나 복음 안에서는 예배는 반드시 목사만 집례하는 것은 아니다. 지금은 모든 성도가 제사장의 사명이 있기 때문이다(베드로전서 2:9).

• **신약 시대의 제사장직**

▸ 영원한 대제사장 예수

히브리서 7:24에 "예수는 영원히 계시므로 그 제사장 직분도 갈리지 아니하느니라."(참조 히브리서 8:1-2, 9:11-12)고 하였다.

예수님은 하나님 나라의 영원한 대제사장으로서 우주적인 하늘 성전의 제사장이시다. 지금도 그분은 대제사장으로서 하나님 우편에서 우리를 위하여 간구하고 계신다(로마서 8:34).

‣ **교회의 담임목사**

목사가 제사장과 똑같은 것은 아니나 분명히 제사장의 기능을 가지고 있다. 구약 시대 제사장의 직무를 목사가 그 기능을 수행하고 있다. 구약의 제사장이 예루살렘 성전에서 그 직무를 수행하였듯이 지금은 목사가 예배당에서 그 직무를 수행하고 있다. 지금의 교회당은 구약 시대의 성전과 같은 기능을 한다.

구약의 제사가 신약의 예배이듯이, 구약의 성전은 신약의 예배당이다. 제사가 성전 안에서 제사장의 집례로 드려졌듯이 예배는 예배당에서 목사의 인도로 드려지고 있다. 제사장의 기능이 목사에게 있음같이 성전의 기능을 교회당이 가지고 있다.

‣ **구원받은 성도**

베드로전서 2:9에 "그러나 너희는 택하신 족속이요 왕 같은 제사장들이요 거룩한 나라요 그의 소유가 된 백성이니…"라고 하였다.

성도는 목사와는 달리 제한적 의미에서 제사장의 기능을 가지고 있다. 목사는 교회적이나 성도는 개인적이다. 성도는 몸의 성전 제사장의 기능을 가지고 있다(고린도전서 3:16, 6:19).

이상의 세 가지 제사장은 기능은 같으나 동일한 것은 아니다. 예수님은 하늘 성전의 제사장이요, 목사는 교회 성전의 제사장이요, 성도는 자기 몸 성전의 제사장으로서 일을 한다.

성도는 언제나 목사의 인도와 가르침을 따라 순종해야 하며, 목사는 언제나 변함이 없으시고 영원하신 제사장이시며, 우리의 모범이 되신 예수님을 배우며 따라야 한다.

　　　　　히스기야 왕의 신앙 부흥 운동

예수님은 사람들에게 언제나 매사에 모범이 되시며, 성도들에게도 모범이 되시며, 목사에게 진실로 모범이 되신 분이시다. 역시 제사장으로서도 예수님은 우리의 모범이다.

그러므로 우리 모두는 끊임없이 예수를 본받아 배워야 한다. 그러므로 성경은 예수를 배우고 본받으라고 권면한다(에베소서 4:13, 15, 5:1).

성도는 목사의 감독 아래 있어야 하고, 목사는 예수님의 감독 아래 있어야 한다. 성도가 제사장의 직분을 얻게 된 것은 예수 그리스도께서 십자가에서 속죄의 제사를 드리면서부터 그 기능을 얻게 된 것이다.

히스기야 왕이 유월절 때 동서남북으로 흩어진 제사장들을 성전 동편 광장에 불러 모았으나 이제 우리는 제사장들을 우리 마음의 성전에 모셔 드려야 한다.

먼저 대제사장이신 예수 그리스도를 마음의 성전에 영접해 드려야 한다. 이것이 가장 귀한 일이며 우선으로 해야 할 일이다. 마음 문을 열고서 예수 그리스도를 영접해 드려야 한다. 입으로만 "주여! 주여!" 하는 형식이 아니라 실제로 성도의 마음속에 그리스도께서 살아 계셔야 한다.

로마서 8:9에 "만일 너희 속에 하나님의 영이 거하시면 너희가 육신에 있지 아니하고 영에 있나니 누구든지 그리스도의 영이 없으면 그리스도의 사람이 아니라"고 하였다.

그러므로 믿지 아니하는 자는 이제 예수 그리스도를 주님으로 고백하고 시인하며 환영하여 모셔 드려야 하고, 믿는 자들은 내 안에 과연 예수 그리스도께서 계시는지, 아니 계시는지 시험하여 확증해 보아야 한다.

　다음에는 성도가 그 교회의 담임 목사를 마음에 영접해 드려야 한다. 목사를 가정에만 영접해 드리는 것이 아니라 마음에도 모시는 것이 진정한 목자에 대한 사랑이다.

　이것은 자식이 부모님을 늘 마음속에 그리며 생각하며 살듯이 교인이 자기 교회의 목사를 그렇게 생각하라는 것이다.

　바울 사도는 고린도 교회에 보낸 편지에서 이렇게 권면하였다.

　고린도후서 7:1-2에 “그런즉 사랑하는 자들아 이 약속을 가진 우리는 하나님을 두려워하는 가운데서 거룩함을 온전히 이루어 육과 영의 온갖 더러운 것에서 자신을 깨끗하게 하자. 마음으로 우리를 영접하라 우리가 아무에게도 불의를 행하지 않고 아무에게도 해롭게 하지 않고 아무에게도 속여 빼앗은 일이 없노라.”고 하였다.

　고린도후서 7:1의 ‘이 약속’은 고린도후서 6:18의 성도가 하나님의 자녀 되는 약속이다. 하나님의 자녀 된 성도는 자신을 온갖 더러운 것에서 깨끗하게 하여 사도(使徒) 일행을 영접하라고 권면한 것이다.

　‘이 약속’은 종교적인 차원에서 아주 중요한 문제이다. 기독교의 약속은 절대적이다. 인간이 신(神)을 찾아가서 된 약속이 아니라 하나님께서 인간에게 스스로 찾아오셔서 해 주신 약속이다.

　그러므로 틀림없는 약속이다. 기독교의 약속은 쌍방 간에 이뤄진 약속이다. 하나님과 인간 사이에 맺어진 약속이다. 그러므로 성실하게 지켜지는 약속이다. 그래서 기독교는 살아 있는 종교이다.

고린도후서 7:2의 '우리'는 바울 사도의 일행을 가리킨다. '마음으로 우리를 영접하라'고 함은 영육(靈肉) 간에 깨끗한 마음으로 영접하라는 것인데, 마음과 가슴으로, 즉 진정한 마음속으로부터의 영접함을 의미한다.

고린도후서 7:1의 말씀은 성도가 사도들을 영접하는 데 있어서 얼마나 엄숙해야 하는가를 가르쳐 준 것이다.

• **하나님의 자녀 되는 약속을 가진 성도는 어떻게 사도 일행을 영접하라고 하였는가?**

거룩함을 온전히 이루라고 하였다.

육(육체)을 깨끗이 하라고 했다.

영(마음)을 깨끗이 하라고 하였다.

온갖 더러운 것에서 깨끗이 하라고 하였다.

하나님을 두려워하는 가운데서 깨끗이 하라고 하였다.

이렇게 철저히 깨끗이 한 상태에서 "마음으로 우리(사도 일행)를 영접하라."고 하였다.

유월절을 지키기 위하여 성전 문을 열고 성전을 수리하고 제사장을 불러들였던 것과 같이, 우리도 진정한 심령 부흥이 있으려면 거룩하게 하고, 영과 육을 깨끗하게 하되 온갖 더러운 것에서 자신을 깨끗이 하고, 예수님을 영접하고 목사를 영접하고 살아야 한다.

오늘날 교회들이 교역자와 교인 간에 갈등과 마찰이 있는 것은 고린도후서 7:1-2의 말씀대로 하지 않기 때문이다. 깨끗한 심령 속에 목사를 영접하면 문제 될 게 없는데, 대부분 교회와 교인들이 음식이나 대접하는 정도에서 그치기 때문에 문제가 발생하고 있다.

거룩하고 깨끗한 심령으로부터 목사를 영접하고 사랑한다면 아름다운 목양(牧羊)의 관계가 이루어질 것이다.

그다음으로는 자기를 자기 속에 간직해야 한다. 오늘을 살아가는 자들은 마치 자기를 잃어버리고 사는 것 같은 느낌을 받는다. 이 시대 사람들은 자기가 누구인지를 잘 모르는 것 같다.

자기를 망각하고 사는 인생은 바다에 표류하는 주인 없는 배와 같다. 표류하는 배는 결국 침몰하거나 암초에 부딪혀 파선해 버리듯이 사람은 누구나 자기를 분명히 인식하고 자기의 신분이나 직위, 직책에 걸맞게 살아야 한다.

자기다운 개성과 품위를 지키면서 살아야 한다. 자기를 하나의 뚜렷한 인격체로서 가꾸어야 한다.

그렇지 못하면 주변머리 없고, 주책 부리는 인생으로 전락하고 만다. 이런 자는 남에게 비방거리, 우스갯거리, 지탄받는 자로 전락하고 말 것이다.

고대 그리스 철학자 소크라테스는 도덕적 가치가 침식된 펠로폰소스 전쟁의 혼란기에 살면서 "너 자신을 알라."고 충고를 하였다.

러스킨(Ruskin John)은 "자기 자신을 알라. 이것이 기초적인 법칙이다."라고 말하였다.

자기를 망각할 때 사람이 경거망동하게 되고, 자기 품위를 잃게 되며, 성도의 신분을 더럽히게 된다.

　　　　　　　　　　　　　　　　　히스기야 왕의 신앙 부흥 운동

우리 고전문학인 별주부전에 이런 이야기가 있다.

토끼가 하루는 자라를 따라서 수중 궁궐에 들어갔다가 토끼 간이 약이란 말을 듣고 자기를 죽이려 하자, 토끼가 재치 있게 거짓말을 꾸며댔다. 토끼인 내 속에는 지금 간이 들어 있지 않다고 하였다. 내가 수궁으로 들어올 때 나의 간을 산속에 빼어 놓고 왔기 때문에 나를 죽여서 배를 갈라 봐야 절대로 간을 구할 수 없다고 둘러댔다.

그래서 토끼는 겨우 죽음을 모면하고 수궁(水宮)을 빠져나와 다시 살게 되었다.

어떤 사람들은 수궁에 들어간 토끼처럼 자기 양심을 팽개치고, 자기 양심을 부도내는 행위, 자기 양심을 팔아먹는 행위들을 일삼는 자들이 있다. 거짓말도 잘하고 변신도 잘한다.

그렇게 하여 이득도 보고, 위기도 모면하고, 체면치레하는지는 모르겠으나 그럴 때마다 양심은 마비되고, 인격은 추락하고, 신앙은 병들어 가는 것이다.

그러므로 우리 그리스도인들은 그래서는 안 된다. 분명히 그리스도인들은 자기를 지켜야 한다. 성도들은 마음의 성전 속에 자기를 분명히 지키고, 자기 신분, 자기 인격에 맞는 말과 행위를 하며 살아야 한다.

• 세 가지 권면

첫째, 사람이 돼라.

예수를 믿는 것은 사람이지 짐승이 아니다. 그리고 다른 영물(靈物)들이 예수를 믿는 것도 아니다. 오직 사람만이 예수를 믿어야 하고, 믿을 수 있다. 그러므로 예수를 믿는 신자들은 반드시 사람의 인격과 지성과 도덕을 가져야 한다.

다른 말로 표현하면 사람 이하의 생각이나 말이나 행동을 해서는 안 된다. 흔히들 사람 이하의 행동을 하는 사람을 볼 때 짐승에 빗대어 욕설을 퍼붓는 경우가 있다.

하나님의 형상대로 고귀하게 지음을 받은 인간이 짐승처럼 이성을 잃은 행동을 해서는 안 된다. 사람이 사람답게 살아야 사람이다. 그래야 사람다운 인격적인 대우를 받는다.

둘째, 신자가 돼라.

사람이 반드시 사람다워야 아름다운 것처럼 신자는 역시 신자다워야 아름답다.

신자가 불신자 같다든지, 오히려 불신자만 못하다는 평가를 받을 때는 하나님의 영광이 가려지고 예수님의 빛은 흐려지게 된다. 세상 사람들은 우리를 향하여 불신자보다는 더 나은 행동을 요구하고 있다. 성도의 행동에 실수나 실덕이 있을 때는 사람들은 힐난한다. '예수 믿는 사람이 그래도 되느냐'고 힐문한다.

신자는 신자답게 살아야 신자로 인정받는 것이다. 사람이 사람답지 못한 짓을 할 때 주변 사람들이 냉소하는 눈초리로 대하듯이, 신자가 신자답지 못한 짓을 할 때는 주변 사람들이 냉소하며 마음으로 돌팔매질한다.

셋째, 직분자(職分者)가 돼라.

우리는 성도라는 직분을 가졌다. 그리고 제사장의 직분을 가졌다. 하나님 자녀의 직분을 가졌다. 예수님의 제자 된 직분을 가졌다.

이런 네 가지 직분들은 모든 성도가 공통으로 가진 직분이며 직임이다. 그리고 교회에서 여러 가지로 일하라는 직분도 받았다. 그러므로 이제 우리는 나에게 하나님께서 맡겨 주신 직분자답게 살아야 한다.

　　　　　　　　히스기야 왕의 신앙 부흥 운동

우리의 아름다운 그리스도인이라는 이름, 거룩한 성도라는 이름, 존귀한 하나님의 자녀라는 이름, 그리고 교회에서 받은 귀한 직분들, 즉 목사, 장로, 집사, 권사, 교사 등의 아름다운 이름에 오물(汚物)을 끼얹지 말아야 한다. 이러한 고귀한 이름을 더럽히지 말아야 한다.

이 세상의 모든 생명체는 고유한 색깔과 냄새를 가지고 산다. 풀과 나무는 종류에 따라 냄새가 다르고, 짐승도 종류에 따라 냄새가 다르고, 곤충들도 종류에 따라 각각 색깔과 냄새가 다르다.

사람도 각자가 사람의 색깔과 냄새를 가지고 있다. 특히 여기서 강조하고 싶은 것은 사람이 모두 다 특이하게 자기만이 가지고 있는 색깔과 냄새가 있다는 사실이다. 우리는 이것을 잊지 말아야 하며, 버리지 말아야 한다.

나는 '나'인 고로 나의 인격과 성격과 품성을 간직하면서 '나'다운 삶을 살아야 한다. 그러면서 내게서 사람의 냄새가 나야 하고, 성도의 냄새가 나야 하고, 내가 하나님과 교회로부터 받은 직분자로서의 아름다운 '나'의 냄새가 나야 한다.

고린도후서 2:15-1에 "우리는 구원받는 자들에게나 망하는 자들에게나 하나님 앞에서 그리스도의 향기니 이 사람에게는 사망으로부터 사망에 이르는 냄새요 저 사람에게는 생명으로부터 생명에 이르는 냄새라 누가 이 일을 감당하리요."라고 하였다.

그리스도인에게는 그리스도인의 향기가 있어야 하고, 집사에게는 집사의 향기, 권사에게는 권사의 향기, 장로에게는 장로의 향기가 있어야 한다. 그리스도의 향기가 나지 않는 신자는 아직 성숙하지 못한 자이다.

나무나 채소에 열린 열매들도 잘 익으면 그것들만이 가진 독특한 향이 난다. 우리도 그렇게 되어야 한다. 사람다운 냄새, 성도다운 냄새, 직분자 다운 냄새(香)가 풍기는 무르익은 성도가 되어야 한다.

덜 익은 과일은 향이 없고 풋내가 난다. 혹시 내가 덜 익은 과일처럼 풋 내 나는 신자는 아닌지! 한 번쯤 자신을 살펴보자.

성도의 마음속에 예수님을 영접하고, 자기 교회의 목사를 영접하고, 성 도 자기를 영접해 들여 향기 그윽한 그리스도를 나타내야 한다.

• **찬송가 538장**

1절)
죄 짐을 지고서 곤하거든 네 맘속에 주 영접하며
새 사람 되기를 원하거든 네 구주를 영접하라
의심을 다 버리고 구주를 영접하라
맘 문 다 열어놓고 네 구주를 영접하라
2절)
정결케 되기를 원하거든 네 맘속에 주 영접하며
생명수 마시기 원하거든 네 구주를 영접하라
의심을 다 버리고 구주를 영접하라
맘 문 다 열어놓고 네 구주를 영접하라

4) 성결케 하였다

역대하 29:5 "저희에게 이르되 레위 사람들아 내 말을 들으라 이제 너희는 성결케 하고 또 너희 열조의 하나님 여호와으 전을 성결케 하여 그 더러운 것을 성소에서 없이 하라."

이 '성결'에까지 이르러야 비로소 성도가 은혜의 반열에 오르게 된다. 하나님은 성결하고 맑고 깨끗한 심령을 요구하신다. 성결치 못한 자는 하나님께 나아가지 못한다.

• 성결의 의미

'성결(聖潔)하다'는 것은 무엇을 의미할까? '성결(Sanctification)'이란 단어의 뜻을 살펴보자.

'성결'이란 거룩하고 깨끗한 것을 말한다. 거룩하다는 것은 속되다는 말의 반대 뜻이다. 세상과 밀착되어 있고, 세상에 소속되어 있는 것은 다 속(俗)된 것이다. 그리고 하나님과 관계가 있고, 하나님께 속해 있는 것은 다 거룩한 것이다. 거룩하다는 말은 구별된 것, 즉 세상과 분리된 것을 말한다. 하나님의 것으로 분리하여 구별된 것을 거룩하다고 말한다.

예를 들자면 많은 양 떼 중에서 한 마리를 골라내어 이것을 하나님께 드리겠다고 지정하여 드리게 되면, 이 양은 양 떼 중에서 분리된 것이요 구별된 것으로서 거룩한 것이다.

그러므로 무엇이든지 거룩하게 되려면 하나님의 것으로 선택을 받아야 하고, 구별하여 분리되어야 한다.

다음에는 '깨끗하다'는 말을 살펴보자. 성경에서 깨끗하다는 말은 일반 사회에서 쓰는 개념과 조금 다르다. 일반 사회에서는 쓸고 닦고 씻고 칠하고 소독해서 만들어진 것을 깨끗하다고 한다.

그러나 성경에서는 그 이상의 것을 말한다. 일차적으로는 사회적 개념으로 깨끗하게 해야 된다(역대하 29:5).

그런 다음에 이차적으로 깨끗하게 하는 예식이 필요하다. 성경에서 명령한 깨끗하게 하는 예식을 거쳐야만 비로소 성결케 되는 것이다. 이런 성결케 하는 예식을 거치지 않으면 하나님께서는 깨끗한 것으로 여기지 않으신다.

예를 들어 보자! 남녀가 가정을 이루고 함께 살면 부부가 된다. 그러나 다는 아니다. 요즘에는 부부가 아닌 동거인이 있다. 부부가 되는 데는 결혼이라는 절차가 필요하다. 본인들이 결혼하겠다는 합의도 필요하고, 양가의 동의도 필요하고, 결혼 예식도 있어야 한다. 호적 정리도 필요하다.

예식이란 따지고 보면 하나의 과정에 불과한 것이지만 대단히 중요한 의미가 있다. 예식을 치른 부부와 예식을 치르지 않은 동거인과는 정신적인 면에서나 법적인 면에서 완전히 다르다. 예식은 하나의 강한 구속력을 갖는다.

성결케 하는 예식은 그래서 필요하다. 일반인들이 말하는 깨끗한 것과 성경에서 말하는 깨끗한 것, 즉 성결케 한 것을 소개하였다. 하나님은 더러운 것을 깨끗하게 하고, 더 나아가 성결케 할 것을 명령하셨다.

• **성결케 할 대상**

하나님께서 명령하신 성결케 할 것들은 무엇인가?

‣ **사람이다**

성전에서 봉사해야 할 레위 사람들과 제사장들을 성결케 하라고 하였다.

역대하 29:5에서는 레위인들을 성결케 하라고 하셨고, 역대하 29:34에서는 제사장들을 성결케 하라고 하였다. 성결하게 하지 않는 자들은 누구라도 성전에서 봉사할 수 없기 때문이다.

역대하 30:7에는 일반 하나님의 백성들도 성결케 하라고 하였다. 성결치 못한 백성들은 누구든지 하나님 구속의 절기인 유월절에 참여치 못한다. 그러므로 모든 사람을 다 성결케 하였다.

‣ **성전이다**

역대하 29:5에 성전을 깨끗하게 하라고 하였다.

성전도 깨끗하게 하여야 하나님께 쓰임을 받는다. 성전을 깨끗하게 하는 데는 성전 안에 비치되어 있는 모든 기구도 함께 성결케 해야 한다. 성구들은 성전에 따른 것임으로 성전을 성결케 하면 함께 성결해진다.

그렇다면 오늘 우리들은 어떻게 해야 할까? 보이는 성전과 성구들도 깨끗이 해야 하겠지만 특별히 마음의 성전인 우리들 자신을 먼저 깨끗하게 하여야 한다.

• **성도의 몸은 하나님의 성전이다**(고린도전서 3:16, 6:19)

보이는 성전과 성구들도 날마다 쓸고 닦아서 깨끗하게 하듯이, 우리의 몸인 성전도 날마다 깨끗이 하여야 한다. 그 방법은 날마다 자기의 죄를 깨끗이 하기 위하여 회개와 자기반성을 하는 것이다. 우리가 성결케 되려면 죄를 회개해야 한다. 그리고 물세례와 성령(불)세례를 받아야 한다.

그다음에는 자기가 늘 성결한 자라는 것을 인식하고 구별되게 살아야 한다. 세상 사람들과 구별되고, 속된 것들에서 분리되려고 노력하는 자세가 필요하다. 그렇다고 세상을 떠나서 산속이나 무인 광야에서 살라는 말은 절대 아니다. 하나님은 그런 것을 원치 않으신다.

예수님은 우리를 가리켜 "너희는 세상의 소금이다. 너희는 세상의 빛이라."고 하셨다(마태복음 5:13-14). 그러므로 세상의 소금이 되고, 빛이 되기 위해서는 세상을 떠나서는 안 된다. 세상 속에 살아야 한다.

그러나 다만 어둠과 빛은 판연히 다르듯이 성도는 세상 사람들과 다르기를 노력하라는 것이다. 어둠을 밝히는 빛이 되기를 끊임없이 노력하라는 것이다. 성도가 어두움 속에서 어둠에 묻혀 버리지 말고, 어둠 가운데서 빛으로 구별되고 분리되기를 노력하라는 말이다.

마태복음 21:12-13에 "예수께서 성전에 들어가사 성전 안에서 매매하는 모든 자를 내어 쫓으시며 돈 바꾸는 자들의 상과 비둘기 파는 자들의 의자를 둘러 엎으시고 저희에게 이르시되 기록된 바 내 집은 만민의 기도하는 집이라 일컬음을 받으리라 하였거늘 너희는 강도의 굴혈을 만드는도다."라고 하시며 책망하셨다.

히스기야 왕의 신앙 부흥 운동

성도의 몸도 성전이니 항상 자기를 깨끗하게 하여야 하나님께서 기뻐하시며 귀하게 쓰신다. 성도는 자기의 심령이 강도의 굴혈이 되어 있지 않았나 하는 마음으로 자기를 살피며 깨끗하게 하여야 한다.

내 마음의 성전이 '강도의 굴혈'이 아니다 '기도하는 집'이 되도록 힘써야 한다. 내 마음이 강도의 굴혈처럼 더럽혀지고 어지러워졌다면, 통회하며 자복하고 깨끗이 하여 기도하는 집처럼 되어 하나님을 향하여 늘 기도하며, 늘 찬송을 드려 하나님께 영광을 돌려야 한다.

• 성전은 어떤 곳인가?

▸ 하나님이 임재하시는 상징적 의미가 있다.

성전에는 하나님의 임재하심을 상징하는 법궤가 있다. 그래서 성전이라고 부른다.

열왕기상 8:10에 "제사장이 성소에서 나올 때에 구름이 여호와의 전에 가득하매 제사장이 그 구름으로 인하여 능히 서서 섬기지 못하였으니 이는 여호와의 영광이 여호와의 전에 가득함이었더라."고 하였다.

이 일은 솔로몬 왕이 예루살렘 성전을 건축한 후에 그곳에 여호와께서 임재하시어 계심을 나타내시는 징표로 영광의 구름이 성전에 가득하였다.

▸ 성전은 성도가 하나님을 만나는 장소이다.

성도가 하나님께 제사를 드릴 때 성전으로 나아가는 것은 성전에 하나님이 계시기 때문이요, 성도가 하나님께 제사를 드리며 하나님을 만나는 것이다.

‣ 성전은 성도가 하나님과 교제하는 장소이다.

제사 곧 예배는 단순히 예배하고 만나는 것뿐만 아니라 예배를 통하여 거룩한 교제가 이뤄진다. '교제(social intercourse)'란 오고 가는 대화와 주고받는 거래를 통하여 이뤄지는 것이다.

하나님과 성도 사이에도 이런 관계로서 영적 교통이 맺어지고 있다. 찬송, 기도, 헌금 등은 우리가 드리는 것이며, 말씀, 축복 등은 하나님께서 우리에게 내리시는 것이다.

그러므로 예배는 하나님과 성도 간의 거룩한 교제이다. 우리가 고백하는 사도신경에 기록된 것처럼 "거룩한 공회와 성도가 서로 교통"하는 것이다.

‣ 성전은 성도가 복을 받는 장소이다.

성도는 하나님께 예배하면서 그 예배를 통하여 복을 받는다. 그런고로 성전은 축복의 시은소(施恩所), 즉 은혜를 베푸는 장소이다. 영혼의 급식소(給食所)이다.

출애굽기 20:24에 "내게 토단(土壇)을 쌓고 그 위에 너의 양과 소로 너의 번제와 화목제를 드리라 내가 무릇 내 이름을 기념하게 하는 곳에서 네게 강림하여 복을 주리라."고 하였다.

여기 "내 이름을 기념하게 하는 곳"이 바로 성전이다.

‣ 성전은 내 몸을 거룩한 제사로 드리는 '번제단'이다.

로마서 12:1에 "너희 몸을 거룩한 산 제사로 드리라 이는 너희의 드릴 영적 예배니라."고 하였다.

그러므로 하나님께 예배하는 자들은 지금, 이 시간은 내 몸을 번 제단에 올려놓고 산(生) 제물로 드려지고 있다는 마음으로 예배하여야 한다.

     히스기야 왕의 신앙 부흥 운동

‣ 성전은 성도의 안식하는 쉼터이다.

세상에서 여러 가지 육신의 분주한 생활로 인하여 피곤하고 지친 몸을 이끌고 나아와 성전에서 하나님께 예배하면서, 거룩한 하나님과 교제한다. 그리고 마음에 여유로운 쉼을 얻는다.

더 나아가 성도와 성도 간의 교제를 통하여 위로받고 힘을 얻고 마음의 평안과 복을 받는다.

‣ 성전은 성도가 영적 훈련을 받는 훈련소이다.

지상에 있는 성도들이 세상에 사는 날 동안에, 성전에 나아가 하나님께 예배하고 성경을 배우며 성숙한 그리스도인으로 양육을 받으며, 살아가는 것은 장차 우리가 들어갈 천국으로 향하는 연습이며 훈련이다.

천국에 들어가기 위해 훈련을 잘 받는 자가 좋은 성도다. 교회는 천국 성도의 트레이닝 캠프이다.

잘 훈련된 병사가 전쟁터에 나아가 적을 무찌르고, 자기 생명을 지킬 수 있는 것과 같이 교회 생활을 잘한 성도가 천국에 들어갈 자격을 갖추는 것이며, 또한 마귀로부터도 자기를 지킬 수 있다.

‣ 성전은 성도의 영적 학교이다.

성도의 지상 교회 생활은 천국 생활의 그림자이다. 성도는 성전에 나아가 교회 생활을 하면서 천국에 들어갈 백성으로서 훈련받으며, 배우는 것이다.

성전은 천국에 들어가기 위한 예비 학교이다. 하나님에 대하여, 천국에 대하여, 천국 백성이 되는 자격에 대하여 잘 배우고 익혀야 천국에 들어갈 수 있다.

▸ 성전은 성도들의 영적 병원이다.

우리가 육신을 가지고 사는 동안에 아프면 병원에 가서 치료받는 것처럼 성도의 영혼과 마음도 피곤하여 지치고 힘들 때나 병들 때 교회에 나와서 치료를 받는다.

때로는 육신이 병들 때도 말씀으로, 기도로 치료를 받는다. 성경에 보면 "병든 자를 고치는 은사(고린도전서 12:9)"를 하나님이 주셨다.

▸ 성전은 성도들의 영적 목욕탕이다.

성도가 세상에 살면서 죄로 더러워진 몸을 성전에 나아와 예배드리며, 말씀을 듣고 기도를 하면서 통회(痛悔)하고 자복(自服)한다.

세례를 통하여 죄를 씻음을 받고, 말씀으로 씻음을 받고, 기도를 통하여 씻음을 받는다. 더러워진 자들이 씻어 깨끗함을 받고, 부정한 자들이 씻어 정결함을 받는다. 그러므로 성전은 영적으로 목욕탕의 역할을 한다.

이렇게 성전(교회당)은 성도와 매우 긴밀한 관계를 맺는다. 성전은 성도의 생활의 중심이 되고 있다.

그러므로 성도는 마음의 성전도, 보이는 성전도 깨끗하게 관리를 잘해야 한다. 우리 성도들은 성전을 아끼고 사랑하며 봉사해야 한다.

성전 건축이나 수리에도 인색하지 말고 적극적으로 동참해야 한다. 예배하는 성전을 거룩하고 깨끗하게 아담하고 경건하게 그리고 아늑한 분위기를 느끼게끔 만들어 가야 한다.

성경에서도 성전은 잘 꾸미고 단장한 모습들을 찾아볼 수 있다.

   히스기야 왕의 신앙 부흥 운동

광야 교회'라고 불리는 출애굽 직후에 지은 성막이 이스라엘인들의 손으로 정성 들여 만들어졌다. 그들은 성막을 짓기 위하여 그들의 손에 있는 패물들을 하나님께 드렸다(출애굽기 25장-27장).

최초의 성전이었던 '솔로몬의 성전'은 다윗 왕이 드린 온갖 금, 은, 철과 재료들, 그리고 솔로몬이 준비한 재료들을 가지고 7년의 세월이 걸려 성전을 웅장하게 지었다(열왕기상 6장).

이스라엘인들이 바벨론 포로 이후에 건축한 '스룹바벨 성전'이 또한 거룩하게 건축되었다(학개서).

'헤롯 성전'이라고 불리는 예수님 당시 성전도 이스라엘인들이 46년이라는 긴 세월 동안에 정성을 다하여 건축하였다(누가복음 21:5, 요한복음 2:20).

이스라엘 역사상 모든 성전은 건축될 때마다 최대의 정성과 땀과 물질을 드렸다. 이런 귀한 모습들을 우리는 배워야 한다.

이제 우리는 자신들을 살펴봐야 한다. 우리는 어떻게 신앙생활을 했는지! 나는 어떠한지! 반성할 기회를 가져야 하겠다. 하나님이 주시는 은혜는 모두에게 다 임하는 것은 아니다. 준비된 자에게 임한다. 준비된 그릇, 깨끗한 그릇을 준비한 자에게 하나님은 은혜를 부어 주신다.

그러므로 마음의 성전 문을 열고, 수리하고, 제사장들을 불러들여 모시고, 성결하게 해야 한다.

죄악론

신앙 부흥을 해야 할 이유

(역대하 29:6-11)

히스기야 왕 때는 불가불 유월절을 지키며 종교개혁을 할 수밖에 없었던 이유가 있었다.

역대하 29:6 이하에 보면 곧 그들이 범한 죄악 때문이었고, 죄로 인하여 하나님의 무서운 형벌이 임하였기 때문이었다. 그 죄악으로 인한 참상은 역대하 28장에 기록하였다.

- 6절: 르말랴의 아들 베가가 유다에서 하루 동안에 용사 12만 명을 죽였다.
- 7절: 에브라임의 용사 시그리는 왕의 아들 마아세야와 궁내 대신 아스리감과 총리 대신 엘가나를 죽였다.
- 8절: 이스라엘 자손이 그 형제 중에서 20만 명을 사로잡아 갔다.
- 8절: 많은 재물 을 노략하여 갔다.
- 17절: 에돔 사람이 다시 와서 유다를 치고 백성을 사로잡아 갔다.
- 18절: 불레셋 사람도 침략하여 유다의 평지와 남방 성읍들을 빼앗아 갔다.
- 20절: 앗수르 왕이 돕지 아니하고 도리어 공격하였다.
- 21절: 아하스 왕이 여호와의 전과 왕궁과 방백들의재물을 취하여 앗수르 왕에게 주었으나 아무런 유익이 없었다.
- 22절: 아주 곤고케 되었다.
- 23절: 결국은 망하게 되었다.

아하스 왕의 우상숭배 결과는 이렇게 처참하였다. 그래서 이를 지켜봤던 히스기야 왕은 유월절을 통한 신앙 부흥을 이루고자 한 것이다.

히스기야 왕 시대에 나타난 죄악과 참상은 오늘날 우리에게 아주 귀한 교훈을 준다.

> 역대하 29:6-7 "우리 조상들이 범죄하여 우리 하나님 여호와 보시기에 악을 행하여 하나님을 버리고 얼굴을 돌려 여호와의 성소를 등지고 또 낭실 문을 닫으며 등불을 끄고 성소에서 분향하지 아니하며 이스라엘의 하나님께 번제를 드리지 아니하므로"

죄는 언제나 그 죗값을 치르게 되었다. 인간의 범죄는 에덴동산에서부터 시작되었고, 이 죄는 곧 인간에게 불행을 가져왔다. 죄의 대가는 고난과 죽음이었다.

창세기 3장에서 보면 '뱀'은 인간의 시조 아담과 하와를 유혹하였고, 그들은 범죄하고야 말았다. 그 결과로 뱀은 저주를 받아 배로 다니며 종신토록 흙을 먹어야 했고, '여자'는 잉태하는 고통을 당하게 되었고 수고하여 해산케 되었으며, 남편의 지배를 받게 되었다. '아담'은 땅의 저주를 가져왔고, 종신토록 수고해야 했고, 땀을 흘려야 먹고살 수 있게 되었다. 인간에게는 그때부터 죽음이 왔다.

그 이유는 에덴동산에서 추방되어 생명나무 열매(生命果)를 따 먹지 못하게 되었기 때문이다.

이때부터 인간에게는 원죄인 [유전죄]가 있게 된 것이다. 그리고 사람마다 개개인이 범하는 본죄인 [자범죄]를 짓게 된 것이다. 형벌은 원죄(原罪)로만 온 것이 아니라 자범죄(自犯罪) 때문에도 오는 것이다(출애굽기 20:5).

히스기야 왕 때의 범죄는 자범죄에 해당하는 것으로서, 그 시대 사람들이 그들이 지은 죄를 철저히 회개해야 했다. 그 시대 사람들은 하나님께 범죄하였고, 그로 인하여 하나님의 징벌이 임하여 백성들이 괴로움을 당하게 되었다.

그렇다면 그들의 죄악이 무엇인지를 살펴보자.

1) 악을 행하였다 – 아하스 왕의 죄상(罪狀)

이 죄목은 그들이 행한 모든 죄악을 총칭(總稱)하는 말이기도 하다. 그들은 항상 하나님 보시기에 악을 행할 뿐이었다. 이스라엘 열조(烈祖)가 죄를 범한 사실들을 지적하자면 끝이 없지만, 성경에 나타난 것, 즉 그들에게 하나님의 징벌을 가져온 원인이 되었던 아하스 왕의 범죄를 살펴보자.

• **역대하 28장에 나타난 아하스 왕의 죄상들은 무엇인가?**

- 바알 우상을 부어 만들었다.
- 힌놈의 아들 골짜기에서 분향(焚香)하였다.
- 이방 사람의 가증한 일을 본받았다.
- 산당과 작은 산 모든 푸른 나무 아래서 분향하였다.
- 적국 다메섹 신에게 제사하였다.
- 하나님 성전의 기구들을 훼파하였다.
- 성전 문들을 폐쇄하였다.
- 예루살렘 구석마다 단을 쌓고 다른 신을 섬겼다.
- 여호와의 노를 격발(激發)케 하였다.

이런 죄악들을 통틀어서 '악행'이라고 한 것이다.

사람이 무슨 죄를 지었느냐보다 그 사람이 하나님의 보시기에 어떠했느냐가 중요하다. 즉, 악했느냐 선했느냐가 더 중요한 것이다. 죄의 종류와 죄의 크고 작은 것이 문제가 되지 않는다. 사람이 보는 죄와 하나님이 보시는 죄는 다르기 때문이다.

"유다의 맏아들 에르는 여호와 보시기에 악하였으므로 여호와께서 죽이셨고(역대상 2:3)", 역시 유다의 아들 "오난이 그 씨가 자기 것이 되지 않을 줄 알므로 형수에게 들어갔을 때에 그의 형에게 씨를 주지 아니하려고 땅에 설정(泄精)하매 그 일이 여호와가 보시기에 악하므로 여호와께서 그도 죽이시니(창세기 38:9-10)"라고 하였다.

유다 아들들의 죄는 사람들이 생각할 때는 죽을 만한 죄는 아닌 것 같지만, 하나님은 오난을 용서치 않으셨다.

이로 보건대 죄의 질과 양은 하나님이 판단하는 것이므로 사람은 모르는 것이다. 사람들은 죄의 판단 기준을 도덕에 두고 있으나 하나님은 그렇지 않다.

악은 모든 죄의 근본이다. 여호와의 보시기에 악을 행하였다는 것은 그 사람의 모든 행동을 총체적으로 판단하시는 것이다. 마음에 자리 잡는 악은 모든 죄의 근원적 뿌리가 된다.

2) 우상숭배 하였다

역대하 29:6 "…하나님을 버리고 얼굴을 돌려…"

그들이 하나님을 버리고 얼굴을 돌이켜 다른 신에게로 향했다. 사람이 하나님을 떠나면 어디로 가는가? 그것은 다른 신, 우상에게로 가게 되어 있다.

아담과 하와가 선악을 아는 나무 열매를 따 먹은 후에 "그들이 그날 바람이 불 때 동산에 거니시는 여호와 하나님의 소리를 듣고 아담과 그의 아내가 여호와 하나님의 낯을 피하여 동산 나무 사이에 숨은지라(창세기 3:8)"고 하였다.

그리고 아담의 아들 "가인이 여호와 앞을 떠나서 에덴 동쪽 놋 땅에 거주하더니(창세기 4:16)" 그는 영영 불신앙자가 되고 말았다. 가인은 아우 아벨을 쳐 죽이고 이렇게 하나님을 떠났다.

사람들은 죄를 지으면 자연히 자기 양심 가책으로 인하여 하나님을 떠나게 된다. 그리고 하나님을 떠나면 죄는 더욱 가중되는 것이다. 그렇게 해서 인간의 타락은 더욱 심화하였다.

하나님을 떠난 자의 갈 곳은 어디겠는가? 우상에게로 간다. 우상은 범죄자에게는 하나님의 대체물(代替物)이다. 하나님의 자리에 우상으로 채우려고 하는 현상이다.

출애굽한 이스라엘 민족이 모세 선지자가 율법을 받으려고 시내 산에 올라가서 사십 주야를 있는 동안에, 그들은 우리를 인도하던 모세가 어찌 되었는지 모르니, 우리를 인도할 신을 만들자 하여 아론의 주도 아래 금송아지를 만들고 "아론이 그들의 손에서 금 고리를 받아 부어서 조각칼로 새겨 송아지 형상을 만드니 그들이 말하되 이스라엘아 이는 너희를 애굽 땅에서 인도하여 낸 너희의 신이로다…(출애굽기 32:4)"라고 하며, 그 앞에서 단을 쌓고 제사를 드리며, 절기를 지키며, 먹고 마시며 일어나 뛰노는 모습을 볼 수 있었다.

인간의 마음속에는 하나님이 아니면 우상으로라도 하나님을 삼으려는 심리가 있음을 보여 준 것이다.

히스기야 왕의 신앙 부흥 운동

마치 아내가 바람이 나서 정부(情夫)가 생기면 어떻게 되는가? 처음에는 마음이 남편에게서 떠난다. 마음이 떠난 후에는 몸마저 멀어지기 시작한다. 또 그다음엔 완전히 떠나서 정부(情夫)에게로 가서 동거하게 된다. 하나님과 사람 간의 종교적인 관계도 이와 마찬가지이다.

그래서 성경에는 우상숭배를 영적 간음죄로 표현한다(호세아 1:2). 호세아 선지자가 취하여 아내로 삼은 음란한 여인 고멜은 우상숭배 한 이스라엘 백성들을 영적으로 상징하고 있었다.

부자간에는 가장 큰 죄가 불효한 죄이며, 부부간에는 가장 큰 죄가 간음한 죄이며, 신인(神人) 간에는 우상숭배 한 죄가 가장 큰 죄이다.

그래서 하나님께서는 우상숭배 한 죄를 가장 싫어하시며, 마치 부부간에 바람피우면 질투하듯이 하나님께서도 우상숭배자에 대하여 질투하신다.

3) 성전을 멀리하였다

역대하 29:6-7 "…여호와의 성소를 등지고 또 낭실 문을 닫으며…"

여호와의 성소를 등졌다는 것은 여호와의 성전을 멀리하였다는 말씀이며, 하나님께 예배해야 할 자들이 하나님의 성전에서 떠나 예배하지 않았다는 뜻이다. 예배 생활을 하지 않는 자는 결국 믿음 생활을 버린 것이다.

성경에 나오는 인물들을 살펴보면 하나님의 성전을 가까이하는 자들은 믿음이 좋은 자들이었다. 그러나 하나님의 성전을 멀리한 자들은 믿음을 저버렸다.

이스라엘 나라와 유다 나라 왕들 중에 하나님의 성전을 가까이하며 신앙생활을 잘한 자들은 복을 받고 편안하게 잘 살았으나, 성전을 멀리한 자들은 곤고하였고 나라도 평안치 못했다.

본문에 나오는 히스기야 왕은 하나님의 성전을 수리하고 유월절을 지키며 종교개혁을 일으켰으므로 복을 받고 형통하였으나 그의 아버지 아하스 왕은 성전을 등졌으므로 화를 받았고, 나라에 흉년이 들었고, 외적(外敵)의 침입을 받고 실패를 하였다.

다니엘 선지자는 바벨론 나라에 포로 되어 가서도 하루에 세 번씩 예루살렘 성전이 있는 쪽으로 창문을 열어 놓고, 그리로 향하여 하나님께 손을 모아 기도드리는 생활을 하였다(다니엘 6:10).

다니엘은 바벨론 나라의 왕의 신상 외에는 아무것도 섬기지 못하게 하는 왕의 조서(詔書)에 어인(御印)이 찍힌 것을 알고도 자기 집에 돌아가서 예루살렘을 향하여 그 방의 창문을 열고 여전히 하나님께 기도하기를 계속하였다. 오히려 하나님께 감사하며 기도를 드렸다.

다니엘의 믿음은 오히려 이런 때 빛이 났다. 근심하거나 걱정하지 않고 오히려 그 하나님께 감사 기도를 드렸으니, 하나님께서 기뻐 받으신 것이다. 하나님은 그런 다니엘에게 복을 내리셨다.

포로 된 민족의 한 사람으로서 바벨론 나라의 총리가 되었다. 소수민족이요 포로 민족으로서 큰 나라에서 총리대신이 된다는 것은 기적적인 하나님의 축복이었다.

성경 역사상 가장 성전(聖殿)을 사모하고 사랑한 사람은 다윗 왕이었다. 다윗 왕은 여호와의 법궤가 블레셋 사람들의 땅에 있음을 알고 다윗성(城) 자기에게로 모셔 왔으며(사무엘하 6장), 후일에는 최초로 여호와의 성전을 지을 생각을 하게 되었다.

"다윗이 그의 궁전에 거주할 때에 다윗이 선지자 나단에게 이르되 나는 백향목 궁에 거주하거늘 여호와의 언약궤는 휘장 아래에 있도다(역대상 17:1)."라고 하며 다윗은 안타까워하다가 드디어 여호와의 성전을 지을 것을 창안케 된 것이다.

그러나 여호와께서는 다윗으로 하여금 성전을 짓는 것을 원치 않으셨다. 그 이유는 그는 오랫동안 군인 생활을 하면서 전쟁에서 많은 피를 흘렸기 때문이었다. 하나님께서는 피 묻은 손으로 여호와의 성전을 짓는 것을 기뻐하시지 않으셨다.

역대상 17:3-4에 "그 밤에 하나님의 말씀이 나단에게 임하여 이르시되 가서 내 종 다윗에게 말하기를 여호와의 말씀이 너는 내가 거할 집을 건축하지 말라."고 하였다.

그러나 다윗 왕 대신에 그의 아들 솔로몬을 통하여 지으실 것은 허락하셨다.

역대상 22:6-11에 "다윗이 그의 아들 솔로몬을 불러 이스라엘 하나님 여호와를 위하여 성전 건축하기를 부탁하여 다윗이 솔로몬에게 이르되 내 아들아 나는 내 하나님 여호와의 이름을 위하여 성전을 건축할 마음이 있었으나 여호와의 말씀이 내게 임하여 이르시되 너는 피를 심히 많이 흘렸고 크게 전쟁하였느니라. 네가 내 앞에서 땅에 피를 많이 흘렸은즉 내 이름을 위하여 성전을 건축하지 못하리라 보라 한 아들이 네게서 나리니 그는 온순한 사람이라 내가 그로 주변 모든 대적에게서 평온을 얻게 하리라 그의 이름을 솔로몬이라 하리니 이는 내가 그의 생전에 평안과 안일함을 이스라엘에게 줄 것임이니라 그가 내 이름을 위하여 성전을 건축할지라 그는 내 아들이 되고 나는 그의 아버지가 되어 그 나라 왕위를 이스라엘 위에 굳게 세워 영원까지 이르게 하리라 하셨나니 이제 내 아들아 여호와께서 너와 함께 계시기를 원하며 네가 형통하여 여호와께서 네게 대하여 말씀하신 대로 네 하나님 여호와의 성전을 건축하며”라고 교훈한 것을 볼 수 있다.

다윗은 자기가 하나님의 성전을 건축하지 못한다는 사실을 알고 무척 마음속으로 아쉬워하며 성전을 사모하였다(역대상 29:3). 내 아들이 지을 여호와의 성전은 어떻게 생겼을까? 궁금하였다.

하나님께서는 이런 다윗의 마음을 아시고 그의 아들이 지을 하나님의 성전을 보여 주셨다(대상 28:11-19).

역대상 28:11-19에 “다윗이 성전의 복도와 그의 집들과 그의 곳간과 다락과 골방과 속죄소의 설계도를 그의 아들 솔로몬에게 주고 또 그가 영감으로 받은 모든 것 곧 여호와의 성전의 뜰과 사면의 모든 방과 하나님의 성전 곳간과 성물 곳간의 설계도를 주고 또 제사장과 레위 사람의 반열과 여호와의 성전에서 섬기는 모든 일과 여호와의 성전을 섬기는 데에 쓰는 모든 그릇의 양식을 설명하고 또 모든 섬기는 데에 쓰는 금 기구를 만들 금의 무게와 모든 섬기는 데에 쓰는 은 기구를 만들 은의 무게를 정하고 또 금 등잔대들과 그 등잔 곧 각 등잔대와 그 등잔을 만들 금의 무게와 은 등잔대와 그 등잔을 만들 은의 무게를 각기 그 기구에 알맞게 하고 또 진설병의 각 상을 만들 금의 무게를 정하고 은상을 만들 은도 그렇게 하고 갈고리와 대접과 종지를 만들 순금과 금잔 곧 각 잔을 만들 금의 무게와 또 은잔 곧 각 잔을 만들 은의 무게를 정하고 또 향단에 쓸 순금과 또 수레 곧 금 그룹들의 설계도대로 만들 금의 무게를 정해 주니 이 그룹들은 날개를 펴서 여호와의 언약궤를 덮는 것이더라. 다윗이 이르되 여호와의 손이 내게 임하여 이 모든 일의 설계를 그려 나에게 알려 주셨느니라.”고 하였

  히스기야 왕의 신앙 부흥 운동

다.

솔로몬 왕이 지은 성전은 이렇게 다윗이 하나님께로부터 받은 설계도대로였다. 다윗이 얼마나 여호와의 성전을 사모하였으면 그 마음을 하나님이 아시고 보여 주시었겠는가! 이 믿음이 귀하고 아름다웠다. 참으로 다윗의 믿음은 위대하였다.

현세대 우리의 믿음과 다윗의 믿음을 비교해 보면 부끄럽기가 그지없다. 성도들이 하루 종일 살아가면서 성전은 머릿속에서 생각조차 못 한다. 다윗은 이 땅에 없는 성전도 그렇게 마음으로 사모하였는데 우리는 있는 성전도 잊어버리고 산다. 성전을 그리워하는 마음도 없다.

심지어 성전을 짓는다면 그 교회를 떠나 버리는 교인들까지 있을 지경이다. 또 더러는 떠나기까지는 않는다고 할지라도 마음에 많은 부담을 갖는 성도들도 많다. 그런 것을 말로 표현하지 않는다 하더라도 성전이 잘 지어진 교회로 성도들이 모여드는 현상은 그 사실을 웅변이라도 하듯 증명해 준다.

성전을 짓고 나면 성전을 짓기 전보다 교인들이 훨씬 줄어든 사실을 알게 된다. 지금은 이왕에 신앙생활을 할 바에는 부담 없이 하자는 생각들이다. 이것은 성도들의 마음속에 물질을 더 사랑하는 마음이 있기 때문이다. 편히 예수를 믿자는 안일주의 신자들이기 때문이다.

그러나 다윗은 그렇지 않았다. 오늘의 성도들과는 너무나 대조적이다. 다윗이 이처럼 성전을 사모하며 사랑하는 마음이 하나님께 인정받고 큰 복을 받은 것이다. 하나님은 다윗을 대단히 귀중히 여기셨다.

남 유다 왕조가 우상숭배 죄로 인하여 일찍 패망할 터인데 하나님께서는 다윗과 맺은 약속 때문에 멸망하시지 않으시고 참고 기다리셨다. 그러던 중 히스기야 왕의 아들 므낫세 왕 때문에 하나님께서 진노하시고 드디어 유다 왕국을 멸망시키시기로 작정하셨다.

므낫세 왕은 유다 왕조의 제14대 왕으로서 나이 이십 세에 왕위에 올랐는데 예루살렘에서 55년을 치리하면서 역대하 33:1-9에 보면 "므낫세가 왕위에 오를 때에 나이가 십이 세라 예루살렘에서 오십오 년 동안 다스리며 여호와 보시기에 악을 행하여 여호와께서 이스라엘 자손 앞에서 쫓아내신 이방 사람들의 가증한 일을 본받아 그의 아버지 히스기야가 헐어 버린 산당을 다시 세우며 바알들을 위하여 제단을 쌓으며 아세라 목상을 만들며 하늘의 모든 일월성신을 경배하여 섬기며 여호와께서 전에 이르시기를 내가 내 이름을 예루살렘에 영원히 두리라 하신 여호와의 전에 제단들을 쌓고 또 여호와의 전 두 마당에 하늘의 일월성신을 위하여 제단들을 쌓고 또 힌놈의 아들 골짜기에서 그의 아들들을 불 가운데로 지나가게 하며 또 점치며 사술과 요술을 행하며 신접한 자와 박수를 신임하여 여호와 보시기에 악을 많이 행하여 여호와를 진노하게 하였으며…"라고 하였다.

온갖 우상들을 만들어 섬기며 여호와 하나님의 진노를 격발케 하였던 것이다. 므낫세 왕은 유다 왕조를 멸망케 한 결정적인 인물이었다(열왕기하 23:26-27).

므낫세가 그처럼 하나님을 노엽게 안 했더라면 하나님께서는 다윗을 보시고 영원토록 다윗의 왕조를 존속시켰을 것이다. 다윗 한 사람 때문에 그 후대의 수많은 자손이 하나님의 은혜를 입었었다.

나, 한 사람이 신앙생활을 잘하면 나와 내 가정이 복을 받는 것은 물론이거니와 천 대까지도 복을 받는 것이다(출애굽기 20:6). 우리는 다윗처럼 여호와의 성전을 가까이하며 사랑하며 살아야 한다. 하나님의 성전에서 봉사하는 것을 즐거움으로 여겨야 한다. 하나님은 이런 자를 기뻐하시며 사랑하시고 복을 주신다.

레위기 26:2에 "너희는 내 안식일을 지키며 내 성소를 경외하라 나는 여호와이니라."고 하였다.

히스기야 왕의 부친 아하스 왕 때에 성전의 낭실문까지 닫아 버렸다. '낭실문(廊室門)'은 성전을 드나드는 현관문이다. 성전은 마땅히 하나님께 제사하며 영광을 돌려야 할 곳인데, 성전의 낭실문을 닫아 버려서 제사를 드리지 못하게 하였다면 이는 엄청난 중죄(重罪)를 저지른 것이다.

성전이 없으면 신축도 해야 하고, 낡았으면 개축하거나 수리도 하여야 하는데, 그러기는커녕 오히려 성전 낭실문을 닫아 버렸으니 큰 죄를 범한 것이다. 이들은 여호와 하나님을 두려워할 줄 몰랐고, 여호와를 경외하는 믿음도 전혀 없었던 것이다.

호세아 선지자는 외쳤다. "내 백성은 지식이 없음으로 망하는도다(호세아 4:6)."라고 하였는데, 이 지식은 하나님을 아는 지식을 말한다. 이스라엘 백성들에게는 하나님을 아는 지식이 없었다. 여호와 하나님을 아는 믿음도 없었다. 그래서 그들은 패망하고 말았다.

응당 하나님을 알고 하나님을 믿어야 할 자들이 하나님을 알지도 아니하고 믿지도 아니하였으면 하나님은 그들을 징계하신다.

4) 성령을 소멸하였다

구약 시대에는 성전 안에 등불이 언제나 켜져 있어야 했다. 그리고 그 등불은 항상 성전에서 봉사하는 제사장이 점검(點檢)하였다.

출애굽기 27:20-21에 "너는 또 이스라엘 자손에게 명령하여 감람으로 짠 순수한 기름을 등불을 위하여 네게로 가져오게 하고 끊이지 않게 등불을 켜되 아론과 그의 아들들로 회막 안 증거궤 앞 휘장 밖에서 저녁부터 아침까지 항상 여호와 앞에 그 등불을 보살피게 하라 이는 이스라엘 자손이 대대로 지킬 규례이니라."고 하였기 때문이다.

그렇다면 성전 안에 있는 등불은 무슨 의미가 있으며 왜, 항상 켜져 있어야 하는가? 성전의 등불은 성령을 상징하기 때문이었다.

예수님의 부활과 승천 이후에 열두 사도를 비롯하여 120여 명의 성도들이 마가의 다락방에 모여 열흘 동안 간절히 기도하였을 때, 오순절 날에 최초로 성령 강림이 있었다.

이때 성령이 임재하신 모습은 "홀연히 하늘로부터 급하고 강한 바람 같은 소리가 있어 그들이 앉은 온 집에 가득하였으며 또한 마치 불의 혀처럼 갈라지는 것들이 그들에게 보여 각 사람 위에 하나씩 임하여 있더니 그들이 다 성령의 충만함을 받고 성령이 말하게 하심을 따라 다른 언어들로 말하기를 시작(사도행전 2:1-4)" 하였다.

예수님의 천국 비유 중에 '신랑을 기다리는데, 등에 기름을 채워 등불을 켜서 신랑을 영접하는 것(마태복음 25:1-13)'에서도 역시 이 '등불'은 성령을 상징한다.

성전 안에 언제나 등불을 켜 두는 것은 성령께서 성전 안에 임재하여 계심을 상징한다.

구약의 사건이나 사물은 신약의 모형이다. 성소의 등불은 성령의 임재를 모형화한 것이다. 오늘날 교회당 안에도 언제나 성령께서 임재하여 계셔야 한다. 고린도전서 3:15-16이나 6:19-20에 성도의 몸은 하나님의 성전이라고 하였다.

그러므로 "성령을 소멸치 말라(데살로니가전서 5:19)."고 하였는데, 이것은 곧 성도의 마음의 성전에서 성령을 소멸치 말라고 한 것이다. 교회당에서나 성도의 몸에서 성령이 떠나시면 그때부터는 성전이 아니라 마귀의 소굴이 된다.

로마서 8:9에 "만일 너희 속에 하나님의 영이 거하시면 너희가 육신에 있지 아니하고 영에 있나니 누구든지 그리스드의 영이 없으면 그리스도의 사람이 아니라"고 하였다.

히스기야 왕이 종교개혁을 하기 전에 이스라엘 백성들이 성전에서 등불을 꺼버린 것은 곧 성령을 소멸한 죄에 해당하며, 성령께서 그들에게서 떠나 버린 상태를 나타낸다.

5) 기도를 드리지 않았다 – 기도하지 않으면 어떻게 되는가?

구약 시대에 제사할 때는 분향(焚香), 곧 향을 피웠다. 이 '분향'은 영적으로 기도를 상징한다. 그러므로 성소에서 하나님께 분향하지 않은 것은 기도하지 않는 죄와 같다.

요한계시록 5:8에 "…네 생물과 이십사 장로들이 그 어린 양 앞에 엎드려 각각 거문고와 향이 가득한 금 대접을 가졌으니 이 향은 성도의 기도들이라"고 하였으며, 요한계시록 8:3-4에는 "또 다른 천사가 와서 제단 곁에 서서 금 향로를 가지고 많은 향을 받았으니 이는 모든 성도의 기도와 합하여 보좌 앞 금 제단에 드리고자 함이라 향연이 성도의 기도와 함께 천사의 손으로부터 하나님 앞으로 올라가는지라"고 하였다.

성소에서 분향하면 그 향불의 연기가 위로 올라가는 것처럼 성도의 기도는 향연(香煙)과 함께 천사가 하나님의 보좌로 가지고 올라간다. 성소에서 분향하는 것이 제사장의 의무인 것처럼 기도는 성도의 의무다.

하나님께서 우리에게 "쉬지 말고 기도하라(데살로니가전서 5:17)."고 하셨고, "항상 기도하라(누가복음 18:1)."고 하셨다.

선지자 사무엘은 나는 너희를 위하여 기도하기를 쉬는 죄를 여호와 앞에 결단코 범하지 아니하겠다고 다짐하였다(사무엘상 12:23).

기도를 안 하는 것은 죄요, 기도를 게을리하는 것도, 하나님이 요구하시는 분량만큼 기도를 안 하는 것도 죄이다.

• 우리가 기도하지 않으면 어떻게 되는가?

‣ 하나님께 죄를 범하는 것이다.

‣ 믿음이 죽어 간다.

기도는 영혼의 호흡과 같아서 호흡하지 않는 생명은 죽은 것처럼 성도가 기도하지 아니하면 그 신앙은 죽고 만다.

‣ 시험에 빠지게 된다.

예수님은 그의 제자들에게 "시험에 들지 않게 깨어 기도하라(마태복음 26:41)."고 부탁하셨다.

‣ 하나님과 원수 맺는 것이다.

기도는 하나님과의 대화다. 상호 간에 대화의 중단은 단교(斷交)이며 단절이다. 그것은 곧 하나님과 원수를 맺는 결과를 만든다.

대화란 인격적인 존재로서의 가장 중요한 고제의 한 방법이다. 대화가 없으면 서로 간에 마음이 멀어진다. 아무리 가까운 사이일지라도 대화하지 않으면 멀어질 수밖에 없다.

부부 사이에도, 부자, 형제 그리고 가까운 친구 사이라 할지라도 대화가 없으면 점점 멀어지고 소원해진다. 대화는 살아 있는 인격체의 가장 긴요한 의사 표현 방법이요 교제의 방법이며 사랑한다는 표현이기도 하다.

성도와 하나님과의 관계에서도 대화의 수단인 기도는 절대 필요한 것이다. 기도하지 않으면 하나님과의 교제가 중단되기 때문에 자연히 하나님과 사이가 멀어지게 된다.

사람 간에도 서로 대화의 격식, 내용, 빈도에 따라서 친밀한지 소원한지를 알 수 있듯이 성도와 하나님 간에도 기도의 시간, 내용, 빈도, 마음의 상태에 따라서 다르게 나타난다.

6) 예배와 감사를 드리지 않았다

번제(燔祭)는 제사의 다른 명칭이다. 구약 시대의 제사는 신약 시대의 예배이다. 이스라엘 사람들이 번제를 드리지 아니한 것은 하나님께 예배를 드리지 아니한 죄를 범한 것이다.

그뿐만 아니라 번제를 드리지 아니한 것은 하나님께 감사를 드리지 아니한 죄이다. 번제에는 반드시 제물이 필요하다. 제물은 곧 감사 예물이다. 구약의 제물은 신약 시대에 두 가지로 나타난다. 하나는 자신의 몸이요, 또 하나는 성도가 드리는 물질이다.

로마서 12:1에 "그러므로 형제들아 내가 하나님의 모든 자비하심으로 너희를 권하노니 너희 몸을 하나님이 기뻐하시는 거룩한 산 제물로 드리라 이는 너희가 드릴 영적 예배니라."고 하였다.

성도는 하나님께 예배하면서 자신의 몸을 드려야 하고 물질도 드려야 한다. 구원받은 성도는 마땅히 몸도 마음도 물질도 정성도 다 드려서 예배해야 한다.

성도가 예배하면서 교회당에 몸만 앉아 있고, 마음은 다른 곳에 가 있어도 안 되며, 물질은 드리면서 마음과 정성이 담기지 않는다면 그것도 안 된다. 예배는 성도의 첫 번째 가장 큰 의무이다. 우리는 예배하기 위하여 먼저 모여야 한다.

히브리서 10:25에 "모이기를 폐하는 어떤 사람들의 습관과 같이하지 말고 오직 권하여 그날이 가까움을 볼수록 더욱 그리하자."라고 하였으므로 예수님의 재림이 가까이 올수록 모이기를 힘써야 하는데 오히려 등한히 하는 자들이 늘어나고 있다.

이는 하나님의 말씀에 오히려 역행하는 것이다. '모이기를 폐하는 어떤 사람들의 습관'이 현시대에 나타나고 있다.

주말 여행, 애경사, 각종 모임 등 이런 것들이 믿는 자들을 유혹한다. 청소년들은 학교 수업, 과외, 컴퓨터, 오락 때문에 주일이면 늦잠 자느라고 교회에 나오지 못한다.

지금 한국 교회의 문제는 심각한 상태로 가고 있다. 이제 우리는 결단의 용기를 내야 할 때가 왔다.

- **그들이 범한 죄는?**
  - 우상을 숭배하였다.
  - 성전을 멀리하였다.
  - 성령을 소멸하였다.
  - 기도하지 않았다.
  - 예배와 감사를 드리지 않았다. 이것은 모두 다 종교적인 죄였다.

성경에서 이스라엘 열조(烈祖)의 죄를 지적하였을 때 사회적 도덕적인 죄악들을 지적하지 않았다. 즉 살인, 폭력, 간음, 강도, 절도, 사기, 횡령 등을 지적하지 않았다.

이는 하나님께서 가장 싫어하시는 죄가 무엇인가를 알려 준 교훈이다. 하나님은 사회적 도덕적인 죄보다 종교적인 죄를 더 크게 보신다는 사실이다. 종교적인 죄를 짓지 아니하고 철저히 신앙생활을 잘하면 자연히 도덕적인 죄는 멀리하게 된다.

마음에 악이 사라지고 하나님을 제일로 섬기고 성전을 가까이하여 살며, 성령 충만한 신자가 되고, 늘 기도에 힘쓰며, 예배드리는 생활을 철저히 하면 선하고 아름다운 그리스도의 향기를 날리는 좋은 신자가 되는 것은 물론이거니와 사회적으로 칭찬 듣는 그리스도인이 될 수 있다.

로마서 12:10-11에 "형제를 사랑하며 서로 우애하고 존경하기를 서로 먼저 하며 부지런하여 게으르지 말고 열심을 품고 주를 섬기라."는 말씀을 마음속 깊이 새기고 이제 열심 내기를 바란다.

   히스기야 왕의 신앙 부흥 운동

2. 받은 벌 (罰) (역대하 29:8-9)

> 역대하 29:8-9 "여호와께서 유다와 예루살렘에 진노하시고 내버리사 두려움과 놀람과 비웃음거리가 되게 하신 것을 너희가 똑똑히 보는 바라. 이로 말미암아 우리의 조상들이 칼에 엎드러지며 우리의 자녀와 아내들이 사로잡혔느니라."

이스라엘 백성들이 지은 종교적인 범죄의 대가는 무엇인가?

역대하 29:6-7의 지은 죄는 원인이었고, 역대하 29:8-9절의 징벌은 결과이다.

7절 끝에 "…아니한 고로"라는 말씀과 9절 초에 "이로 인하여…"라는 말씀이 원인과 결과임을 알려 준다.

범죄가 있었으므로 징벌이 오는 것은 당연한 것이다. "죄의 삯은 사망(로마서 6:23)"이라고 하였다.

이제 이스라엘 백성들이 받은 벌이 어떠하였는지 알아보자.

1) 하나님이 진노하셨다

> 역대하 29:8 "여호와께서 유다와 예루살렘을 진노하시고"

범죄의 결과는 곧 하나님의 진노를 일으켰다. 하나님의 진노는 사람에게 재난의 원인이며, 또한 시작된다.

앞의 6-7절의 범죄로 인하여 하나님을 노엽게 하였기 때문이다. 족장 노아 시대에 당시 인간의 죄악이 세상에 가득함으로써 하나님께서 세상에 사람 지으심을 한탄하시고 홍수로 멸망시키셨다(창세기 6:5-7).

그리고 족장 아브라함 시대에 소돔, 고모라 성 사람들의 죄악이 심히 무거움으로 하나님을 진노케 하셨으므로 불과 소금과 유황으로 멸망하셨다(창세기 18:20, 19:24-25).

또한 유다 왕조의 14대 왕인 므낫세의 악행은 하나님의 진노를 격발시켜 결국 유다 왕조를 영원히 멸망케 하는 원인이 되고 말았다.

열왕기하 24:3-4에 "이 일이 유다에 임함은 곧 여호와의 말씀대로 그들을 자기 앞에서 물리치고자 하심이니 이는 므낫세의 지은 모든 죄 때문이며 또 그가 무죄한 자의 피를 흘려 그의 피가 예루살렘에 가득하게 하였음이라 여호와께서 사하시기를 즐겨 하지 아니하시니라."고 하였다.

히스기야 왕의 부친 아하스 왕도 역시 하나님을 진노케 하였으므로 유다와 예루살렘에 재난이 오게 된 것이다.

2) 내버리셨다

역대하 29:8 "…내어 버리시사…"

하나님의 진노가 극에 달하면 그다음에는 내버리는 것이다. 우리가 가정에서 자녀들이 말 짓하고 나쁜 짓 하면 처음에는 타이르고 설득해 보지만 계속 나쁜 행동을 그치지 않으면 그때는 엄히 책망한다.

그래도 듣지 아니할 때는 할 수 없이 채찍을 든다. 그래도 듣지 아니할 때는 모든 것을 다 포기라도 하듯이 '나가거라. 나가! 너는 이제 부모의 말도 듣지 아니하였으니 자식이라 할 것 없다.'라고 하며 호통을 친다. 최후의 방법은 내쫓는 것밖에 다른 도리가 없다.

　히스기야 왕의 신앙 부흥 운동

'내버림'은 일종의 포기다. '포기(抛棄)한다'라는 말은 신학적으로 '유기(遺棄)한다'라는 말로 표현한다. 그것은 곧 죄악에 빠진 상태로 그냥 그대로 내버려둔다는 뜻이다.

유기된 자는 지옥에 가게 되고 선택된 자는 천국에 들어가게 된다. 그러므로 하나님으로부터 내버려지면 영원한 파멸과 죽음만이 있을 뿐이다.

사람에게 버림을 당하면 대부분이 고생을 하지만 더러는 다른 곳에 가서 좋은 사람을 만날 수도 있고, 그것이 오히려 전화위복하여 더 행복해질 수도 있다. 그러나 하나님께 버림을 당한 자는 어느 곳에 가더라도 쓰임 받지 못하고 결국은 방황하게 된다. 하나님께 내버림을 당하면 누구에게라도 버려짐을 당한다. 왜냐하면 하나님은 어디든지 계시기 때문이다. 하나님은 만사를 다 주관하시기 때문이다.

그 사람에게 하나님의 진노는 어디든지 따라다니기 때문이다. 사람의 진노는 피하여 도망칠 수 있으나 하나님의 진노는 피하여 달아날 수 없다.

마치 성경에서 야곱과 요나의 경우와 같다. 야곱은 에서의 진노를 피하여 하란 땅 외삼촌 라반의 집으로 가서 잘 살 수 있었다(창세기 28:-29:). 그러나 요나 선지자는 하나님을 피하여 다시스로 도망하려 욥바로 내려가 배를 탔으나 폭풍을 만나 뜻을 이루지 못하고 바다에 내던짐을 받아야 했다(요나서 1:).

시편 139:7-10에 "내가 주의 영을 떠나 어긔로 가며 주의 앞에서 어디로 피하리이까 내가 하늘에 올라갈지라도 거기 계시며 스올에 내 자리를 펼지라도 거기 계시니이다. 내가 새벽 날개를 치며 바다 끝에 가서 거주할지라도 거기서도 주의 손이 나를 인도하시며 주의 오른손이 나를 붙드시리이다."라고 하였다.

• 참고로 롬 1:18-32를 소개한다

사람의 죄악 → 하나님의 진노 → 하나님의 내버림(유기) → 심판과 지옥 (사람의 최후 상태)

죄악과 진노와 내버림은 원인과 결과의 관계이다. 사람들은 하나님으로부터 세 번이나 내버림을 당한다.

▸ 첫 번째의 경우

로마서 1:24 이하에 "그러므로 하나님께서 그들을 마음의 정욕대로 더러움에 내버려 두사 그들의 몸을 서로 욕되게 하셨으니"라고 하여, 하나님은 사람들을 우상숭배의 상태로 내버림을 당하게 하신 것이다.

▸ 두 번째의 경우

로마서 1:26 이하에 "이 때문에 하나님께서 그들을 부끄러운 욕심에 내버려 두셨으니 곧 그들의 여자들도 순리대로 쓸 것을 바꾸어 역리로 쓰며"라고 하여, 하나님이 사람들을 음행에 빠지도록 내버리신 것이다. 그 결과 상당한 보응을 이미 받았다고 27절에 말씀하셨다.

지금 무섭게 인간의 생명을 앗아가는 후천성 면역 결핍증인 에이즈(AIDS)는 동성연애(Homo-Sex)로 인하여 발생한 병이라 하지 않는가!

▸ 세 번째의 경우

로마서 1:28 이하에 "그들이 마음에 하나님 두기를 싫어하매 하나님께서 그들을 그 상실한 마음대로 내버려두사 합당하지 못한 일을 하게 하셨으니"라고 하여, 하나님이 사람들을 사회적인 여러 가지 죄악을 범하도록 버려두신 것이다.

이런 죄악들이 바로 사형에 해당하는 죄목들이다.

 히스기야 왕의 신앙 부흥 운동

로마서 1:29-32에 "곧 모든 불의, 추악, 탐욕, 악의가 가득한 자요, 시기, 살인, 분쟁, 사기, 악독이 가득한 자요 수군수군하는 자요 비방하는 자요 하나님께서 미워하시는 자요 능욕하는 자요 교만한 자요 자랑하는 자요 악을 도모하는 자요 부모를 거역하는 자요 우매한 자요 배약하는 자요 무정한 자요 무자비한 자라. 그들이 이같은 일을 행하는 자는 사형에 해당한다고 하나님께서 정하심을 알고도 자기들만 행할 뿐 아니라 또한 그런 일을 행하는 자들을 옳다 하느니라."고 하였다.

사람이 하나님께 버려짐을 당하는 것은 곧 죽음이다. 하나님은 모든 만물의 생명의 원천이다. 인간의 생명도 하나님께로부터 왔다.

그러므로 사람이 하나님께 버림을 당하면 나무에서 가지가 잘려버린 것처럼 죽은 자가 된 것이다(골로새서 3:3, 요한일서 5:11-12).

나무 밑동에서 잘린 나무가 당분간은 생명이 있는 나무처럼 보인다. 어떤 것은 수개월이 되어도 싹이 나오고 새싹이 자라나기도 한다. 그러나 그것은 잘린 것이기 때문에 죽은 것이라는데 아무도 반대하지 않는다. 하나님께 버림당한 인간도 잘려 버린 나무와 같다.

3) 두려움과 놀람을 당하게 되었다

역대하 29:8 "…두려움과 놀람과…"

두려움과 놀람은 인간의 삶에 두 가지 장해에 큰 원인이 된다.

첫째는 질병의 원인이 된다.

두려움과 놀람이 있는 사람에게는 불안과 공포감 때문에 불면증, 노이로제, 심장 질환, 신경 질환 등이 온다. 흔히들 말하는 화병도 이런 데서 일어난다.

둘째는 실패의 원인이 된다.

사람의 마음속에 안정과 평안함이 있어야 무슨 일에도 잘되고 효과적이다. 자신감이 생기고 패기가 있다.

그러나 두려움과 놀람의 상태에서는 매사에 불안하고 초조에서 오는 조바심, 자신감이 사라지고 무력증이 생긴다. 실수와 실패가 연속된다.

어릴 적에 철길을 따라 걸으면서 기차 레일(rail)을 밟고 위로 걸어 다녔다. 재미도 있었고 때론 뛰기도 하였다.

그러나 만약 그 레일이 10m쯤 높은 곳에 있다면 그 10m 위에서도 걷고 뛰고 할 수 있을까? 못 한다. 왜 못 할까? 두려움과 놀람 때문이다. 마음의 불안 때문이다. 두려움과 놀람은 자신감을 빼앗아 가 버리기 때문이다.

역대하 28장에 나오는 아하스 왕 때에 전쟁에서 매번 패하고 말았던 것이 바로 이 두려움과 놀람 때문이었다.

열왕기하 6:24-7:8까지를 보면 아람 왕이 이스라엘과 싸우려고 군대를 이끌고 와서 사마리아 성을 포위하였다. 사마리아 성은 굶주림에 빠져 있었다. 심지어 성안에서 부녀자들이 자식을 삶아 먹는 참극이 벌어졌다.

성안에서 굶주림에 지친 나병 환자 네 사람이 서로 의논하기를, "우리가 어찌 앉아서 굶어 죽기를 기다리겠느냐? 아람 군대에게 항복하자. 저희가 우리를 살려 두면 살려니와 우리를 죽이면 죽을 따름이라."고 하며 일어나서 아람 진영으로 황혼을 틈타서 들어갔다. 그런데 하나님께서 아람 군대에게 두려움과 큰 놀람을 주셨다.

그래서 나병 환자 네 사람의 발걸음 소리가 큰 군대의 소리로 들리게 되었다. 놀란 아람 군인들은 모조리 다 혼비백산하여 달아나 버렸다. 이렇게 되어 결국 사마리아 성은 멸망을 모면하게 되었다.

사마리아성 안의 사람들은 싸울 기력도 없었고, 싸울 사람도 없었다. 이 전쟁은 조금만 더 시간이 지나면 가만두어도 아람 군대가 이기게 되어 있었다. 그런데 아람 군인들의 마음에 두려움과 놀람 때문에 모두 다 달아나 버린 것이다.

만약에 아람 군대에 두려움과 놀람이 없었다면 설령 큰 군대의 발소리가 들린다고 할지라도 그들은 일어나 후퇴하지 아니하고 용기백배하여 전진하여 싸웠을 것이다.

두려움과 놀람 때문에 아사(餓死) 직전에 있던 사마리아성 안에 있는 이스라엘 사람들은 기적적으로 구원을 받았고, 반대로 아람 사람들은 다 이긴 전쟁을 어처구니없이 놓쳐 버린 것이다.

4) 비웃음거리가 되게 하셨다

역대하 29:8 "…비웃음거리가 되게 하신 것을 너희가 똑똑히 보는 바라."

유다 왕조의 아하스 왕은 매번 전쟁에 패하게 되니 비웃음거리가 될 수밖에 없었다. 이미 사람들에게 비웃음거리가 되었을 때는 그 사람은 실패와 파멸과 고통과 불행이 온 것을 의미한다.

에스겔 14:7-8에 이스라엘인들의 죄악의 결과를 이렇게 소개해 준다. "이스라엘 족속과 이스라엘 가운데에 거류하는 외국인 중에 누구든지 나를 떠나고 자기 우상을 마음에 들이며 죄악의 걸림돌을 자기 앞에 두고 자기를 위하여 내게 묻고자 하여 선지자에게 가는 모든 자에게는 나 여호와가 친히 응답하여 그 사람을 대적하여 그들을 놀라움과 표징과 속담 거리가 되게 하여 내 백성 가운데에서 끊으리니 내가 여호와인 줄을 너희가 알리라."고 하였다.

5) 칼에 엎드려졌다

이 말씀은 역대하 28:5과 9절 등에 기록된 대로 엄청난 살육을 당하는 참상이 있었음을 알려 준다. 아람 사람들이 유다에서 하루 동안에 용사 십 이만 명을 죽이는 사건이 발생하였으니 그 외의 살육은 얼마나 처참하였을까?

아하스 왕 때에 유다 사람들은 이러한 무서운 하나님의 징벌을 받았다. 이런 비극적인 재난들이 그들의 범한 죄악 때문이었다.

전쟁으로 죽는 것이나, 어떤 폭력에 의하여 죽는 것이나, 질병으로 수술을 받고 죽는 것이나, 어느 재난으로 인하여 죽거나 혹 고통을 당하는 경우 등도 하나님의 진노에 의한 징벌일 수 있다는 것도 깨달아야 한다.

그러므로 성도는 고난과 고통이 오면 먼저 하나님께 회개하며 기도하면서, 혹 이것이 하나님의 징벌이 아닌지 살펴봐야 할 것이다.

6) 가족이 사로잡혔다

아하스 왕 때 얼마나 많은 사람이 포로 되어 갔는가 하면, 무려 20만 명이라고 하였다(역대하 28:8). 아하스 왕 때에 북쪽 이스라엘 나라 사람들이 남쪽 유대 나라 사람들을 자녀와 아내들을 사로잡고 많은 재물도 약탈하여 갔다.

그런데 우리가 알아야 할 것은 약탈이란 꼭 전쟁을 통해서만 일어나는 것은 아니다. 지금도 우리가 하나님의 진노를 일으키면 하나님은 우리의

히스기야 왕의 신앙 부흥 운동

죗값으로 대가를 치르게 하신다.

죄의 포로가 되기도 하며, 질병의 포로가 되기도 하며, 마귀의 포로가 되기도 하며, 재물의 포로가 되기도 하며, 향락의 포로가 되기도 하며, 권력과 권세 또는 명예의 포로가 되기도 하여, 결국 그것들 때문에 자기를 망치는 어이없는 일들도 수없이 우리 주변에서 벌어진다.

사로잡힘, 즉 포로 되어 가는 것은 우리가 제도적 신분적인 노예가 아니더라도 이 세상 사람들은 정신적으로 또는 육체적으로 사로잡히고 있음을 느낄 수 있을 것이다.

어느 농촌에 있었던 실화(實話) 하나를 소가하려고 한다.

과부로서 아들딸 남매를 둔 몸이 불편한 어머니가 있었다. 그녀는 관절염과 다른 질병으로 활동마저 불편하였다. 그의 아들도 딸도 일찍부터 어린 나이에 객지로 나가서 직장생활을 하였다.

모자와 모녀의 만남은 일 년에 단 두 번, 설날과 추석이었다. 두 남매가 이제는 장성하여 노총각 노처녀가 되었다. 아들은 그런대로 직장생활에 적응하였으나 딸은 노처녀로서 나이 어린 직장 동료들과 함께 근무하는 것도 싫증이 나고 부끄러움도 느끼게 되어 직장에 나가기가 싫어졌다.

직장 언니들이나 동갑내기들은 다 돈을 벌어서 시집을 갔는데 자기만 이렇게 나이 든 노처녀로 공순(?)이 신세를 면치 못했다는 수치심이 깔려 있었다.

어릴 때부터 엄마를 떠나 직장생활을 하던 것이 이제는 정말 싫었다. 아들은 사내답게 명절 연휴 2~4일을 보내고 아무렇지도 않은 듯 묵묵히 어머니 곁을 떠나가는데 딸은 그렇지 못했다.

한번은 딸이 어머니에게 자기 심경을 털어놨다. "엄마, 나 안 가면 안 돼? 나 정말 가기 싫어!" 그러나 지금까지 직장생활을 했으나 저축한 돈은 없고 홀로 사시는 어머니에게 조금씩 송금하면 겨우 어머니 생활비와 약값으로 없어졌고 남는 게 없었다.

자! 그러니 직장으로 가기는 싫고, 안 가자니 생활이 막막하고, 그래서 모녀는 정초에 서로 부둥켜안고 한없이 눈물을 흘리며 울다가 마침내 떠나기 싫은 딸을 위로하여, 다시 공장 생활로 돌려보냈다는 어머니의 가슴 아픈 이야기이다.

딸은 병든 어머니를 홀로 두고 가는 것이 마음에 걸리고, 어머니는 가기 싫다는 딸을 보내는 것이 가슴 아파 눈이 붓도록 울다가 헤어진 것이 벌써 몇 년째라는 어머니의 하소연을 들어봤다. 1970년대 초의 어느 가정의 이야기였다.

사람이 자기가 하고 싶은 대로 못 하고, 돈에 매여, 돈 때문에, 돈을 벌려고, 가기 싫은 공장으로 떠나야 하는 그 모습이 어떻게 생각하면 돈의 노예 같은 느낌도 있어서 씁쓸하였다.

이것도 돈에 자기 몸이 포로 되어 가는 것으로 생각하지 않는가? 지금도 우리 사회는 이와 유사한 일들이 삶의 현장에서 비일비재하게 일어난다. 인생이 하나님께 범죄하면 이런 모양 저런 모양으로 하나님께서 징벌하신다.

우리는 지금, 자신을 뒤돌아볼 필요가 있다. 혹 내가 그런 하나님의 징벌 아래 있지 않나! 생각해 보고 찾아봐야 할 것이다.

내가 지금 하나님으로부터 내버림을 당하고 있지는 않은가?

내가 지금 두려움과 놀람에 시달림을 받고 있지는 않은지?

　　　　　　　　　히스기야 왕의 신앙 부흥 운동

내가 지금 자신감이 없고 무력증(無力症)에 걸려서 모든 것을 포기해 버리고 싶은 심정은 아닌지?

내가 지금 사람들의 비웃음거리가 되어서 꼴사나운 모습을 하고 있지는 않은지?

내가 지금 칼에 상하여 고통을 당하고 있지는 않은지?

내가 지금 무엇에 사로잡혀 고난을 당하고, 헤어나지 못하여 바른 신앙 생활을 하지 못하고 있는지?

자신을 냉철하게 되돌아볼 필요가 있다. 만약에 그렇다면 지금, 이 시간에 회개하고 하나님께로 돌아오는 것이 최상의 치료약이다.

하나님의 보시기에 악한 행실로 인하여,

우상숭배로 인하여,

성전을 멀리하고 살았기 때문에,

마음의 성전 문을 닫아 버렸기 때문에,

성령을 소멸하였기 때문에,

기도하지 아니하였기 때문에,

예배와 헌금 생활을 못 하였기 때문에,

이런 종류들의 고난이 내게 오고 있음을 기억해야 한다. 이럴 땐 회개만이 최상의 치유책이다.

• 찬송가 456장

1절)

거친 세상에서 실패하거든 그 손 못 자국 만져라

고된 일다가 힘을 얻으리 그 손 못 자국 만져라

그 손 못 자국 만져라 그 손 못 자국 만져라

주가 널 지키며 인도하시리 그 손 못 자국 만져라

2절)

네가 어둠 속을 걸어갈 때에 그 손 못 자국 만져라

주가 참 평안을 네게 주시리 그 손 못 자국 만져라

그 손 못 자국 만져라 그 손 못 자국 만져라

주가 널 지키며 인도하시리 그 손 못 자국 만져라

     히스기야 왕의 신앙 부흥 운동

3. 신앙 부흥 운동을 해야 할 진정한 이유 (역대하 29:10-11)

역대하 29:10-11 "이제 이스라엘의 하나님 여호와와 더불어 언약을 세워 그 맹렬한 노를 우리에게서 떠나게 할 마음이 내게 있노니 내 아들들아 이제는 게으르지 말라 여호와께서 이미 너희를 택하사 그 앞에 서서 수종들어 그를 섬기며 분향하게 하셨느니라."

히스기야 왕이 유월절을 통한 신앙 부흥 운동을 하게 된 진정한 이유가 있다. 이스라엘인들의 열조(列朝)가 범죄하고 하나님의 진노로 고난당한 것은 신앙 부흥을 하게 된 것이 소극적인 이유라고 한다면, 이제 보다 더 적극적인 이유를 살펴보자.

1) 맹렬한 진노를 떠나게 하기 위하여

역대하 29:10 "이제 이스라엘 하나님 여호와로 더불어 언약을 세워 그 맹렬한 노를 우리에게서 떠나게 할 마음이 내게 있노니"

히스기야 왕은 그의 부친 아하스 왕의 범죄로 인하여 하나님의 맹렬한 진노가 쉴 새 없이 임함을 친히 목격하였다. 이십오 세에 유다 왕조의 왕위에 오르기까지 그 부친의 통치와 행적을 보면서 많은 것들을 충분히 느끼고 배웠다.

아하스 왕은 십육 년을 예루살렘에서 치리하던서 많은 죄악을 하나님께 범하였고, 그로 인하여 수많은 수난을 겪었다.

• **유다 백성들이 당한 수난**

- 여호와께서 아람 왕의 손에 붙이시매 저희가 심히 많은 무리를 사로잡아 다메섹으로 끌어갔다(역대하 28:5).

- 하나님께서 이스라엘 왕의 손에 붙이시매 저가 쳐서 크게 살육을 하였다(역대하 28:5).

- 르말랴의 아들 베가가 유다에 와서 하루 동안에 용사 십이만 명을 죽였다(역대하 28:6).

- 에브라임 용사 시그리가 왕의 아들과 궁내 대신과 총리대신을 죽였다(역대하 28:7).

- 북왕조 이스라엘 자손이 와서 20만 명을 사로잡고 많은 재물을 사마리아로 가져갔다(역대하 28:8).

- 에돔 사람이 다시 와서 유다를 치고 그 백성을 사로잡아 갔다(역대하 28:17).

- 블레셋 사람도 유다 평지와 남방 성읍들을 침략하여 여섯 성읍 곧 벧세메스, 아얄론, 그데롯, 소고, 딤나, 김소을 취하고 그들이 거기에 거주케 하였다(역대하 28:18).

- 앗수르 왕에게 도움을 청원하였으나 돕지 아니하였다(역대하 28:20).

- 앗수르 왕은 뇌물만 가로채고 돕지 아니한 것이다(역대하 28:21).

- 다메섹 신에게 제사하며 구원을 소원하였으나 도리어 패하게 되었다(역대하 28:23).

 히스기야 왕의 신앙 부흥 운동

그래서 아하스 왕은 이때 곤고하게 되었고, 결국은 망하게 되었다. 이십 세에 즉위하여 십육 년을 치리하고 죽었으니 그가 삼십육 세의 청춘으로 비명을 맞게 된 것이다. 그는 비참하게 생애를 마감하고 시체마저도 이스라엘 열조의 왕실 묘에 장사되지 못하는 오인으로 낙인된 것이다(역대하 28:27).

히스기야 왕은 이런 부왕(父王)의 나라와 백성들의 비극적 참상을 잘 인식하였고, 오직 우리의 살길은 하나님께로 돌아가는 것밖에 없다는 것을 알고 유다 백성들의 신앙 부흥 운동을 전국적으로 전개하였다.

2) 하나님을 섬기며 봉사케 하기 위하여

> 역대하 28:11 "…여호와께서 이미 너희를 택하사 그 앞에 서서 수종들어 섬기며, 분향하게 하셨느니라."

하나님은 성도의 섬김과 봉사를 원하신다. 하나님이 우리를 성도로, 거룩한 하나님의 자녀로, 천국 백성으로 선택하신 목적이 성전에서 봉사하며 시중들며 예배하게 하신 것이다. 그리고 하나님께서 우리를 창조하신 목적도 바로 찬양과 존귀와 영광을 받으시는 데 있다.

아하스 왕 때 하나님의 맹렬한 진노가 임했던 원인이 바로 이런 일들을 하지 않았기 때문이었다(역대하 28:6-7).

역대하 28:11에 하나님께서 우리를 선택하신 목적을 밝혀 준다. 히스기야 왕의 종교개혁은 여기서 원인을 찾았던 것이다. 하나님의 선택하신 목적에 따라 우리로 하여금 바른 신앙생활을 하게 하려는 데 초점을 맞추었다.

성도의 바른 신앙생활은 성도의 직무를 다하는 것이며, 하나님을 기쁘시게 하는 것이다. 그럴 때 평안과 기쁨과 축복이 나타난다. 우리가 축복받는 비결은 하나님께서 기뻐하시는 성도 본연의 자세로 돌아오는 데 있다.

우리에게서 하나님의 진노를 떠나게 하는 비결도, 우리에게 복을 내리시게 하는 비결도 역시 성도의 바른 신앙에 달려 있다.

말라기 3:7에 "만군의 여호와가 이르노라 너희 조상들의 날로부터 너희가 나의 규례를 떠나 지키지 아니하였도다. 그런즉 내게로 돌아오라 그리하면 나도 너희에게로 돌아가리라 하였더니 너희가 이르기를 우리가 어떻게 하여야 돌아가리이까 하는도다."라고 하였다.

3) 바른 신앙의 조건

역대하 29:11 "내 아들들아 이제는 게으르지 말라…"

일상생활의 게으름은 가난을 몰고 오고, 신앙생활의 게으름은 하나님의 채찍을 가져온다. 신앙생활의 가장 큰 적(敵)은 게으름이다. 마귀는 성도에게 게으름을 피우게 하고, 게으름은 성도로 하여금 핑계하게 한다.

성도들은 신앙의 부끄러움을 핑계로 가리려고 한다. 이런저런 핑계로 자기를 변호하며 변명하며 자기를 미화하려고 한다. 그러나 하나님은 우리의 핑계를 용납지 않으신다. 하나님 앞에서는 핑계가 없고, 변명 따위의 이유가 필요 없다.

오직 순종과 충성만 있을 따름이다. 핑계의 원인을 추적해 보면 결국은 게으름이다. 게으름과 무성의와 무관심 때문이다.

 히스기야 왕의 신앙 부흥 운동

그래서 히스기야 왕은 자기 백성을 사랑하는 마음으로, 그리고 위로하는 마음으로 권면하여 이르기를 '내 아들들아 이제는 게으르지 말라'고 한 것이다.

바울 사도도 로마 교인들을 권면할 때 "부지런하여 게으르지 말고 열심을 품고 주를 섬기라(로마서 12:11)."고 하였다.

요한계시록 2:10에도 "네가 죽도록 충성하라 그리하면 내가 생명의 면류관을 네게 주리라."고 하였다.

우리에게 더 심한 것이 생기기 전에 열심을 품고 죽도록 충성하자! 더 심한 고생, 더 심한 멸시와 천대, 더 심한 질병과 고통, 실패의 쓴잔, 환란과 궁핍이 찾아오기 전에 회개하고 일어서자!

진정한 말씀 부흥 운동, 성령 운동, 기도 운동, 새 사람을 위한 각성의 운동이 일어나야 한다.

히스기야 왕의 충정 어린 권면이 곧 내가 여러분을 대한 권면이며, 유다 백성들의 돌이킴이 곧 성도 여러분들의 돌이킴이 되시기를 원한다.

성결론

예비적 신앙 부흥회

(역대하 29:12-30:12)

　지금까지 소개한 내용은 유월절 신앙 부흥 운동을 위한 준비의 방법과 신앙 부흥 운동을 할 수밖에 없었던 그 이유였다. 이제는 유월절 성회(聖會)를 하기 위한 실질적인 준비에 대하여 말씀드리려고 한다.

　사람이 부정(不淨)한 상태로는 하나님께 유월절 제사를 드릴 수 없으므로 성결케 하는 일을 하게 되었다. 성결케 하는 일도 하나님 앞에서 하나의 중대한 예식이었다.

　유월절 절기가 성회(聖會)로서 신앙 부흥 운동이었기 때문에 성결케 하는 예식은 영적으로 예비적 신앙 부흥 운동이었다.

　무슨 행사든지 준비가 잘되어야 성공한다. 준비가 부족하면 행사에 차질이 오는 것은 당연한 일이다. 영적 신앙 부흥 운동도 마찬가지이다.

　필자가 1970년대 후반쯤에 전도사로 어느 교회에 부임하여 시무하는 중에 부흥성회의 필요성을 느끼고, 미조직 교회이므로 제직회를 소집하고 부흥회 안건을 제출하였다. 그런데 의외로 이구동성으로 반대한다.

　이유인즉 지금까지 매년 연례행사처럼 일 년에 한 차례씩 유명하다는 목사님은 다 청해서 부흥회를 해 봤지만 별 재미를 보지 못했단다. 교인들이 은혜도 못 받았고, 단 한 사람의 결신자를 얻은 바도 없었다고 하였다.

　부흥회를 마치고 나면 오히려 시간적 낭비, 물질적 낭비, 정신적으로 허탈감만 가져왔단다. 그래서 앞으로 부흥회는 하지 말자고 결의를 해 버렸다고 한다.

　필자가 그 교회에 부임하여 처음 제안하는 안건인데 거절당하니 마음에 개운치 못한 점이 있었으나 고집할 일도 아니라고 여겨 제직회를 폐회하고 말았다.

　그런데 2~3개월 사이에 날이 갈수록 초신자와 낙심되었다가 재결심하고 나오는 자들로 교회당이 채워지게 되었다. 부임 초에 40명~50명 사이에서 집회가 이루어지던 교회가 90명~100명 선으로 100% 부흥이 나타났다.

　농촌 교회는 겨울철이 부흥회의 적기이다. 그런데 겨울이 다 지나가고 2월 초 정기 제직회 때에야 비로소 제 직원들 입에서 "전도사님! 새로 나온

신자들도 많아지고 농사철도 다가오는데 그 안에 부흥회 한번 했으면 좋겠어요!" 그러자 저는 "예? 뭐 하자고요?"라고 되물었다.

"제가 하잘 때는 거절하더니 이제야 부흥회를 하자고요?"

그러나 끝까지 거절할 일은 아니라고 생각되어 부흥회를 하기로 결의하고, 강사와 일자는 내게 위임을 받았다.

강사를 교섭하고, 날 자는 3월 첫 주간으로 정하였다. 곧바로 교회에 광고하고 준비 기도를 시켰다. 집회 한 주 전에는 일주일간을 밤마다 준비 기도회를 가졌다. 찬송과 말씀 강론을 하고 합심하여 통성 기도를 시켰다. 마음의 그릇 준비가 필요했기 때문에 회개에 초점을 맞췄다. 통회(痛悔)가 일어났다. 눈물을 흘렸다. 혹 어떤 성도는 철야 기도를 하였다. 혹은 금식도 했다. 급작스레 한 달 만에 이루어진 부흥성회였으나 큰 은혜가 임하였다.

부흥회가 끝나고 교인들의 하는 말이 "전도사님! 우리 가을에 또 한 번 부흥회 합시다!"라고 한다. "일 년에 한 번 했으면 됐지 뭘 또 합니까!" 하고 웃었다. 부흥회 전에 눈물 콧물 쏟으며 회개하니까 본 부흥회는 저절로 은혜가 충만하였다.

제가 부흥 집회를 인도하러 다녀 봐도 역시 마찬가지였다. 충분한 준비 기도가 있었던 교회는 쉽게 잘되었고, 조금 힘들었던 교회마다 확인해 보면 준비 기도가 없었던 것을 알 수 있었다. 히스기야 왕의 유월절은 철저히 준비하였다.

역대하 29:17에 보면 "첫째 달 초하루에 성결하게 하기를 시작하여 그 달 초팔일에 여호와의 낭실에 이르고 또 팔 일 동안 여호와의 전을 성결하게 하여 첫째 달 십육 일에 이르러 마치"게 되었다.

이렇게 만 2주간을 철저히 준비하였다. 그 결과 유월절 성회에 은혜가 충만하여 절기를 한 주간 더 연기하여, 두 주간의 유월절을 지키는 초유의 사건이 일어났다. 성경에 나타난 모든 절기는 한 주간으로 정해져 있다. 히스기야 왕 때에 두 주간의 유월절을 지킨 것은 전무후무한 사건이었다. 그러므로 예비 부흥회는 절대 필요한 것이다.

이제 히스기야 왕 때의 유월절 성회는 얼마나 준비가 되었는지 살펴보자.

▌ **1. 성결케 하였다** (역대하 29:12-19)

히스기야 왕의 명령이 내려지자, 레위인들이 일제히 일어나서 성결케 하였는데, 그 모습을 소개한다.

12-14절: 성결케 하는 레위인들의 명단

15절 상반절: 레위인들이 그들의 형제를 성결케 함

15절 하반절: 레위인들이 성전을 성결케 함

16절: 제사장들이 성전에 들어가 더러운 것들을 끌어냄

17절: 성전을 성결케 한 기간

18절: 성전 기구들을 깨끗하게 함

19절: 성전 모든 기구들을 정돈함

레위인들이 일어나서 레위 사람들과 성전과 성전의 모든 기구를 성결케 하고 정돈하였다. 그리고 우상숭배 때 사용하던 더러운 기구들을 끌어내어 기드론 시내에 모두 버렸다.

정월 초하루부터 시작하여 십육 일까지 철저히 두 주간을 성결케 하는 작업을 모두 마쳤다.

성결 운동은 두 가지 측면에서 이뤄져야 한다. 곧, 외적인 성결과 내적인 성결이다. 외적인 성결은 눈으로 보이는 것들을 깨끗하게 하는 작업이다. 쓸고 닦고 고치고 칠하고 정돈하는 일들이다. 그리고 내적인 성결은 눈으로 보이지 않는 것으로서 외적으로 깨끗하게 한 것들을 위하여 하나님께 속죄하는 제사를 드리는 행위이다.

역대하 29:12-19는 외적인 성결 운동이며,

역대하 29:21의 말씀은 내적 성결인 속죄의 제사이다.

사람만 속죄하는 제사를 드리는 것이 아니라, 21절을 보면 나라와 성소와 유다 지역을 위하여 속죄의 제사를 드렸다.

죄를 범하는 주체는 사람이지만 사람의 범죄로 인하여 나라와 성소와 유다의 여러 지역이 부정케 되었기 때문에 성결케 하기 위한 속죄제를 드린 것이다.

사람들이 유월절 절기에 참여키 위하여 깨끗하게 하는 일로서는 할례를 받지 아니한 자는 할례를 행해야 하고, 목욕을 하고, 의복을 바꾸어 입어야 하고(창세기 35:2-3), 또 짐승을 가져다가 속죄제를 드려야 한다.

구약 시대에는 죄 사함을 받기 위해서 하나님께 속죄제를 드렸으나 신약 시대에는 제사 제도가 폐지된 고로, 예수 그리스도의 이름으로 회개하며 기도하면 되는 것이다.

2. 속죄의 제사를 드렸다 (역대하 29:20-28)

1) 구약의 5대 제사

	번제	소제	화목제	속죄제	속건제	위임제
성경	레 1장 6:8-13	레 2장 6:14-18	레 3장 7:11-21 7:28-36	레 4장 6:24-30	레 5장 7:1-10	레 8장 6:19-23
제물	수소 숫양 숫염소 새- 비둘기 2	고운 가루 무교병 무교전병 첫 이삭을 볶아 찧은 것	소 양 염소 무교병 무교전병 (감사의 화목제 때)	수송아지 (제사장, 회중) 숫염소(족장) 암염소(평민) 어린양(평민)	암양 어린양 염소 (일반인) 비둘기 2 (빈자) 고운 가루 (극빈자) 숫양 (성물에 허물)	수송아지 숫양 2 무교병의 광주리 1 (다 준비함)
방법	화제 제물에 안수 전부 드림	화제- 고운 가루 한 줌 나머지는 가족에게 기름 유향 소금 넣고 누룩, 꿀은 안 넣음	화제 제물 안수 피, 기름, 내장 -화제로, 나머지 -요제, 거제로 무교병, 무교전병 -거제로 제사장에게로 돌림	화제 제물에 안수 피, 기름, 내장은 화제로 가죽, 고기, 머리, 다리, 내장, 똥은 진 밖에서 태움	화제 속건제도 허물로 인하여 속죄제 드림	화제 수송아지 -속죄제로 숫양 1마리 -번제로 숫양 1마리 -위임제로 무교병은 제사장이 먹음
비고	전부 드리기 때문에 헌신을 의미	감사제의 의미	화목, 평안의 뜻, 감사의 화목제, 하나님과 사람의 화목	범죄했을 때 용서받기 위한 제사	성물에나 금령에 허물을 용서받기 위한 제사	제사장이 위임받는 제사

참고) 제사에 대한 도표

① 번제(燔祭) - 레위기 1장

　'번제'의 히브리어의 뜻은 '올라간다.'이다. 번제물은 반드시 짐승으로 드리도록 되어 있다. 번제할 짐승의 종류는 번제를 드리는 사람에 따라 다르지만, 소, 양, 염소, 비둘기 등으로 되어 있다.

　'번제(燔祭)'는 그 제물 전체를 온전히 불로 태워서 드리는 제사이다. 그러므로 '번제'는 온전히 하나님께 헌신한다는 의미가 있다.

② 소제(素祭) - 레위기 2장

　제사 중에 유일하게 곡물로 드리는 제사가 소제이다. 제물은 고운 가루와 무교병(누룩 안 들어간 떡)이나 무교전병(누룩 안 들어간 부침개)이다. 그리고 첫 이삭을 제물로 드리기도 한다.

　'소제'란 히브리어를 보면 '선물'이란 뜻이다. 그러므로 소제는 농사한 것으로 감사하여 하나님께 드리는 제사이다. 소제는 화제(火祭, 불로 태워 드리는 제사)로 드린다. 소제는 곡식 가루로 드리는 것이므로 다른 것을 섞어서 제물로 드린다.

　그래서 '소제물'에는 넣어야 할 것과 넣지 못할 것이 있다.

▸ 넣어야 할 것
- 기름: 성령을 상징한다.
- 유향: 향기로운 냄새이니 기도가 상달되는 것을 상징한다.
- 소금: 변하지 않는 것이니 하나님의 언약(말씀)을 상징한다.

▸ 넣지 못할 것
- 누룩: 썩은 것이며, 썩히는 일을 하기 때문에, 부패와 부정의 상징이다.

- 꿀: 여러 가지 혼합된 것으로서 부정의 상징이 되며, 벌이 토(吐)한 것이기 때문에 역시 부정의 상징이기 때문에 넣지 못한다.

③ 화목제(和睦祭) - 레위기 3장

'화목제'란 화평, 화목의 제사다. 이것은 감사, 서원(誓願) 등을 위한 것으로서 자원하여 드리는 것이지만, 모든 다른 제사처럼 속죄하는 의미도 지니고 있다. 역시 화제로 드린다.

'화목제'는 하나님과 우리가 화목한다는 뜻으로 드려진다. 원수 된 사이가 화목하게 되고, 둘이 하나되는 화목제이다.

십자가에서 예수 그리스도의 죽으심은 속죄의 제물이 되었고 또한 화목 제물이 되신 것이다.

④ 속죄제(贖罪祭) - 레위기 4장

'속죄제'는 여호와께서 금하신 법령 중 하나라도 범하였을 때 속죄하는 제사를 드린다. 드리는 방법은 역시 화제이다. 속죄하는 대상에 따라 제물이 달라진다.

제사장의 속죄에는 수송아지, 회중의 속죄에는 수송아지, 족장의 속죄에는 숫염소, 개인의 속죄에는 암염소나 암양으로 드린다.

그러나 개인이 양이나 염소를 드릴 힘이 미치지 못하면 비둘기 두 마리로 드린다(레위기 5장). 그리고 비둘기 둘에도 힘이 미치지 못하면 고운 가루로 드린다(레위기 5장).

짐승은 죽음으로써 희생의 피 흘림이 있지만, 고운 가루는 비록 피 흘림은 없으나 가루로 만들어지는 과정에서 곡식이 부서지는 희생이 따른다.

     히스기야 왕의 신앙 부흥 운동

속죄제로 드릴 때는 고운 가루에 소제로 드릴 때 넣는 기름이나 유향을 넣지 않는다.

속죄제에서 이처럼 다양한 제물을 허용하신 것은 성도들의 경제적인 측면을 고려하여 허락하신 하나님의 사랑이다. 백성 중에 범죄하고서도 가난하여 제물을 준비치 못하여 속죄함을 받지 못함을 하나님께서 긍휼히 보신 까닭이다.

⑤ 속건제(贖愆祭) - 레위기 5장

'속건제'는 사람에게 허물이 있을 때 드리는 제사요 '속죄제'와는 다른 제사이다.

▸ 속건제의 세 가지 구분
- 여호와의 성물에 대하여 범한 과실이 있을 때: 숫양을 드린다.
- 여호와의 금령들을 부지중에 범하여 허물이 있을 때: 숫양을 드린다.
- 일반적인 여러 가지 허물들이 있을 때: 양, 염소, 비둘기 둘, 고운 가루, 에바 십 분의 일을 드린다.

역시 속건제도 화제(火祭)로 드린다.

레위기 7:37에 "이는 번제와 소제와 속죄제와 속건제와 위임식과 화목제의 규례라"고 하였는데, 위임제는 레위기 6:19-23과 출애굽기 29:1-46에 자세하게 기록되어 있다.

일반인에게는 위임제가 적용되지 않는다. 제사장이 임직을 받을 때 드리는 제사가 위임제이다. 아론의 자손 중에서 제사장이 될 때는 칠일간의 위임 예식을 행하여 위임제를 드린다.

2) 히스기야 왕 때의 속죄제

• **제물들의 수효와 의미**
  - 수송아지: 일곱
  - 숫양: 일곱
  - 어린양: 일곱
  - 숫염소: 일곱

▸ 제물들의 수효가 모두 '일곱'으로 되어 있다.

'7'은 완전한 수(完全數), 또는 온전한 수(穩全數)로서 제물이 많음을 나타내기도 하며, 제물들이 온전한 것임을 나타내기도 한다.

이것은 장차 나타날 예수 그리스도의 모습으로서 예수께서 온전한 제물로서 드려질 것을 의미하며, 다시는 속죄의 제사를 드릴 필요가 없는 완전성을 나타내기도 한다. 그래서 제물들이 모두 '일곱'으로 통일되어 있다.

▸ 제물들이 모두 '수컷'으로 되어 있다.

이는 장차 오실 그리스도가 남성임을 상징한다. 속죄의 제물이 되어 십자가에서 희생되실 예수 그리스도는 남자였다.

▸ 제물 중에 '송아지'는 그의 충성을 보여 준다.

송아지는 가축 중에서 사람에게 가장 충성하는 짐승으로써 일생을 보내다가 마지막에는 그의 살과 가죽까지 모두 다 주인에게 준다.

이것은 예수 그리스도의 쉬지 않는 충성과 마지막 순간까지도 십자가에서 희생의 속죄 제물이 되실 것을 예표(豫表)하는 것이다.

▸ 제물이 '양'인 것은 순종을 보여 준다.

양은 성품이 온순하고 주인에게 반항하지 않으며 털과 젖과 고기까지 모두 주고 가는 짐승이다. 그래서 양도 역시 온유하시고 순종하시는 예수 그리스도의 모형이다.

이사야 53:7에 "그가 곤욕을 당하여 괴로울 때에도 그의 입을 열지 아니하였음이여 마치 도수장으로 끌려가는 어린 양과 털 깎는 자 앞에 잠잠한 양 같이 그의 입을 열지 아니하였도다."라고 하였는데, 이는 어린양 예수를 묘사하여 예언한 것이다.

▸ 제물 중에 '어린양'은 유월절에 희생된 유월절 양이 그 의미를 잘 설명해 준다.

이 어린양은 예수 그리스도의 예표(豫表)이다. 고린도전서 5:7에 "우리의 유월절 양 곧 그리스도께서 희생되셨느니라."고 하였다.

▸ 제물 중에 '염소'는 교만하고 반항적인 모습이다.

이것은 우리가 하나님 앞에서 교만하고 거역하며 범죄하였던 죄인들의 모습으로서 역시 예수 그리스도께서 이런 죄악도 담당하여 죽으실 것을 모형하는 것이다.

그러나 염소는 예수의 모형과는 거리가 멀기 때문에(교만-높은 데 오르기 좋아함, 반항-머리로 떠받기 좋아함) 제물로는 잘 쓰이지 않는다.

염소가 제물로 사용될 수 있었던 것은 정결한 짐승이었고, 백성들의 편의를 위하여 허용된 것이 아닌가 싶다.

‣ 속죄의 대상

하나님께 속죄제를 드릴 때 무엇을 위하여 드렸는가?

‣ 나라를 위하여

하나의 주권 국가인 남 유다 왕국을 위한 제사였다. 유다 왕국과 왕을 비롯하여 모든 백성이 하나님께 우상숭배 하는 죄를 범하였으므로 나라를 위한 속죄제가 필요하였다.

‣ 성소를 위하여

예루살렘 성전이 하나님께만 온전히 드려지지 못하였고, 아하스 왕 때에 우상의 제단으로 악용되었기 때문에 성소를 위한 속죄제가 필요하였다. 성소가 영적으로 깨끗하고 성결해야 하나님께 쓰일 수 있다.

‣ 유다 백성을 위하여

유다 백성들 전체가 우상으로 인하여 하나님께 범죄하였기 때문에 속죄의 제사가 필요하였다. 나라와 성소와 유다를 위하여 속죄하는 제사를 드림으로써 국가와 성전과 백성들이 하나님 앞에 거룩하고 깨끗하게 되어 하나님께서 기뻐하시는 소유를 삼으시려 한 것이다.

부정하고 불결한 것들은 무엇이나 하나님의 기뻐하시는 소유가 될 수 없다.

     히스기야 왕의 신앙 부흥 운동

• 제물을 드리는 순서 (역대하 29:21-24)

역대하 29:21-24에 "수송아지 일곱 마리와 숫양 일곱 마리와 어린 양 일곱 마리와 숫염소 일곱 마리를 끌어다가 나라와 성소와 유다를 위하여 속죄 제물로 삼고 아론의 자손 제사장들을 명령하여 여호와의 제단에 드리게 하니 이에 수소를 잡으매 제사장들이 그 피를 받아 제단에 뿌리고 또 숫양들을 잡으매 그 피를 제단에 뿌리고 또 어린 양들을 잡으매 그 피를 제단에 뿌리고 이에 속죄 제물로 드릴 숫염소들을 왕과 회중 앞으로 끌어 오매 그들이 그 위에 안수하고 제사장들이 잡아 그 피를 속죄제로 삼아 제단에 드려 온 이스라엘을 위하여 속죄하니 이는 왕이 명령하여 온 이스라엘을 위하여 번제와 속죄제를 드리게 하였음이더라."고 하였다.

24절을 보면 온 이스라엘을 위하여 번제와 속죄제를 드리게 하였다. 번제에 대해서 레위기 1:3-9에, 속죄제에 대하여는 레위기 4:1-12에 그 방법이 나타나 있다.

본문에 나타난 순서를 살펴보면 다음과 같다.

▸ **흠 없는 제물'을 여호와께 드린다.**

제물은 언제나 흠이 없고 살찌고 병들지 않고 불구이지 아니한 아름다운 짐승을 선택하여 회막 문에서 여호와께 드린다.

흠이 없는 것을 드리는 것은 무흠하고 무죄하신 예수 그리스도의 상징적인 모형이다.

히브리서 4:15에 "우리에게 있는 대제사장은 우리의 연약함을 동정하지 못하실 이가 아니요 모든 일에 우리와 똑같이 시험을 받으신 이로되 죄는 없으시니라."고 하였다.

‣ 제물의 머리에 '안수'한다.

누구를 위하여 제사를 드리느냐에 따라서 안수자가 달라진다. 속죄제는 속죄받기를 원하여 제물을 가져온 자가 짐승의 머리에 안수한다.

안수(按手)의 의미는 죄를 전가(轉嫁)시키는 것을 의미한다. 즉, 내 죄를 이 짐승에게 '담당시킨다', '덮어씌운다'는 것을 말한다.

레위기 1:4에 "우리에게 있는 대제사장은 우리의 연약함을 동정하지 못하실 이가 아니요 모든 일에 우리와 똑같이 시험을 받으신 이로되 죄는 없으시니라."고 하여 예수님이 대제사장으로서 우리의 죄를 대신 담당하신 것을 말씀하셨다.

‣ 피를 받아서 뿌린다.

제물인 짐승에 대하여 죄지은 사람이 안수함으로써 그 제물은 죄 있는 짐승이 된다. 그래서 죄를 짊어진 짐승은 죽임을 당하게 된다.

로마서 6:23에 "죄의 삯은 사망이요."라고 하신 원리대로 죄를 짊어진 짐승은 죽임을 당하게 된다.

이때의 짐승은 그리스도의 모형이다. 짐승의 목을 베어 흘러나오는 피를 받아서 제단에 뿌린다. 이 피는 예수 그리스도께서 십자가에서 흘리신 피를 상징한다.

‣ 제물을 각(脚)을 떠서 화제로 드린다.

제사장과 레위인들이 제사법대로 제물을 만드는 과정을 거쳐서 제단에 올려놓고 태워서 드린다.

이때 태워지는 제물은 십자가에서 죽으신 예수의 몸을 상징한다. 본문 성경에는 제물 드리는 순서가 정확하게 기록되어 있지 않으나 제사를 드리는 의식은 모두 동일한 것이다.

　　　　　히스기야 왕의 신앙 부흥 운동

• **제사 드리는 광경**(역대하 29:25-28)

제물의 준비가 완료되면 제사가 시작된다.

- 성전 안에는 언제나 등불이 켜 있다.

- 번제단에는 제물이 타고 있다.

- 향로(香爐)에는 분향(焚香)을 한다.

- 레위인들은 악기(제금, 비파, 수금 등)를 가지고 연주한다.

- 레위인 중에 노래하는 자들은 노래를 한다.

- 제사장들은 나팔을 분다.

- 온 회중은 여호와께 경배를 한다.

이렇게 하기를 번제단에서 제물이 다 탈 때까지 계속한다. 여호와께 제사 드리는 시간은 번제단의 제물이 다 탈 때까지의 시간이다.

우리는 구약의 제사에서도 신약 예배의 그림자를 엿볼 수 있다.

로마서 12:1에 "너희 몸을 하나님이 기뻐하시는 거룩한 산 제물로 드리라 이는 너희가 드릴 영적 예배니라."고 하였다.

이 말씀에 '산 제물'은 곧 '영적 예배'임을 가르쳐 주고 있다, 구약의 제사와 신약의 예배는 매우 밀접한 관계가 있다. 구약 시대에는 하나님을 섬기는 대표적인 방법이 제사였고, 신약 시대에는 그것이 곧 예배였다.

옛 언약을 주신 하나님께서 때가 되매 새 언약을 주신 것과 마찬가지로 제사를 통하여 영광을 받으시던 하나님께서 이제는 예배를 통해서 영광을 받으신다.

구약의 제사는 신약 예배의 모형이다. 신약 시대에는 산 제사를 드리고 있는 것이다. 산 제사를 곧 영적 예배라고 한다.

구약의 제사	비고	신약의 예배
성전 안의 등불	← 제사장 성도 →	성전에 성령 임재
번제단의 제물	← 짐승 성도 →	성도의 몸과 헌금
향로의 분향	← 제사장 성도 →	성도들의 기도
노래와 찬송	← 레위 성도 →	찬양과 찬송
악기를 울림	← 레위인 성도 →	악기를 연주
나팔	← 제사장 목사 →	말씀 선포
축복	← 제사장 목사 →	축복기도(축도)
회중의 경배	← 회중 성도 →	송영(영광 돌림)

[제사와 예배의 비교]

위 표를 보면 구약의 제사와 신약의 예배는 원리가 동일한 것임을 알 수 있다. 다만 명칭과 형식이 다를 뿐이다.

구약 시대에도 제사장이 회중(백성)들을 위하여 축복하는 순서가 있었다. 구약의 제사가 대단히 엄격하였던 것처럼 신약의 예배도 매우 경건하고 거룩하며 정숙한 분위기에서 드려져야 한다.

성도들은 자기 자신이 하나님께 드려지는 제물이라는 것을 명심하여야 한다. 예배 시간에 왕래하거나 개인 간의 대화를 하거나 아이들과의 필요 없는 행동은 삼가야 한다. 졸고 있는 모습이나 흐트러진 모습도 안 된다.

하박국 2:20에 "오직 여호와는 그 성전에 계시니 온 땅은 그 앞에서 잠잠할지니라."고 하였으며, 요한복음 4:24에는 "하나님은 영이시니 예배하는 자가 영과 진리로 예배할지니라."라고 하였다.

히스기야 왕의 신앙 부흥 운동

그리고 구약에 나오는 성전과 제단은 신약의 예배당을 의미한다. 또한 예배드리는 시간은 제사의 제물이 다 타는 시간으로서 몇 시간씩 걸렸다.

구약 시대의 성도들은 성전이나 회당에서 몇 시간씩 성경을 읽었다. 인도자는 성경을 읽고 회중은 듣고 있거나 때로는 따라서 복창하기도 했다.

신약성경에 보면 예수님, 사도들, 집사들의 설교가 시간이 일정하지 않았다. 예수님은 빈들에서 사흘씩이나 강론을 하셨고, 바울 사도는 드로아에서 밤을 새워 가며 강론하였다.

오늘날처럼 일정하게 시간을 정해 놓고 예배하지도 않았다. 요즘 정확하게 시간에 맞춰서 예배하는 것은 시대적 상황이지 성경적인 것은 아니다.

예배를 심풀(simple)하고, 스피드(speed)하게 마치기를 원하는 것은 사실인즉, 말세의 타락된 인간의 심성에서 나타나는 현상이다. 말세에 사람들의 마음이 조급해진다고 했다.

디모데후서 3:4에 "배신하며 조급하며 자만하며 쾌락을 사랑하기를 하나님 사랑하는 것보다 더하며"라고 한 말씀이 이뤄지는 것이다.

지금 우리는 구약 시대에 제사와 성경을 읽던 그들의 모습들을 본받아 예배 시간에 인내하는 정신을 가져야 할 것이다.

▎**3. 제사 드린 이후의 모습들** (역대하 29:29-36)

: 예배드린 성도의 생활

히스기야 왕 때에 속죄제를 드리고 난 후의 모습들을 살펴보자. 그들이 속죄 제사를 드리고 나서 행한 모습이 바로 오늘날 우리가 예배를 드리고 나서 행해야 할 모습이다.

1) 영광 돌리는 생활

역대하 29:28-30까지에 보면 아래와 같은 순서로 행하였다.

- 28절: 경배하며, 노래하고, 나팔을 불며, 번제를 마쳤다.
- 29절: 다 엎드려 경배하였다.
- 30절: 찬송하며, 몸을 굽혀 경배하였다.

그러므로 찬송 → 경배 → 찬송 → 경배의 순서로 계속되는 것을 볼 수 있다. 이것은 하나님을 영화롭게 하기 위한 그들의 아름다운 모습이었다.

성도의 생활은 예배를 마침으로 끝나는 것이 아니라 예배를 드림으로써 이제 시작되는 것이다. 제사나 예배는 곧 생활의 시작이다.

세상에서 죄로 인하여 더러워진 몸을 성전에 나와서 속죄의 제사를 드림으로 깨끗이 용서받고 정결한 심령으로 새로운 생활을 시작하는 것이다. 이것이 제사와 예배의 근본 정신이다.

우리가 죽기 위하여 제사를 드리는 것이 아니라 살기 위하여 제사를 드리는 것이다. 본디 제사란 제물을 죽여서 하나님께 드리는 것이기 때문에 예배 때에도 역시 자기 옛사람을 죽여서 새 사람으로서 하나님께 예배하는 것이다.

육신의 사람을 희생시켜 영의 사람으로 하나님께 예배드려야 한다. 다시 말하자면 세상의 것을 사랑하는 마음을 죽이고, 하나님을 사랑하는 마음, 선과 미를 추구하는 마음을 살려서 보다 더 새로운 세계, 미래를 지향하는 마음으로 하나님께 예배를 드려야 한다. 이것이 진정으로 영원히 사는 길이다.

요한복음 12:25에 "자기의 생명을 사랑하는 자는 잃어버릴 것이요 이 세상에서 자기의 생명을 미워하는 자는 영생하도록 보전하리라."고 하였다.

베드로전서 3:10-11에 "그러므로 생명을 사랑하고 좋은 날 보기를 원하는 자는 혀를 금하여 악한 말을 그치며 그 입술로 거짓을 말하지 말고 악에서 떠나 선을 행하고 화평을 구하며 그것을 따르라."고 하였다.

하나님께서 제사의 제도를 만드신 동기와 목적은 백성을 살리는 데 있고, 그로 인하여 하나님께서 영광을 받으시는 데 있다.

레위기 18:5에 "너희는 내 규례와 법도를 지키라 사람이 이를 행하면 그로 말미암아 살리라."고 하였으며, 신명기 4:1에는 "이스라엘아 이제 내가 너희에게 가르치는 규례와 법도를 듣고 준행하라 그리하면 너희가 살 것이요"라고 하였다.

요한복음 14:14-15에 예수께서 "나는 선한 목자라."라고 하시며, "나는 양을 위하여 목숨을 버리노라."고 하셨다.

예수님은 우리를 살리시기 위하여 십자가 위에서 목숨을 버리셨다. 구약 제사의 제물은 십자가 위에서 죽으신 예수님의 모형의 예표(豫表)였다. 짐승이 제물로 죽고, 예수께서 십자가에서 죽으심으로 구약의 성도와 신약의 성도가 모두 생명을 얻게 되었다.

사람의 죄 대신 짐승이 죽었고, 때가 되매 예수께서 십자가 위에서 사람을 위하여 대신 죽으신 것이다. 그러므로 지금 내가 산 것은 예수님의 피의 공로요, 은혜이다.

그러므로 그리스도인들은 이제부터 하나님의 영광을 위하여 살아야 한다. 속죄의 제사를 통하여 죄 사함을 받고, 깨끗하게 된 자는 이제 새로운 마음과 신앙으로 하나님께 영광을 돌리며 살아야 한다.

속죄의 제사를 드린 자가 경배와 찬송을 반복하며, 하나님께 영광을 돌리는 것처럼 하나님께 예배드린 성도는 새로운 삶으로서 하나님께 영광을 돌려야 한다.

우리는 한 주(週)의 첫째 날인 주일(主日)을 먼저 하나님께 예배드리고, 받은바 은혜에 따라서 한 주간을 하나님께 영광을 돌리며 살아가야 한다.

간곡히 부탁드리고 싶은 것은 성도들이 예배당 문을 나서면서 "가자! 이제 끝났다."라는 심정으로 나가지 말고, 죄짓는 옛사람, 옛 생활의 모습을 반복하지 말고, 받은바 은혜를 간직하며 "이제부터 새로운 한 주간의 시작이다. 이제부터 축복의 삶은 시작이다."라는 결심을 하고, 새출발의 발걸음이 되기를 부탁드린다.

매번 주일마다 이런 결심과 신앙의 새출발이 반복될 때, 일정한 기간이 지나면 그때는 어느덧 마음과 생활 속에서 행복을 느끼게 될 것이다. 이것이 성도의 축복이요, 주님과 동행하는 것이며, 하나님을 영광스럽게 하는 삶이다.

고린도전서 10:31에 "그런즉 너희가 먹든지 마시든지 무엇을 하든지 다 하나님의 영광을 위하여 하라."고 하였다.

 히스기야 왕의 신앙 부흥 운동

2) 찬송하는 생활

역대하 29:30 "…그들이 즐거움으로 찬송하고…"

찬송은 하나님을 영화롭게 하는 방법의 하나이다. 찬송은 구속함을 받은 성도의 직무이다. 찬송은 하나님이 우리를 지으신 목적의 하나이다. 찬송은 하나님이 우리를 선택하신 목적 중 하나다. 찬송은 하나님이 우리를 성령으로 인 치시고 보증하신 목적 중 하나다.

찬송하는 생활과 영광 돌리는 생활은 결국 같은 것이다. 그 이유는 하나님께 영광 돌리는 방법 중에 제일 좋은 방법이 찬송이기 때문이다.

시편 33:1에 "너희 의인들아 여호와를 즐거워하라 찬송은 정직한 자들이 마땅히 할 바로다."라고 하였다.

• 찬송의 중요성

▸ 인간 창조의 목적이 찬송받으시기 위함이다.

이사야 43:21에 "이 백성은 내가 나를 위하여 지었나니 나를 찬송하게 하려 함이니라."고 하였으며, 이사야 42:8에는 "나는 여호와이니 이는 내 이름이라 나는 내 영광을 다른 자에게, 내 찬송을 우상에게 주지 아니하리라"고 말씀하셨기 때문에, 성도에게 찬송은 의무이며, 생활의 일부분이 되어야 한다.

▸ 우리를 성도로 예정하시고, 하나님의 자녀로 삼으신 목적이 찬송을 받기 위함이다.

에베소서 1:5-6에 "그 기쁘신 뜻대로 우리를 예정하사 예수 그리스도로 말미암아 자기의 아들들이 되게 하셨으니 이는 그의 사랑하시는 자 안에서 우리에게 거저 주시는바 그의 은혜의 영광을 찬송하게 하려는 것이라"

고 하였다.

그러므로 하나님이 나 같은 것을 일찍이 성도와 하나님의 자녀로 예정하시고 선택하셨음을 늘 감사하면서 찬송하며 살아가야 한다.

▶ 성도를 구속하신 목적이 찬송을 받으시기 위함이다.

에베소서 1:7에 “우리는 그리스도 안에서 그의 은혜의 풍성함을 따라 그의 피로 말미암아 속량 곧 죄 사함을 받았느니라.”고 하였으며, 에베소서 1:12에는 “이는 우리가 그리스도 안에서 전부터 바라던 그의 영광의 찬송이 되게 하려 하심이라.”고 하였다.

▶ 성도에게 성령으로 인 치시고 보증하신 목적이 찬송을 받으시기 위함이다.

에베소서 1:13-14에 “그 안에서 너희도 진리의 말씀, 곧 너희의 구원의 복음을 듣고 그 안에서 또한 믿어 약속의 성령으로 인 치심을 받았으니 이는 우리의 기업의 보증이 되사 그 얻으신 것을 속량하시고 그의 영광을 찬송하게 하려 하심이라.”고 하였다.

에베소서 1:6, 12, 14절에서 성부, 성자, 성령께서 하신 일에 대하여 “찬송(찬미)하게 하려 하심이라.”고 하였는데, 그 첫머리에는 “이는”이라는 단어가 나타난다. “이는”이라는 말씀은 우리가 찬송해야 할 이유를 가리키는 말이다.

그러므로 찬송하지 않는 성도는 성부와 성자와 성령의 은혜를 저버리는 배은망덕한 행위요, 성도의 가장 고귀한 직무를 게을리하는 자들이다. 찬송은 곧 우리의 유일한 직무요, 직임이다.

                               히스기야 왕의 신앙 부흥 운동

> • 찬송가 26(14)장 - 구세주를 아는 이들
>
> 1절)
> 구세주를 아는 이들 찬송하고 찬송하세
> 맘과 뜻과 힘 다하여 경배드리세
> 2절)
> 주를 알지 못한 이들 주가 친히 인도하사
> 그의 피로 구속하니 찬송할지라

3) 헌신하는 생활

역대하 29:31 "이에 히스기야가 말하여 이르되 너희가 이제 스스로 몸을 깨끗하게 하여 여호와께 드렸으니…"

"몸을 깨끗하게 하여 여호와께 드렸으니"라는 말씀은 '헌신'(獻身)을 가리킨다. 제사를 드리면 그 제물은 하나님께 타쳐진 것이다.

그러므로 속죄의 제사를 드린 자들은 몸을 이미 하나님께 드린 것이니 헌신한 것이다. 한 번의 헌신은 영원한 헌신이다. 그러므로 하나님께 제사 지낸 자의 생활은 계속하여 헌신 생활을 해야 한다.

한 번 하나님의 소유가 된 자는 이제는 자기를 위해 살지 말고 하나님을 위하여 살아야 한다. 신약 시대에 예배를 드리는 자도 역시 마찬가지이다.

로마서 12:1에 "그러므로 형제들아 내가 하나님의 모든 자비하심으로 너희를 권하노니 너희 몸을 하나님이 기뻐하시는 거룩한 산 제물로 드리라 이는 너희가 드릴 영적 예배니라."고 하였다.

구약의 제사는 신약의 예배이기 때문에 예배를 드린 자도 자기 몸을 하나님께 드린 것이다. 하나님이 우리의 예배를 받으시는 것은 곧 우리의 몸을 받으시는 것이다. 그래서 하나님의 소유가 된 것이다. 그러므로 헌신 생활을 해야 한다.

예배하는 신자가 몸과 마음을 하나님께 다 드려 놓고, 교회당 밖에 나가서 '내 것'으로 살면 안 된다. 이제 우리는 모두 반드시 '하나님의 것'으로 살아야 한다.

로마서 14:7-8에 "우리 중에 누구든지 자기를 위하여 사는 자가 없고 자기를 위하여 죽는 자도 없도다. 우리가 살아도 주를 위하여 살고 죽어도 주를 위하여 죽나니 그러므로 사나 죽으나 우리가 주의 것이로다."라고 하였다.

이것이 거듭난 자들의 생활 철학이며, 하나님께 예배드린 자들의 각오이다. 그러므로 살아도 주를 위하여 살고 죽어도 주를 위하여 죽어야 하는 것이다. 일을 해도 주를 위하여 일하고, 놀아도 주를 위하여 노는 것이다. 먹어도 주를 위해 먹고, 안 먹어도 주를 위해 안 먹는 것이다.

만일 그리스도인들 가운데 자기를 위하여 사는 자가 있다면 이것은 어리석은 행동이다. 어떻게 하나님께 헌신(獻身)해 놓고, 또다시 옛사람으로 되돌아갈 수 있는가? 한 번 하나님께 드려진 것은 절대로 되찾아 갈 수 없다. 세상에서 사람 간의 상거래는 되물리기가 가끔은 있다. 그러나 하나님과의 관계에서는 되물리기란 절대로 없다. 번복이란 있을 수 없다.

민수기 30:2에 "사람이 여호와께 서원하였거나 결심하고 서약하였으면 깨뜨리지 말고 그가 입으로 말한 대로 다 이행할 것이니라."고 하였다.

 히스기야 왕의 신앙 부흥 운동

신명기 23:21에는 "네 하나님 여호와께 서원하거든 갚기를 더디하지 말라 네 하나님 여호와께서 반드시 그것을 네게 요구하시리니 더디면 그것이 네게 죄가 될 것이라"고 하였다.

• 찬송가 50장 – 내게 있는 모든 것을

1절)
내게 있는 모든 것을 아낌없이 드리네
사랑하고 의지하며 주만 따라 살리라
후렴)
주께 드리네 주께 드리네 사랑하는 구주 앞에 모두 드리네 아멘
2절)
내게 있는 모든 것을 겸손하게 드리네
세상 욕심 멀리하니 나를 받아 주소서
3절)
내게 있는 모든 것을 주를 위해 드리네
주의 성령 충만하게 내게 내려 주소서

지금부터 우리는 마음속에서 '내 것'이라는 사상을 깨끗이 지워버리고, '주님의 것'이라는 마음으로 굳게 다짐하고 새겨 두어야 한다.

사실, 우리가 주님의 것으로 살아가는 것이 더 행복하고 편하다. '내 것'이라고 생각하며 살 때는 내가 모든 것을 책임져야 하지만 '주님의 것'으로 살 때 즉 나의 모든 것을 나의 주인 되신 하나님께 맡기고 살면, 그 믿음 그대로 주님이 나를 다 책임져 주신다.

왜냐하면 내 것은 내가 책임지고 주님의 것은 주님이 책임져야 하기 때문이다. 나와 내 모든 것을 다 주께 맡기고 살면 하나님은 100% 책임져 주신다.

그런 후로는 주님은 내 문제를 해결해 주셔야 할 의무가 있다. 그리고 나는 주님께 모든 것을 청구할 권리가 있다. 왜냐하면 나는 주님의 것이며 자녀이기 때문이다.

마가복음 11:24에 "그러므로 내가 너희에게 말하노니 무엇이든지 기도하고 구하는 것은 받은 줄로 믿으라 그리하면 너희에게 그대로 되리라."고 하였으며, 마태복음 7:7-8에 "구하라 그리하면 너희에게 주실 것이요 찾으라 그리하면 찾아낼 것이요 문을 두드리라 그리하면 너희에게 열릴 것이니 구하는 이마다 받을 것이요 찾는 이는 찾아낼 것이요 두드리는 이에게는 열릴 것이니라."고 하였다.

악하다는 자들도 자기를 위하여 애쓰는 자에게는 아낌없이 줄줄 알거든 하물며 자비로우신 하나님께서는 말할 것도 없이 다 주신다.

마태복음 7:9-11에 "너희 중에 누가 아들이 떡을 달라 하는데 돌을 주며 생선을 달라 하는데 뱀을 줄 사람이 있겠느냐 너희가 악한 자라도 좋은 것으로 자식에게 줄 줄 알거든 하물며 하늘에 계신 너희 아버지께서 구하는 자에게 좋은 것으로 주시지 않겠느냐."라고 하였다.

평소에 우리가 하나님께 영광과 헌신하는 생활을 하지 않고 자기만을 위하여, 자기중심의 삶을 살다가 어려운 일이 터지면 그제야 부랴부랴 하나님께 호소하니까 때로는 응답받지 못하는 경우가 종종 있다. 이때 응답받지 못하는 이유 중의 하나는 그 사건이 하나님의 징계였거나 아니면 자기 욕심으로 잘못 구하기 때문이다(야고보서 4:3).

철저히 자기 위주의 삶을 회개하고 하나님의 기쁘신 뜻대로 기도해야 응답을 받는다. 회개치 아니한 기도와 잘못된 기도는 하나님께서 듣지 않으신다.

이제 우리는 생각을 고치자! 내 것이라는 생각을 버리고 주님의 것, 하나님의 것이라는 생각으로 바꾸자! 내 것은 아무것도 없다. 우리가 사용하는 것이 다 하나님의 것이다.

우리가 모태에서 나올 때 빈손으로 오지 않았는가? 내 것이 어디에 있는가? 아무것도 없다. 지금까지 우리는 하나님의 것을 가지고 살았다. 내 몸마저도 하나님의 것이다. 그런고로 마음을 비우고 하나님께 맡겨 버리자. 그리고 헌신하는 생활을 하자!

베드로전서 2:9에 "그러나 너희는 택하신 족속이요 왕 같은 제사장들이요 거룩한 나라요 그의 소유가 된 백성이니"라고 하였다.

이사야 43:1에 "야곱아 너를 창조하신 여호와께서 지금 말씀하시느니라. 이스라엘아 너를 지으신 이가 말씀하시느니라. 너는 두려워하지 말라 내가 너를 구속하였고 내가 너를 지명하여 불렀나니 너는 내 것이라."고 하였다.

고린도전서 6:19-20에는 "너희는 너희 자신의 것이 아니라 값으로 산 것이 되었으니 그런즉 너희 몸으로 하나님께 영광을 돌리라."고 하였다.

실상은 우리가 세상에서 내 것, 내 것 하면서 살았어도 별 볼 일 없었고, 또한 우리가 교회에서 헌신 봉사하였어도 손해를 본 일 없었지 않았는가?

어차피 우리는 한평생 살다가 가야 할 사람들이 아닌가? '하나님의 것'을 가지고 살면서 '내 것', '내 것' 하는 염치없는 인생이 되지 말고 '하나님의 것'을 '하나님의 것'으로 인정하면서 떳떳하게 살자. 슬기로운 성도는 이 말씀을 읽으면서 깨달을 줄로 믿는다.

마태복음 13:9에 "귀 있는 자는 들으라."고 하였다.

4) 감사하는 생활

히스기야는 백성들에게 "이제 몸을 깨끗하게 하여 여호와께 드렸으니 마땅히 나아와 제물과 감사제물을 가져오라."고 명령하였다.

이 말씀에 '마땅히'란 당연히 가져오라는 것이다. 그래서 백성들이 순종하고 가져온 감사제물은 소와 양들이 모두 3,970마리나 되었다.

이런 제물들은 유월절 이전에 속죄제를 드린 후에 다시 가져온 감사제물들이다. 유다 백성들은 왕의 명령에 철저히 순종하였다. 은혜받는 지름길은 순종이다.

역대하 29:21에 보면 처음에 드린 소와 양의 제물들은 수효가 모두 스물여덟 마리였다. 그런데 속죄제를 드리고 나서 그들이 가져온 제물은 무려 3,970마리로 엄청나게 많아졌다.

하나님께 드린 제물의 수효가 풍성해진 것이다. 이것은 은혜를 받았다는 증거이다. 넘치는 감사가 풍성한 축복과 은혜가 임하게 한다. 감사에 인색한 사람은 아직도 자기를 온전히 하나님께 드리지 못한 사람이다. 감사에 인색한 사람은 축복된 삶에서 거리가 멀다.

시편 50:22-23에 "하나님을 잊어버린 너희여 이제 이를 생각하라 그렇지 아니하면 내가 너희를 찢으리니 건질 자 없으리라 감사로 제사를 드리는 자가 나를 영화롭게 하나니 그의 행위를 옳게 하는 자에게 내가 하나님의 구원을 보이리라."고 하였다.

"하나님을 잊어버린 자"들은 하나님의 은혜를 잊어버린 자들이다. 하나님의 은혜를 망각해 버리고 감사치 않는 사람은 하나님이 찢으신다고 경고하셨다. 하나님이 찢으시면 누가 낫게 하겠는가? 고칠 자도 없고, 건져 줄 자도 없다.

하나님이 하시는 일에는 그 누구도 막을 자가 없기 때문이다. 약을 먹어 봐도, 병원에 가서 치료를 해 봐도 소용이 없다. 가르고 자르고 꿰매 봐도 하나님으로부터 치료의 응답이 떨어지기 전에는 헛수고일 뿐이다. 감사하는 자가 건강 축복을 받으며, 감사하는 자에게 생업에 하나님이 복을 내리신다.

유월절의 주인공인 히스기야 왕이 하나님께 감사치 아니하여 하나님이 진노하시어 치셨으나 회개하므로 도로 낫게 하셨다.

역대하 32:24-26에 "그때에 히스기야가 병들어 죽게 되었으므로 여호와께 기도하매 여호와께서 그에게 대답하시고 또 이적을 보이셨으나 히스기야가 마음이 교만하여 그 받은 은혜를 보답하지 아니하므로 진노가 그와 유다와 예루살렘에 내리게 되었더니 히스기야가 마음의 교만함을 뉘우치고 예루살렘 주민들도 그와 같이 하였으므로 여호와의 진노가 히스기야의 생전에는 그들에게 내리지 아니하니라."고 하신 것을 기억하자.

히스기야 왕이 병들었다가 기적으로 낫게 된 내용은 이사야 38:1-8에 자세히 기록되었다. 감사치 않는 생활은 때로는 하나님의 무서운 진노를 산다.

데살로니가전서 5:18에 "범사에 감사하라."고 하신 말씀처럼 범사에 항상 감사 생활을 하는 사람이 변함없는 복된 삶을 영위할 수 있다.

18세기의 독일의 극작가 레싱은 "하나님께 대해서 솔직히 감사하는 것이 가장 좋은 기도이다."라고 말했다.

감사는 축복을 실어 오는 수레이며, 교만은 재앙을 재촉하는 불쏘시개라는 것을 잊지 말자.

에베소서 5:20에 "범사에 우리 주 예수 그리스도의 이름으로 항상 아버지 하나님께 감사하며"라고 말씀하셨다.

• 찬송가 26장

1절)
구세주를 아는 이들 찬송하고 찬송하세
맘과 뜻과 힘 다하여 경배드리세
2절)
주를 알지 못한 이들 주가 친히 인도하사
그의 피로 구속하니 찬송할지라.

5) 회개하는 생활 - 가죽을 벗김

제사장들과 레위인들은 이스라엘 회중이 가져온 짐승들을 여호와께 드릴 제물로 준비하기 위하여 열심히 짐승의 가죽을 벗기고 있었다. 겉가죽은 더러운 부분이다. 하나님께 제물로 드리기에는 나쁜 것들이다. 더러운 것은 하나님이 받지 않으신다. 겉가죽은 벗겨 내고 깨끗한 고기를 드려야 하나님이 기뻐 받으신다.

성도가 성결케 하는 예식을 통하여 깨끗하게 되었을지라도 항상 자기를 살펴봐야 한다.

예수님께서 유월절이 이르자 제자들과 함께 저녁 식사 자리에 앉으셨을 때, 대야에 물을 떠다가 제자들의 발을 씻기셨다. 그러자 제자들은 황송하여 거절하자 요한복음 13:1-15에 "예수께서 대답하시되 내가 너를 씻어주지 아니하면 네가 나와 상관이 없느니라."고 하시면서 하나하나 다 발을 씻기셨다. 이미 목욕한 자라도 다 발을 씻기셨다.

이 사건은 두 가지 의미가 있다. 하나는 주께서 봉사의 본을 보여 주신 것이요, 또 하나는 이미 목욕한 자일지라도 발을 씻겨야 했던 것처럼 성도가 이미 중생한 새사람일지라도 날마다 발을 씻듯이 회개하며 살아야 함을 보여 주신 것이다.

하나님께서 모세를 처음 부르실 때 출애굽기 3:5에 "네가 선 곳은 거룩한 땅이니 네 발에서 신을 벗으라."고 명령하심으로써 영적으로 모세가 깨끗하게 되어야 할 것을 지시하셨다.

대제사장 여호수아가 더러운 옷을 입고 천사 앞에 섰을 때 "그 더러운 옷을 벗기라(스가랴 3:4)."고 명령하시며, 또 "여호수아에게 이르시되 내가 네 죄악을 제거하여 버렸으니 네게 아름다운 옷을 입히리라."고 하시며, 정(淨)한 관(冠)을 씌워 주셨다. 여기의 더러운 옷은 곧 더러운 죄를 나타낸다.

본문에서 짐승의 겉가죽을 벗기는 일은 더러운 부위를 제거하기 위한 것과 같이, 성도는 항상 더러운 죄와 허물을 철저히 회개해야 한다. 옛사람을 벗어 버리고 새사람을 입어야 한다. 죄악을 회개하고 항상 새롭게 되어야 한다.

에베소서 4:24에 "하나님을 따라 의와 진리의 거룩함으로 지으심을 받은 새 사람을 입으라."고 하였다.

6) 돕는 생활 – 직분과 봉사

역대하 29:34 "그런데 제사장이 부족하여 그 모든 번제 짐승들의 가죽을 능히 벗기지 못하는 고로 그의 형제 레위 사람들이 그 일을 마치기까지 돕고 다른 제사장들이 성결하게 하기까지 기다렸으니 이는 레위 사람들의 성결하게 함이 제사장들보다 성심이 있었음이라."

성도들이 짐승을 제물로 끌어 오면 제사장들이 제물로 만드는 작업을 한다. 그것은 곧 짐승의 겉가죽을 벗기는 일이다.

그런데 가져온 제물의 수효는 모두 3,970마리나 되는데 일할 제사장은 몇 사람뿐이었다. 제사장 몇 사람이 그 수많은 제물의 짐승들을 처리하는

히스기야 왕의 신앙 부흥 운동

데는 역부족이었다.

소와 양이 3,970마리이므로 이것을 산채로 끌어 왔으니, 그것들이 마당에 즐비하게 널려 있을 것을 상상해 보라! 아찔하다.

그래서 레위인들을 불러들여 제사장들을 돕도록 한 것이다. 이 사건에서 놀랍도록 감사한 것은 돕는 자들이 오히려 제사장들보다 성심(誠心), 곧 정성스러운 마음이 있었다는 것이다.

돕는 레위인들이 더 정성스럽고, 열심히 가죽을 벗기고 있었다는데 감탄하지 않을 수 없다. 이렇게 해서 가죽 벗기는 일은 쉽고 빠르게 끝낼 수 있었다.

여기에 직분의 필요성이 나타나고 있다.

• **직분의 필요성**

제물은 많고 일꾼은 적으니, 일이 더디고 힘이 든다. 하나님께 제사를 드리는 데 지체되어서는 안 되는데, 제사장들만으로는 감당할 수 없으니 자연히 돕는 자를 필요로 한 것이다. 이들이 곧 돕는 자로서 레위인들이었다. 교회의 직분이 이런 데서 생긴 것이다.

$$양(量) \rightarrow 일 \rightarrow 일꾼 \rightarrow 직임(직분)$$

어디에서나 무엇에서나 양(量)이 많아지면 일(事)이 많아지고 일이 많아지면 일꾼이 필요한 것이다. 일꾼에게는 그에게 적당한 직임을 맡겨야 한다. 직분의 필요성은 두 가지이다.

  - 단순한 힘이나 수효의 부족으로 필요한 경우가 있고,
  - 재능과 기술이 부족해서 필요한 경우이다.

본문 역대하 29:34의 경우는 힘의 부족으로 인하여 돕는 직분자가 필요하였다. 다시 말하면 제사장들에게는 레위인들이 필요하게 된 것이다.

그리고 출애굽기 4:10의 경우는 재능의 부족에서 모세에게 아론이 필요하였던 것이다. 모세는 말에 능치 못하고 입술이 뻣뻣하고 혀가 둔함으로 하나님께서 모세에게 형 아론을 대동(帶同)케 하였다.

아론은 말 잘함으로 모세의 대언자로 세움을 받았다. 아론은 모세의 돕는 직분자로 부름을 받은 것이다(출애굽기 4:14-16, 7:1).

다윗 왕 때 레위인 중에서 악기, 곧 수금·비파·제금 등을 잘 타는 사람을 뽑았고, 또한 노래 잘하는 사람을 선택하여 하나님을 찬양하는 자들로 삼은 것은 재능을 활용하기 위한 직분들이었다.

그러므로 찬양으로 하나님께 영광을 돌리는 찬양대원들은 재능이 필요한 직분자들이다.

출애굽기 18장에서 선지자 모세를 돕는 천부장, 백부장, 오십부장, 십부장 등을 선택하여 세운 경우는 수효와 재능이 다 필요하였던 경우이다.

성경에 보면 교회의 직분이 생기게 된 동기는 모두가 이상에서 소개한 단순한 필요에 따라 자연스럽게 돕는 자로서 직분이 생기게 된 것이다.

• 직분 필요의 목적

역대하 29:34 "그런데 제사장이 부족하여 그 모든 번제 짐승들의 가죽을 능히 벗기지 못하는 고로 그의 형제 레위 사람들이 그 일을 마치기까지 돕고 다른 제사장들이 성결하게 하기까지 기다렸으니 이는 레위 사람들의 성결하게 함이 제사장들보다 성심이 있었음이라."

 히스기야 왕의 신앙 부흥 운동

레위인들은 제사장들을 도왔다. 교회에서 직분이 필요한 목적이 무엇인가? 그것은 곧 돕는 데 있다. 교회에 많은 직분(職分)들이 있다. 그 직분들은 모두 다 하나님이 세우신 사자(使者)들을 돕는 일을 하는 것이다. 구약 시대의 장로나 신약 시대의 집사나 다 돕는 직분들이다. 교회에서 장로 집사 권사 그리고 모든 기관의 임원 등, 모든 직분자들을 세우고 직분을 맡기신 목적은 돕는 데 있다.

누구를 돕느냐? 하나님을 돕는가? 아니면 담임 목사를 돕는가? 이것을 분명히 알아야 한다. 전자인가? 후자인가? 혹 어떤 이들은 하나님을 돕는다고 생각하는 분들이 있다. 하나님은 능치 못함이 없으심으로 인간의 도움을 필요로 하지 않으신다.

성경에서 살펴보면 하나님을 돕는 것이 아니라 일은 하나님의 일이지만 목사를 돕는 것이다. 부목사나 전도사 그리고 각 기관의 직분자들도 다 담임목사를 돕는 직분이다.

본문에서 레위인들이 제사장을 돕는 경우와 그 외에 성경에서 장로와 집사직이 돕는 직분으로 생겨나게 되었음을 살펴보자!

•「예증 1」 장로 직분의 기원

장로직의 기원은 구약 시대부터이다. '장로'라는 단어가 성경에 최초로 사용된 것은 창세기 50:7이다. 그러나 이들 장로는 이스라엘의 장로가 아니라 애굽인들의 장로이다.

이스라엘인들에게 처음으로 장로라는 말이 사용된 것은 출애굽기 3:16에 "너는 가서 이스라엘의 장로들을 모으고"라는 말씀이다. 이때 이스라엘 장로들도 지금과 같은 어떤 직책은 아니었으며, 단순한 어른(elder)이란 뜻으로 어른들을 호칭할 때 사용되었다.

그것은 '장로'라는 히브리어의 뜻은 '흰머리 난 노인' 또는 '턱수염이 기다란 노인'을 가리켜 사용한 말이다.

구약의 장로는 가장(家長), 촌장(村長), 족장(族長)들을 가리켰고, 그 후에는 지도급 인물들을 가리켰고, 그다음에는 교회에서 하나의 직책이 된 것이다.

성경에 장로가 어떻게 처음에 시작되었는지 명확한 기록이 없다. 그러나 모세 때에 정식으로 장로가 선출된 기록은 분명하다. 그러므로 치리 장로의 기원은 모세 때로 보아야 한다.

출애굽기 8:1-27절에 보면 선지자 모세의 장인 이드로가 모세와 그 가족들을 만나러 왔다가 모세가 하루 종일 백성들 앞에서 재판하는 광경을 살펴보고, 그 방법이 옳지 못함을 깨닫고 충고한 데서 시작되었다(출애굽기 18:13-26).

백성들이 가지고 나오는 재판 사건은 많고, 그 많은 일을 모세 혼자서 처리하는 데 시간이 많이 소요되었고, 재판을 기다리는 백성도 지치고 피곤하였으며 모세 선지자도 힘이 들었다.

그리하여 백성 가운데서 재덕(才德)이 겸전(兼全)한 자, 곧 진실 무망하며 불의한 일을 미워하는 자를 골라서 천부장, 백부장, 오십부장, 십부장을 삼아서 모세가 처리할 재판 사건을 분담케 하였다.

이때 모세는 장인 이드로의 충고를 듣고 하나님께 기도하여 허락을 받아 세우게 된 것이다(출애굽기 18:23-24).

출애굽기 18:26에 "그들이 때를 따라 백성을 재판하되 어려운 일은 모세에게 가져오고 모든 작은 일은 스스로 재판하더라."고 하였다.

큰일과 어려운 일은 모세 선지자가 직접 재판하였고 쉬운 일, 작은 일은 그들이 재판하였다. 이것이 최초 교회의 치리 장로의 기원이다. 이들 장로는 모세의 지도와 감독 아래 일을 하였다.

▸ 장로의 자격

출애굽기 18:21에 "너는 또 온 백성 가운데서 능력 있는 사람들 곧 하나님을 두려워하며 진실하며 불의한 이익을 기워하는 자를 살펴서 백성 위에 세워 천부장과 백부장과 오십부장과 십부장을 삼아"라고 하였다.

신명기 1:13에 "너희의 각 지파에서 지혜와 지식이 있는 인정받는 자들을 택하라 내가 그들을 세워 너희 수령을 삼으리라…"고 하였다.

이상의 두 구절의 말씀에 다음과 같은 자격이 나타나 있다.

- 첫째: 능력 있는 사람
- 둘째: 하나님을 두려워하는 사람
- 셋째: 진실한 사람
- 넷째: 불의한 이익을 미워하는 사람
- 다섯째: 지혜와 지식 있는 사람
- 여섯째: 사람들로부터 인정받는 자

이들로 각 지파와 종족의 두령(頭領)을 삼았으니, 이들이 곧 백성 어른이 된 장로들이다. 그러므로 최초의 장로가 생기게 된 동기와 목적은 모세 선지자를 돕는 직분으로서 생기게 된 것이다.

• 「예증 2」집사 직분의 기원

사도행전 6:5-6에 "온 무리가 이 말을 기뻐하여 믿음과 성령이 충만한 사람 스데반과 또 빌립과 브로고로와 니가노르와 디몬과 바메나와 유대교에 입교했던 안디옥 사람 니골라를 택하여 사도들 앞에 세우니 사도들이 기도하고 그들에게 안수하니라."고 하였다.

집사직은 구약에는 없었던 직분이었고, 신약에 처음으로 나타난다. 그 기원은 사도행전 6:1-6이다.

'집사(執事)'는 헬라어 '디아코노스'로서 '섬긴다', '돕는다', '시중든다'는 뜻에서 온 말이다. 집사라는 말 자체가 돕는 직분임을 나타내고 있다.

예루살렘 교회가 급성장하여 세례교인이 삼천 명, 오천 명씩 증가했다. 교회의 이런 부흥에 따라 교회는 하는 일이 많아지게 되었고, 열두 사도의 숫자만으로는 교회의 많은 일을 처리하기에 역부족이었다. 그래서 사도들은 서로 의논한 후에 사도를 돕는 직분으로서 집사직을 신설하였다.

▸ 집사의 자격

사도행전 6:3에 "형제들아 너희 가운데서 성령과 지혜가 충만하여 칭찬받는 사람 일곱을 택하라 우리가 이 일을 그들에게 맡기고"라고 하였다.
- 첫째: 성령이 충만한 사람,
- 둘째: 지혜가 충만한 사람,
- 셋째: 믿음이 충만한 사람,
- 넷째: 칭찬 듣는 사람이다.

▸ 집사의 직무

첫째, 구제하는 일. 둘째, 접대하는 일(사도행전 6:1-2)이다.

'구제'는 헬라어에는 '봉사'라고 하였으며(사도행전 6:1), '접대'는 봉사를 말한다(사도행전 6:2). 그러므로 집사가 최초로 하게 된 일은 구제, 접대, 봉사와 재정 출납 등을 맡아서 일하면서 사도들을 도왔고, 사도들은 더욱 힘써 기도와 말씀 전하는 일을 전담하게 된 것이다.

훗날에 바울 사도는 목회 서신인 디모데전서 3:1-13절과 디도서 1:5-9에 장로와 집사의 자격에 대하여 자세히 가르쳐 주었다.

이상에서 살펴보았듯이 교회의 모든 직분을 맡은 자들은 담임 목사를 돕는다는 확실한 사명 의식을 가지고 충성해야 할 것이다. 담임목사가 하나님의 일을 할 때 도움이 되지 않는 직분자들은 자기 직무를 게을리하는 자들이다.

하나님께서 하나님의 사자로 세우신 담임목사를 도우라고 직분을 주셨는데 그 직분자들이 도움이 되지 못하거나, 듭지 않는다면 직무를 유기하는 것이며 배임하는 행위가 된다.

예레미야 48:10에 "여호와의 일을 게을리하는 자는 저주를 받을 것이요 자기 칼을 금하여 피를 흘리지 아니하는 자도 저주를 받을 것이로다."라고 하였다.

우리의 충성은 저주에 대한 두려움 때문이 아니라 구속의 은총에 대한 감사한 마음에서 자원함이 되어야 한다. 이런 자에게 하나님의 축복이 임한다.

• **직분자들의 돕는 자세**

역대하 29:34에 "그런데 제사장이 부족하여 그 모든 번제 짐승들의 가죽을 능히 벗기지 못하는 고로 그의 형제 레위 사람들이 그 일을 마치기까지 돕고 다른 제사장들이 성결하게 하기까지 기다렸으니 이는 레위 사람들의 성결하게 함이 제사장들보다 성심이 있었음이라."고 하였다.

'돕는 자'로서 부르심을 받은 자들은 그 직분을 가지고 어떻게 봉사하여야 하는가? 돕는 레위인들이 오히려 주관하는 제사장들보다 '성심'(誠心), 즉 정성스러운 마음이 있었다. 아주 귀하고 훌륭한 돕는 자세였다.

레위인들 중에서도 특별히 선택받아 제사장으로 기름 부음을 받은 자들만이 할 수 있는 일을 우리가 하게 되었으니 참으로 '하나님, 감사합니다.'라고 하는 마음으로 그들은 정성으로 봉사하였다.

이 얼마나 아름다운가! 똑같은 일을 해도 그 마음의 자세가 중요하다. 하기 싫은 일을 시키면 억지로 하는 사람과 짜증 내고 불평하며 일하는 사람이 있다. 이런 자세는 좋지 못하다. 이런 자들은 하나님이 보시고 싫어하신다. 레위인들처럼 기쁜 마음으로 하고, 정성스러운 마음으로 해야 한다. 억지가 아닌 자원하는 마음으로 해야 한다.

교회 모든 교인의 본문은 레위인들처럼 성심으로 돕는 자들이 되기를 바란다. 돕는 것은 담임 목사를 돕지만 일은 하나님의 일이기 때문이다.

선지자 모세가 해야 할 일들을 장로들이 도와서 했던 것처럼, 사도들이 해야 할 일들을 집사들이 도와서 했던 것처럼, 그리고 제사장들이 해야 할 일들을 레위인들이 도와서 했던 것처럼, 교회 안에서 돕는 일꾼들이 많이 일어나기를 바란다.

돕되 성심으로 돕고, 성심으로 하되 돕는 분들이 되기를 바란다. 장로들은 치리하는 일로 돕고, 집사들은 구제와 대접하는 일로 돕고, 권사들은 권고와 위로하는 일로 돕되 반드시 성심으르 하여야 할 것이다.

모세의 일거리가 많아지니까 장로들이 필요하였고, 사도들의 일거리가 많아지니까 집사들이 필요하였고, 제사장들의 일거리가 많아지니까 레위인들이 필요하였다.

직분은 본래 하나님께서 하나님의 사자로 부르신 직분이 있고, 그분들이 일을 하다 보니까 필요해서 돕는 일로 받은 직분이 있다. 돕는 직분은 반드시 돕는 일로 충성해야 한다. 돕는 직분자가 주장하려 하면 잘못된 생각이다. 자기 직분의 사명을 망각한 처사이다.

로마서 12:6-8에 "우리에게 주신 은혜대로 받은 은사가 각각 다르니 혹 예언이면 믿음의 분수대로, 혹 섬기는 일이면 섬기는 일로, 혹 가르치는 자면 가르치는 일로, 혹 위로하는 자면 위로하는 일로, 구제하는 자는 성실함으로, 다스리는 자는 부지런함으로, 긍휼을 베푸는 자는 즐거움으로 할 것이니라."고 하였으며, 베드로전서 5:3에 "맡은 자들에게 주장하는 자세를 하지 말고 양 무리의 본이 되라."고 하였다.

돕는 직분자들이 주장하려는 자세를 취하려 하니 성심(誠心)이 사라지고 불평이 나온다. 돕는 직분은 돕는 일로 만족할 때 성심(誠心)이 생겨난다. 교회의 모든 직분자는 목사의 동역(同役)자들이다. 좋은 동역자가 되어 정성스러운 마음으로 충성하기를 바란다.

바울 사도는 사도가 아닌 평신도, 즉 브리스가와 아굴라 부부에게 "나의 동역자(로마서 16:3)"라고 했다. 그리고 우르바노와 스다구에게도 "그리스도 안에서 우리의 동역자(로마서 16:9)"라고 하였다.

사도로서 바울이 할 일을 돕는 자로서 성심으로 함께 일하였기 때문에 그렇게 호칭한 것이다.

목회자가 할 일들을 교인들이 성심으로 돕는 자가 된다면 목사의 좋은 동역자들이다. 담임목사가 좋은 동역자들을 만나면 목회에 성공하는 것이다. 동역자로서의 충성, 돕는 자로서의 충성, 정성스러운 마음으로 돕는 자로서의 충성이 있기를 바란다.

• 직분자들이 지켜야 할 질서

역대하 29:35에 "번제와 화목제의 기름과 각 번제에 속한 전제들이 많더라. 이와 같이 여호와의 전에서 섬기는 일이 순서대로 갖추어지니라."고 하였다.

여호와의 성전에서 섬기는 자들이 일을 '순서대로' 질서 있게 처리해 나갔다. 일에는 순서가 있어야 하고, 직분에는 위계질서가 있어야 한다. 일의 크고 작음을 분별하고 먼저 할 일과 나중에 할 일을 분별해서 순서대로 처리해 가는 지혜가 직분자들에게 필요하다.

일의 대소와 완급을 분별할 줄 모르면 교회에 부작용이 일어나게 된다. 순서가 맞지 않으니, 능률이 떨어지고 불평이 생기고 충돌이 일어난다.

목회자의 목회 계획에 차질이 일어날 수도 있다. 지혜로운 봉사자들은 질서를 지킬 줄 아는 자들이다. 교회 직분은 절대로 계급이 아니다. 윗사람 아랫사람을 따질 수 없다. 그러나 질서는 지켜져야 한다.

    히스기야 왕의 신앙 부흥 운동

교회 직분에도 분명히 역할 분담이 되어 있다. 자기 직책에 맞는 일을 해야 할 것이다. 직분자들에게는 자기의 고유 직책이 있다.

자기 일의 영역을 초월해서 물의를 빚는 일은 반드시 삼가야 한다. 국가나 사회나 단체에서도 조직이 있고, 그 조직에는 질서가 정연하다. 교회에서도 분명히 질서는 지켜져야 한다.

모든 직분자가 순서를 추월하지도 말고, 일의 범위를 초월하지도 말고, 자기 직분을 월권하거나 남용해서도 안 될 것이다.

교회 직분은 하나님이 주신 성직이요. 교회 직무는 하나님의 성스러운 사역이므로 조심할 것이며, 덕을 세울 것이며, 질서를 지켜 어지럽히지 말아야 할 것이다.

고린도전서 14:33에 "하나님은 무질서의 하나님이 아니시요 오직 화평의 하나님이시니라."고 하였다.

그리고 고린도전서 14:40에는 "모든 것을 품위 있게 하고 질서 있게 하라."고 하였다.

교회 안에서 순서와 질서가 지켜지면 조용하고 은혜롭지만 이를 어기면 잡음이 생긴다.

달리는 자동차가 라인과 규정을 지키면 무사하지만 어기면 충돌과 혼잡이 일어나고 시끄러워지는 것과 같다.

역대하 29:36에 "이 일이 갑자기 되었으나 하나님께서 백성을 위하여 예비하셨으므로 히스기야가 백성과 더불어 기뻐하였더라."고 하였다.

히스기야는 유월절 준비 과정에서 서로 돕는 정신으로 일하고 성심으로 봉사하고, 순서와 질서를 지켜서 일할 때 기쁨이 가득하였다. 히스기야 왕도 기뻐하였고 백성도 다 기뻐하였다.

하나님께서 돕는 마음에 기쁨을 주셨다. 성심으로 일하는 마음에 기쁨을 주시고 순서대로 갖추어 나갈 때 기쁨이 충만하였다. 돕고, 성심으로, 순서대로 할 때 자연히 은혜가 되는 것이다.

유월절 절기를 지키기 전에 준비 과정에서 돕고, 성심으로 순서대로 하는 자들에게 하나님이 그들의 마음을 열어 주셨다.

자연스러운 봉사 생활, 자원하는 봉사 생활, 정성스러운 봉사 생활에 하나님이 기뻐하시고, 보는 이들에게도 아름답고, 자신들에게도 기쁨과 은혜가 충만하였다. 이런 일에 하나님이 복을 주신다.

직분자들이 신령과 진정으로 예배하고 사심(私心)이 없이 순전한 마음으로 봉사하고 감사하는 마음으로 헌금 생활하고, 죽도록 충성하면 하나님이 크게 복을 주시고 기쁨이 넘치도록 역사하실 줄로 믿는다.

• 찬송가 360(402)장 – 행군 나팔 소리에

1절)
행군 나팔 소리에 주의 호령났으니 십자가의 군기를 높이 들고 나가세
후렴)
선한 싸움 다 싸우고 의의 면류관
의의 면류관 받아 쓰리라 선한 싸움 다 싸우고
의의 면류관 예루살렘 성에서 면류관 받으리
저 요단강 건너 우리 싸움 마치는 날
의의 면류관 예루살렘 성에서
2절)
악한 마귀 권세를 모두 깨쳐 버리고 승리하신 주님과 승전가를 부르세

심령 부흥론

유월절을 통한 신앙 부흥 운동

(역대하 30:1~27)

이 부분은 히스기야 왕의 신앙 부흥 운동의 핵심이다. 유월절 절기를 지키는 내용이다. 지금까지는 유월절 명절을 지키기 위하여 준비하는 과정이었다.

히스기야 왕의 유월절에 대한 모든 것을 밝히 알려면 역대하 28장에서부터 32장까지를 읽어야 한다. 그럼으로써 히스기야의 종교개혁을 이해할 수 있게 된다.

이제부터 히스기야의 종교개혁 핵심인 역대하 30장 내용을 살펴보면서 심령 부흥론을 소개하려고 한다.

1. 청첩(請牒) : 초청장 발송 (역대하 30:11-12)

> 역대하 30:1 "히스기야가 온 이스라엘과 유다에 사람을 보내고 또 에브라임과 므낫세에 편지를 보내어 예루살렘 여호와의 전에 와서 이스라엘 하나님 여호와를 위하여 유월절을 지키라 하니라."

> 역대하 30:6 "보발꾼들이 왕과 방백들의 편지를 받아 가지고 왕의 명령을 따라 온 이스라엘과 유다에 두루 다니며 전하니 일렀으되 이스라엘 자손들아 너희는 아브라함과 이삭과 이스라엘의 하나님 여호와께로 돌아오라 그리하면 그가 너희 남은 자 곧 앗수르 왕의 손에서 벗어난 자에게로 돌아오시리라."

이미 역대하 29장에서 말씀했듯이 두 주간 동안 철저히 유월절 준비를 마치고, 유다 전국에 청첩을 보내어 백성들을 예루살렘으로 초청하였다.

역대하 29장에서는 내부적인 준비를 완료하였고, 이제 역대하 30장에서는 밖으로 청첩을 보내는 것으로 준비한다.

교회에서 심령 부흥회나 사경회를 할 때 내적으로 준비 기도회도 가져야 하고, 환경 정리도 깔끔하게 한 다음에 외적으로 광고문도 부착하고 초청장도 발송해서 이웃 성도들이나 믿지 않는 자들이 복음을 듣도록 알려야 하는 것이다.

심령 부흥의 첫 단계가 바로 이런 청첩을 띄우는 일이다. 사도행전 1:8에 보면 복음 전도의 지역적 확대 성을 예수께서 말씀하셨다.

사도행전 1:8에 "오직 성령이 너희에게 임하시면 너희가 권능을 받고 예루살렘과 온 유대와 사마리아와 땅끝까지 이르러 내 증인이 되리라 하시니라."고 하였다.

이 말씀을 정리해 보면 이렇다.

먼저 성령을 받아 권능을 받고

예루살렘에 전도하고 – 교회가 서 있는 곳. 내가 서 있는 곳,

온 유다에 전도하고 – 교회가 서 있는 지방. 내가 살고 있는 지방

사마리아에 전도하고 – 이웃 지방

땅끝까지 전도하라 – 전 세계 방방곡곡

증인이 되리라 – 예수의 증인

내가 있는 곳에서부터 점점 퍼져 나가서 결국에는 땅끝까지 예수의 증인이 되라는 주님의 말씀이다.

히스기야 왕도 비록 땅끝까지는 초청장을 보내지 못하였지만, 할 수 있는 대로 최대한 노력을 다하여 유월절을 알렸다.

히스기야의 초청 내용을 사도행전 1:8과 비교해 보겠다.

	역대하 30:1-6절	사도행전 1:8절
자기 고장	유다	예루살렘
자기 지방	온 이스라엘	유다
이웃 지방	에브라임, 므낫세	사마리아
전 세계	두루 다니며	땅끝까지
	히스기야 왕의 명령	예수님의 명령

히스기야 왕의 부흥 운동은 오늘날 우리의 복음 운동이 되어야 한다. 히스기야의 새 결심으로 새출발의 신앙 부흥 운동을 일으킨 것처럼, 우리는 성령과 복음으로 무장하여 온 세계에 복음을 전파하여야 한다.

                    히스기야 왕의 신앙 부흥 운동

1) 청첩의 내용 (역대하 30:1-9)

• 유월절을 지키라

> 역대하 30:1 "히스기야가 온 이스라엘과 유다에 보내고 또 에브라임과 므 낫세에 편지를 보내어 예루살렘 여호와의 전에 와서 이스라엘 하나님 여호와 를 위하여 유월절을 지키라 하니라."

유월절은 일명 무교절이라고 부르는데, 이스라엘 민족이 애굽에서 구원 받은 것을 기념하여 지키는 절기다. 곧 이것은 하나님 구속의 은총을 기억 하게 하심이다.

• 돌아오라

> 역대하 30:6 "보발꾼들이 왕과 방백들의 편지를 받아 가지고 왕의 명령을 따라 온 이스라엘과 유다에 두루 다니며 전하니 일렀으되 이스라엘 자손들아 너희는 아브라함과 이삭과 이스라엘의 하나님 여호와께로 돌아오라 그리하면 그가 너희 남은 자 곧 앗수르 왕의 손에서 벗어난 자에게로 돌아오시리라."

이 말씀의 중요 포인트는 너희가 여호와께로 돌아오면 여호와께서도 너 희에게로 돌아오시겠다는 말씀이다. 이 말씀은 조건 절(節)이다. "그리하 면"이라는 말씀의 조건이 전제되어 있다.

우리가 하나님께 돌아가야만 하나님께서도 우리에게로 돌아오시겠다는 말씀이다. 왜 그럴까? 우리가 먼저 하나님을 떠났기 때문이다. 하나님께 서 먼저 우리를 버리시거나 떠나시지 않으셨다. 분명히 사람이 먼저 하나 님을 떠나갔다.

그러므로 이제는 사람이 먼저 하나님께로 돌아와야만 한다. 떠나간 자가 먼저 돌아오라고 하신 말씀이다. 최초에 하나님을 떠나간 사람이 아담과 하와로서 우리의 시조였다. 그들이 하나님께서 금하신 선악을 알게 하는 나무 열매를 따 먹고 난 후에 하나님이 두려워서 숨었다.

성경을 살펴보자. 창세기 3:8에 보면 "그들이 그날 바람이 불 때 동산에 거니시는 여호와 하나님의 소리를 듣고 아담과 그의 아내가 여호와 하나님의 낯을 피하여 동산 나무 사이에 숨은지라."고 하였다.

그런 다음에 창세기 3:24에 "이같이 하나님이 그 사람을 쫓아내시고 에덴동산 동쪽에 그룹들과 두루 도는 불 칼을 두어 생명나무의 길을 지키게 하시니라."고 하였다.

두 번째로 하나님을 떠나간 자는 최초의 살인자 가인이었다. 가인은 인류의 시조 아담의 아들로서 동생 아벨을 쳐 죽이고, 여호와의 낯을 피하여 에덴 동편 놋 땅에 가서 살았다(창세기 4:16).

그 후로 계속해서 사람들은 하나님을 떠나가는 생활을 하였다. 그러므로 이제는 인간이 먼저 하나님께로 돌아가야 할 차례이다.

세계 모든 민족 중에서 특별히 선택받은 이스라엘 민족마저도 하나님을 떠났다. 그래서 하나님은 말라기 선지자를 통하여 돌아오라고 외치셨다.

다음 성경들을 보라.

말라기 3:7에 "만군의 여호와가 이르노라 너희 조상들의 날로부터 너희가 나의 규례를 떠나 지키지 아니하였도다 그런즉 내게로 돌아오라 그리하면 나도 너희에게로 돌아가리라 하였더니 너희가 이르기를 우리가 어떻게 하여야 돌아가리이까…"라고 하였다.

 히스기야 왕의 신앙 부흥 운동

호세아 6:1-3에 "오라 우리가 여호와께로 돌아가자 여호와께서 우리를 찢으셨으나 도로 낫게 하실 것이요 우리를 치셨으나 싸매어 주실 것임이라 여호와께서 이틀 후에 우리를 살리시며 셋째 날에 우리를 일으키시리니 우리가 그의 앞에서 살리라 그러므로 우리가 여호와를 알자 힘써 여호와를 알자…"라고 하였다.

야고보서 4:8에 "하나님을 가까이하라 그리하면 너희를 가까이하시리라 죄인들아 손을 깨끗이 하라 두 마음을 품은 자들아 마음을 성결하게 하라."고 하였다.

마태복음 11:28에 "수고하고 무거운 짐 진 자들아 다 내게로 오라 내가 너희를 쉬게 하리라."고 예수님은 이 땅에 오셔서 우리를 향하여 부르고 계신다.

예수님의 이 음성은 지금도 유효하다. 이제라도 2,000여 년 전에 오셔서 부르시던 그 음성을 듣고 돌아오면 하나님은 받아들이신다.

하나님은 선지자와 사도들을 통하여 부르시며, 그리고 직접 예수님께서 간절히 오라고 우리를 부르신다. 누구든지 그 음성을 듣고 나아오는 자는 복을 받는다.

• 찬송가 525장

1절)
돌아와 돌아와 맘이 곤한 자여 길이 참 어둡고 매우 험악하니
후렴)
집을 나간자여 어서와 돌아와 어서 돌아오라
2절)
돌아와 돌아와 해가 질 때까지 기다리고 계신 우리 아버지께

• 세상을 본받지 말라

역대하 30:7 "너희 조상들과 너희 형제같이 하지 말라 그들은 그의 조상들의 하나님 여호와께 범죄하였으므로 여호와께서 멸망하도록 버려두신 것을 너희가 똑똑히 보는 바니라."

이 말씀은 그들의 조상이나 그들의 이웃에 살고 있는 형제들을 본받지 말라는 뜻으로서, 곧 세상 사람들을 본받지 말라는 것이다. 왜냐하면 세상은 악하고, 세상 사람들은 추하고 잘못되었기 때문이다.

로마서 12:2에 "너희는 이 세대를 본받지 말고 오직 마음을 새롭게 함으로 변화를 받아 하나님의 선하시고 기뻐하시고 온전하신 뜻이 무엇인지 분별하도록 하라."고 하였으니, 우리가 이 세상을 본받고 살면 세상이 멸망할 때 함께 멸망당하게 된다.

우리는 멸망당할 자들을 본받을 것이 아니라 복 받은 자들을 본받아야 한다. 우리의 모범은 세상 사람들이 아니라 예수님이시기 때문이다.

　　　　　　　히스기야 왕의 신앙 부흥 운동

고린도전서 11:1에 바울 사도는 "내가 그리스도를 본받는 자 된 것 같이 너희는 나를 본받는 자가 되라."고 하였다.

• 교만하지 말라

역대하 30:8 "그런즉 너희 조상들같이 목을 곧게 하지 말고…"

목을 곧게 하지 말라는 말씀은 교만하지 말라는 뜻이다. 하나님 앞에서 목이 뻣뻣하면 안 된다. 하나님께 대한 불손(不遜)이기 때문이다. 사람은 언제나 하나님과 사람 앞에서 겸손해야 한다.

교만한 자는 하나님께 미움을 받는다. 목이 곧은 사람은 절대로 칭찬받지 못한다.

야고보서 4:6에 "하나님이 교만한 자를 물리치시고 겸손한 자에게 은혜를 주신다 하였느니라."고 하였다(베드로전서 5:5).

그러므로 교만한 자는 절대로 은혜를 받지 못한다. 사단도 교만해서 타락한 영들이다. 교만하면 믿음에서 타락하기 쉽다.

• 하나님을 섬겨라

역대하 30:8 "…여호와께 돌아와 영원히 거룩하게 하신 전에 들어가서 너희 하나님 여호와를 섬겨 그의 진노가 너희에게서 떠나게 하라."

여호와 하나님을 섬기는 것이 인생의 유일무이(唯一無二)한 직무이다. 부모를 모르는 자는 자식의 도리가 아니듯이 하나님을 모르는 자는 인생의 도리를 저버리는 것이다. 자식의 가장 큰 죄는 불효인 것처럼 인생의 가장 큰 죄는 여호와를 섬기지 않는 불경죄이다. 하나님의 진노가 이 때문에 오는 것이다.

• 진노를 떠나게 하라

인생에 임하는 진노의 원인은 한마디로 말해서 하나님을 떠났기 때문이다. 하나님을 섬기지 않는 것이 가장 큰 죄악이다.

이미 역대하 29:6-8절까지에 '지은 죄와 받은 벌'에 대하여 설명한 바 있다.

히스기야는 그들 조상의 범죄를 지적할 때 국법을 어긴 것이나 도덕적인 죄목들을 절대로 말하지 않았다. 우상숭배 하는 죄, 성전을 등진 죄, 성전을 폐쇄한 죄, 성령을 소멸한 죄, 기도하지 않는 죄, 예배드리지 않는 죄, 감사치 아니한 죄목들을 지적하였다.

히스기야 왕은 이스라엘 백성들의 이런 죄악들 때문에 오는 하나님의 무서운 진노를 떠나게 하려고 종교개혁을 일으켰다.

우리의 복음 전파의 목적은?

첫째, 하나님을 영광스럽게 하기 위함이요

둘째, 영혼을 구원하는 것이요

셋째, 하나님의 진노를 면하기 위함이다.

하나님의 진노가 떠나면 인생에는 행복이 찾아온다. 심령 부흥회의 참 목적은 하나님을 떠난 자들을 하나님께로 돌아오게 하는 데 있다.

　　　　　　　히스기야 왕의 신앙 부흥 운동

• 돌아오면 자비를 입으리라

역대하 30:9 "너희가 만일 여호와께 돌아오면 너희 형제들과 너희 자녀가 사로잡은 자들에게서 자비를 입어 다시 이 땅으로 돌아오리라 너희 하나님 여호와는 은혜로우시고 자비하신지라 너희가 그에게로 돌아오면 그의 얼굴을 너희에게서 돌이키지 아니하시리라 하였더라."

이 말씀은 하나님께 돌아오는 자에 대한 확고한 하나님의 약속이다. 낭패와 실망을 당한 후에라도 하나님께로 돌아오면 반드시 그 얼굴을 괄시하지 아니하신다.

사람과 사람 사이에는 실패하고 돌아오면 혹 비웃거나 괄시하는 예도 있으나 하나님은 그렇지 않다. 그 이유는 하나님이 자비로우신 분이시기 때문이다. 우리 하나님은 부모와 똑같은 심정으로 우리를 영접해 주신다.

예수님은 탕자의 비유를 통해서 잘 설명해 주셨다(누가복음 15장). 아버지의 재산을 가지고 떠나가서 음주와 방탕으로 다 날려 버린 아들이지만 아버지는 항상 아들이 돌아오기만을 기다렸다. 아버지를 떠난 둘째 아들 탕자는 흉년이 들어 먹을 것이 없어서 굶주림에 시달릴 때 아버지의 집이 그리웠다. 그래서 발걸음을 돌이켜 집으로 향했다. 탕자는 결심한다.

이제는 아버지의 아들이라 하지 않고 품꾼의 하나로 아버지 집에 돌아가서 일하며 살리라는 각오로 아버지의 집으로 돌아왔다. 돌아오는 탕자를 본 아버지는 품꾼으로 대우하시지 않고 죽었던 아들이 다시 살아 왔고, 잃었던 아들을 다시 찾았다고 하시며, 반가워하시며 성대한 잔치를 베풀어 주셨다.

이 탕자의 비유는 하나님의 마음을 간접적인 방법인 비유로 표현해 주신 것이다. 아버지가 돌아온 탕자에게 자비를 베풀듯이 하나님께서는 하나님을 떠난 자들이 돌아오면 자비와 긍휼을 한량없이 베풀어 주신다.

예수님은 잃어버린 자를 다시 찾을 때, 떠났던 자가 다시 돌아올 때, 인생에 대한 하나님의 사랑을 양 일백 마리 중에 잃어버린 한 마리 양을 찾았을 때의 기쁨으로 표현해 주셨고, 한 여자가 돈 열 드라크마를 가지고 있다가 하나를 잃었다가 다시 찾았을 때, 기쁨으로 잔치를 여는 모습으로 비유하셨다(누가복음 15장).

누구든지 회개하고 돌아오면 하나님의 사랑과 복을 받는다.

2) 청첩에 대한 반응 (역대하 30:10-12)

역대하 30:10-12 "보발꾼이 에브라임과 므낫세 지방 각 성읍으로 두루 다녀서 스불론까지 이르렀으나 사람들이 그들을 조롱하며 비웃었더라 그러나 아셀과 므낫세와 스불론 중에서 몇 사람이 스스로 겸손한 마음으로 예루살렘에 이르렀고 하나님의 손이 또한 유다 사람들을 감동시키사 그들에게 왕과 방백들이 여호와의 말씀대로 전한 명령을 한 마음으로 준행하게 하셨더라."

보발(步撥)꾼들이 백성들에게 이르렀을 때 그들의 반응은 두 가지로 나타났다. 비웃고 조롱하는 자들이 있었는가 하면(10절), 반대로 어떤 자들은 그들 스스로 마음을 겸손하게 하여 예루살렘으로 모여 왔다(11절).

조롱하고 비웃는 무리는 불신앙의 계통이었고, 겸손하여 예루살렘으로 돌아온 자들은 신앙의 무리였다. 모든 사람이 다 순응할 수는 없다. 이 세상에는 언제나 영적으로 두 계열이 있기 때문이다.

  히스기야 왕의 신앙 부흥 운동

• 두 반응의 비교

조롱하고 비웃는 자	겸손하여 돌아온 자
불신앙 계열	신앙의 계열
가라지	알곡
염소	양
악인	의인
불택자(불신자)	택자(신자)
지옥 갈 자	천국 갈 자
마귀의 자녀	하나님의 자녀
가인	아벨
이스마엘	이삭
에서	야곱
헤롯	예수

사도들은 예수님을 모시고 수행하던 중 어떤 사람이 질문을 하였다.

누가복음 13:23~24에 "어떤 사람이 여짜오되 주여 구원을 받는 자가 적으니이까 그들에게 이르시되 좁은 문으로 들어가기를 힘쓰라 내가 너희에게 이르노니 들어가기를 구하여도 못하는 자가 많으리라."고 말씀하셨으며, 마태복음 7:13-14에는 "좁은 문으로 들어가라 멸망으로 인도하는 문은 크고 그 길이 넓어 그리로 들어가는 자가 많고 생명으로 인도하는 문은 좁고 길이 협착하여 찾는 이가 적음이라."고 하셨다.

세상 사람 중에는 구원 얻을 자는 적고 멸망받을 자는 많다. 넓은 문으로 들어가는 자는 많되 좁은 문으로 들어가는 자는 적다. 넓은 문은 멸망의 문이요, 좁은 문은 생명으로 들어가는 문이다.

그처럼 히스기야 왕의 청첩에 대해서 부정적인 반응을 보인 사람은 많고 긍정적인 반응을 보인 사람은 적었다. 그래서 히스기야의 유월절에 전 국민들이 다 참여하는 것은 아니었다. 그러나 그 가운데도 하나님은 함께 하셨다(역대하 30:11-12).

긍정적인 반응을 보인 자들은 스스로 겸비하였고, 은혜받을 아름다운 겸손한 태도였다(베드로전서 5:5절). 하나님이 이 사람들을 감동시키셨다.

구원과 믿음은 사람의 행동의 대가가 아니라 하나님의 선물이다(에베소서 2:8). 하나님의 감동이 있어야 예수도 믿게 되고 은혜도 받는다.

에브라임과 므낫세 지방과 스불론 지역의 많은 사람들이 조롱하고 비웃었으나 하나님께서 유다 사람들에게 감동을 주셔서 돌아오게 하셨다.

히스기야 왕의 유월절에 다른 지방 사람들은 불응하였으나 유다 국민은 대다수가 참여하여 성대하게 치러졌다. 그리고 하나님의 감동으로 완전한 종교개혁이 이루어졌고 신앙 부흥이 일어났다.

믿음은 인위적으로 되는 것이 아니다. 말씀 운동, 성령 운동, 신앙 운동은 반드시 하나님의 감동과 역사하심으로써 가능한 것이다. 하나님의 나라는 말에 있지 않고 오직 하나님의 능력에 있다(고린도전서 4:20).

스가랴 4:6에 "그가 내게 대답하여 이르되 여호와께서 스룹바벨에게 하신 말씀이 이러하니라 만군의 여호와께서 말씀하시되 이는 힘으로 되지 아니하며 능력으로 되지 아니하고 오직 나의 영으로 되느니라."고 하였다.

히스기야 왕의 신앙 부흥 운동은 성령의 감동이 있었기 때문에 큰 변화와 축복이 나타났다.

역대하 30:12에 "하나님의 손이 또한 유다 사람들을 감동시키사 그들에게 왕과 방백들이 여호와의 말씀대로 전한 명령을 한 마음으로 준행하게 하셨더라."고 하여, 성령의 감동이 있었다는 것을 말씀하여 주셨다.

일심(一心)으로 준행하였다는 것은 모든 사람이 한마음, 한 뜻이 되어 하나님의 말씀을 순종하였다는 것이다. 사람들이 일심(一心) 곧 모두 한마음이 될 때 하나님의 축복과 은혜가 나타난다.

2. 유월절의 본래 의미 (출애굽기 12:1-28)

히스기야 왕의 유월절을 살펴보기 전에 본래 하나님께서 모세에게 명령하신 유월절을 상세히 살펴보는 것이 좋을 것 같다.

히스기야 왕 때의 유월절과 원래의 유월절과는 두 가지 다른 문제가 있었다. 그것은 날짜와 기간이다. 이렇게 두 가지가 다른 것은 히스기야 왕 때에는 특수한 상황이 있었기 때문이었다.

1) 유월절의 유래

유월절의 유래는 출애굽기 1장~12장까지에 기록돼 있다. 아브라함의 손자이며 이삭의 아들인 야곱이 그의 가족 칠십 인을 이끌고 애굽으로 이주하여 살게 되었다. 처음에는 가나안 땅에 흉년이 들어 애굽으로 식량을 구하려고 왕래하였으나 야곱의 아들 요셉이 애굽 총리가 되었기 때문에 그곳에 머물러 살게 되었다.

그리하여 애굽에 430년을 사는 동안 이스라엘은 거대한 민족을 이루게 되었고, 세월이 흐름에 따라 애굽에는 요셉을 알지 못하는 새로운 왕이 일어나서 이스라엘 백성을 매우 두려워하게 되었다.

출애굽기 1:8-11에 보면 "요셉을 알지 못하는 새 왕이 일어나 애굽을 다스리더니 그가 그 백성에게 이르되 이 백성 이스라엘 자손이 우리보다 많고 강하도다. 자, 우리가 그들에게 대하여 지혜롭게 하자 두렵건대 그들이 더 많게 되면 전쟁이 일어날 때에 우리 대적과 합하여 우리와 싸우고 이 땅에서 나갈까 하노라 하고 감독들을 그들 위에 세우고 그들에게 무거운 짐을 지워 괴롭게 하여 그들에게 바로를 위하여 국고성 비돔과 라암셋을 건축하게 하니라."고 소개하였다.

애굽인들보다 이스라엘인들이 더욱 번창하고 강성하였기 때문에 애굽 왕은 정책적으로 이스라엘인들의 번창을 억제하기 위하여 사내아이를 낳으면 무조건 죽이게 하였고, 여자아이를 낳으면 살려 두도록 히브리 산파들에게 명령하였다. 그리고 히브리인들에게는 강제 노역을 시켰다.

그러나 히브리 산파들이 하나님을 두려워하여 사내아이를 죽이지 않고 살려 주며 핑계를 댔다. 그래서 결국 애굽 왕은 히브리인들의 팽창을 막지 못했다. 나중에는 애굽 왕이 더욱더 혹독하게 강제 노역을 시켰고 남자아이가 태어나면 무조건 강물에 던지도록 명령하였다.

그 후로 히브리인들은 혹독한 학대 때문에 비로소 하나님을 찾게 되었다. 오랫동안 하나님을 부르지 않았고, 섬기지 않았던 이스라엘인들이 비로소 하나님을 찾게 된 것이다.

그리하여 하나님은 부르짖는 이스라엘인들의 고통 소리를 들으시고, 모세를 부르시어 하나님의 선지자로 삼으시고 이스라엘 민족을 애굽에서 구원하시게 된다.

하나님은 모세 선지자에게 능력과 표징을 주시며, 모세의 형 아론과 함께 애굽 바로 왕에게 보내셨다. 그러나 바로 왕의 마음은 강퍅하여 이스라엘 민족을 내보내지 않았다.

애굽에서 강제노동에 동원된 이스라엘 장정들의 숫자는 무려 60만 명에 달하였다. 이들은 모두 삯을 주지 않고 강제 노역을 하는 거대한 노동 자원이었기 때문에 그대로 내보내 주기가 아까웠다. 그래서 애굽 바로 왕은 이스라엘인들을 애굽에서 내보내기를 거절했다. 그 이유는 엄청난 노동력의 상실이 싫었기 때문이었다.

그리하여 하나님은 마침내 애굽 땅에 열 가지 재앙을 내리게 되었고, 마지막 재앙이 사람의 장자와 짐승의 첫 새끼를 죽이는 장자 재앙이었다.

• **애굽에 내린 열 가지 재앙** (출애굽기 7장-12장)

① 피 재앙

애굽 전국의 하수가 피로 변하여 물고기가 죽고, 물에서는 악취가 나고 물을 마실 수 없게 되었다. 그 기간은 7일 동안이었다.

② 개구리 재앙

애굽 전 지경 하수(河水)에서 개구리가 일어나 육지로 올라와 궁궐과 침실과 책상과 화덕에, 그리고 떡 반죽 그릇에 나타나는 것이며, 왕실로부터 모든 백성의 가정에 이르기까지 생기게 되었다.

③ 이(蝨) 재앙

애굽 온 땅에 티끌이 이가 되어 사람과 생축에게 올라와서 괴롭게 하는 재앙이었다.

이 세 번째까지의 재앙 곧 피, 개구리, 이, 재앙은 애굽인이나 이스라엘인의 구별이 없이 애굽 전국에 임하는 재앙이었고, 네 번째 재앙부터는 애굽인에게만 내리고, 이스라엘인들에게는 내리지 않는 구별이 나타나게 되었다.

그리고 첫 번째 피 재앙과 두 번째 개구리 재앙은 애굽의 술객들도 그와 같이 행할 수 있었으나, 세 번째 이(蝨) 재앙은 애굽 술객들은 행할 수 없었다. 애굽 술객들은 그제야 "이는 하나님의 권능이니이다(출애굽기 8:19)." 라고 말하였으나 바로 왕의 마음은 강퍅하여 이스라엘인들을 내놓지 아니하였다.

④ 파리 재앙

애굽 전국에 파리 떼가 이글거려 애굽인들을 괴롭게 하였으나 이스라엘인들이 살고 있는 고센 땅에는 파리 떼가 없게 하였다.

네 번째 파리 재앙으로 인하여 바로 왕은 비로소 이스라엘인들은 나가라고 명령하였으나 파리 떼가 사라진 후 다시 마음이 강퍅하게 되어 나가라는 말을 번복하였다.

⑤ 가축 재앙

애굽인들의 모든 가축에게 심한 돌림병이 생겨 죽게 하였으나 이스라엘인들의 가축은 구별하여 죽지 않게 하였다. 그러나 바로의 마음은 여전히 강퍅하여 듣지 않았다.

⑥ 악성 종기 재앙

애굽 모든 사람과 짐승에게 악성 종기가 발생하였고, 애굽의 술객들에게도 악성 종기가 생겨서 바로 왕 앞에 나설 수 없게 되었다. 그러나 바로 왕의 마음은 여전히 강퍅하였다.

⑦ 우박(雨雹) 재앙

애굽 개국 이래로 전에 볼 수 없었던 우박을 내리게 하여 사람과 짐승이 죽게 하였다. 이때 불덩어리가 우박과 함께 사람과 짐승 그리고 곡식을 다 죽게 하고, 상하게 하였으나 이스라엘인들이 살고 있는 고센 땅에는 내리지 아니하였다.

이때야 비로소 바로 왕이 하나님께 죄를 범하였노라고 고백하였으나 우박이 그치니 다시 마음이 강퍅하여졌다.

 히스기야 왕의 신앙 부흥 운동

⑧ 메뚜기 재앙

바람으로 메뚜기를 몰아붙여서 애굽인의 모든 채소와 나무 열매를 먹게 하였으니 애굽 온 땅에 임하였다.

⑨ 흑암 재앙

이스라엘 자손이 사는 곳에만 광명이 있고, 나머지 애굽 땅에는 더듬을 만한 흑암이 임하게 하였다. 그 기간은 사흘 동안이었다.

애굽의 바로는 이스라엘인들을 향하여 모두 나가서 너희 아들들과 함께 가서 여호와를 섬기되 너희 짐승은 머물러 두라고 하였다. 역시 바로 왕의 마음이 강퍅해져서 이스라엘인들을 내보내지 아니하였다.

⑩ 장자 재앙

애굽 나라 가운데 처음 난 것은 위로는 바로 왕의 장자로부터 맷돌 뒤에 있는 여종의 장자까지와 모든 생축의 처음 난 것이 죽는 재앙이었다.

애굽 전국에 전무후무(前無後無)한 큰 곡성(哭聲)이 있는 엄청난 재앙이었으나 이스라엘 자손에게는 사람에게나 짐승에게나 임하지 아니하였다.

이 장자 재앙을 통해서 그처럼 강퍅했던 바로 왕이 손을 들고 이스라엘 자손들을 애굽에서 떠나도록 허락했다.

이 장자 재앙 때에는 이스라엘인들이 특별한 준비가 필요하였다. 첫 번째 재앙부터 아홉 번째 재앙까지는 이스라엘 자손들이 아무런 행동을 하지 않고 평상시처럼 행동하였으나 열 번째 재앙 때는 유월절이라는 절기를 지켜야 했다.

아홉 번째 재앙까지는 애굽인들이 살고 있는 애굽 전국과 이스라엘인들이 살고 있는 고센 땅을 구별하여 재앙을 내리셨으나 열 번째 장자 재앙은 지역을 구별하시지 않고 완전히 이스라엘 가정과 애굽인의 가정을 구별하여 장소에 관계없이 재앙을 내리셨던 것이다.

그러므로 이 장자 재앙을 피하여 넘어가기 위해서는 유월절을 지켜야 했다. 그래서 유월절이라는 새로운 절기가 생기게 된 것이다.

2) 유월절의 명칭

최초로 유월절이란 말이 사용된 것은 출애굽기 12:11이다. 이때는 애굽에 내린 열 가지 재앙 중에 마지막으로 내린 장자 재앙에 대한 준비로서 이스라엘 자손들에게만 말씀하신 내용 중에 나타나 있다(출애굽기 12:1-28).

유월절(逾越節)이라는 단어(Passover, פסח)는 '넘어간다'는 뜻이다.

출애굽기 12:13에 "내가 피를 볼 때 너희를 넘어가리니 재앙이 너희에게 내려 멸하지 아니하리라."고 하였다.

유월절의 성경적인 뜻은 유월절을 지키는 자는 그 집에 재앙이 내리지 않고 넘어간다는 뜻이다.

지금도 유월절 양(羊)이신 예수 그리스도를 믿는 자에게는 재앙이 내리지 않고 넘어가고, 축복은 넘어오는 귀한 의미가 있는 절기이다. 유월절을 일명 무교절(無酵節)이라고도 부른다.

성경에 유월절과 무교절을 따로 구분하기도 하였으나(레위기 23:5-6) 같은 절기로 말씀하기도 하셨다(누가복음 22:1, 마태복음 26:17). 유월절과 무교절은 생긴 유래가 같고 정월 십사 일부터 계속하여 함께 지켰기 때문에 구태여 구분할 필요가 없다.

무교절이라는 이름은 무교병(無酵餅), 즉 누룩 안 넣은 떡을 먹는다는 데서 붙여진 이름이다. 정월 십사 일은 유월절 어린양과 무교병과 쓴 나물을 아울러 함께 먹고, 그다음 날인 정월 십오 일부터는 칠 일간 무교병을 먹는다(출애굽기 12:15).

　　　　　　　　　　　　히스기야 왕의 신앙 부흥 운동

이스라엘인들이 평상시에는 누룩을 넣어 만든 빵(떡)인 유교병(有酵餠)을 먹지만, 무교절에는 누룩을 넣지 않고 만든 빵(떡)인 무교병을 먹는다.

우리나라에는 추석 명절에 송편 떡을 만들어 먹는 것이 전통인데 유대인들은 성경 말씀에 따라 일 년 중 가장 큰 명절인 유월절(무교절)에는 무교병을 먹는다.

3) 유월절의 준비물 – 어린양, 무교병, 쓴 나물

유월절에는 이스라엘인들이 먹어야 할 세 가지가 있다. 유월절 어린 양 고기와 무교병과 쓴 나물이었다.

• 어린양에 대하여

유월절에 사용되는 양은 예수 그리스도의 고형이다. 유월절에 희생되는 어린양은 예수 그리스도라는 사실을 전제하고, 출애굽기 12장에 나타난 유월절 양에 대하여 살펴보자!

• **어린양의 선택의 시기**

유월절을 지키는 달을 해의 첫 달이 되게 하라고 하셨으니 정월이다. 정월 십 일에 어린양을 선택하여 정월 십사 일까지 간직하여 둔다. 그러므로 어린양을 선택하여 즉시 잡지 않고 나흘 동안을 간직하여 둔다.

여기에는 몇 가지 귀한 의미가 담겨 있다.

하나, 미리 준비하라는 것이다.

유월절 당일에 어린양을 선택하다 보면 준비에 어려움이 올 수도 있다. 이스라엘 모든 백성이 흠 없고 일 년 된 어린양으로, 그리고 수컷으로 매 가정에 구입한다는 것은 쉽지 않을 수도 있다. 물론 이스라엘인들은 목축을 주업으로 하였기 때문에 큰 문제는 없겠으나, 간혹 양을 치지 않는 가정도 있을 수 있다. 철저한 준비에는 미리 준비하는 것이 최선의 방법이다.

우리가 하나님께 드리는 제물은 물론이요 모든 헌금에도 미리 준비하는 지혜가 필요하다.

고린도후서 9:5에도 "그러므로 내가 이 형제들로 먼저 너희에게 가서 너희가 전에 약속한 연보를 미리 준비하게 하도록 권면하는 것이 필요한 줄 생각하였노니 이렇게 준비하여야 참 연보답고 억지가 아니니라."고 하

　히스기야 왕의 신앙 부흥 운동

였다.

둘, 어린양에 대한 정성의 표시다.

나흘 전에 미리 어린양을 선택하라는 것은 그만큼 정성을 들이라는 의미가 담겨 있다. 왜냐하면 그 어린양은 예수 그리스도의 모형이기 때문이다.

고린도전서 5:7에 "우리의 유월절 양, 곧 그리스도께서 희생이 되셨느니라."고 하였다.

우리가 아무런 준비 없이 예수 그리스도를 영접해 들일 수는 없다.

셋, 어린양을 기억하게 함이다.

어린양을 나흘 전에 선택하여 따로 놔두면 그 나흘간은 식구들이 매일 양을 볼 수 있게 된다. 선택하여 둔 양에게 꼴을 줄 때마다 어린양을 바라보며, 식구들이 출입할 때마다 하루 몇 번씩 양을 바라볼 수 있도록 한 것이다.

양을 바라보면서 그들의 마음속에 '저 양이 바로 우리 가족을 살리는 양'이라는 생각을 갖게 한다. 때로는 양에 대한 측은함과 고마움까지도 가지게 된다.

그리고 더 나아가 하나님께 대한 감사함도 느끼게 한다. 이것은 바로 십자가에서 속죄할 양으로 죽으실 예수 그리스도를 기억하게 하심이며, 예수님과 하나님에 대하여 감사하게 하는 영적인 뜻이 담겨 있다.

사실인즉 구원받은 성도는 날마다 예수 그리스도를 내 집에, 그리고 내 마음에 모시고 늘 기억하며 감사하며 살아야 한다.

넷, 나흘 전의 선택은 사천 년 전의 선택을 뜻한다.

사람은 유월절 양을 나흘 전에 준비해 두었다가 잡았지만 하나님께서는 유월절 양, 곧 예수 그리스도를 사천 년 전에 준비해 두셨다가 십자가에서 속죄케 하셨다.

우리의 시조 아담과 하와가 선악과를 따 먹고 죽을죄를 지었을 때 이미 하나님께서 유월절 양이신 예수 그리스도를 약속해 주셨다.

창세기 3:15에 "내가 너로 여자와 원수가 되게 하고 네 후손도 여자의 후손과 원수가 되게 하리니 여자의 후손은 네 머리를 상하게 할 것이요 너는 그의 발꿈치를 상하게 할 것이니라"고 하신 말씀 중에 '여자의 후손'은 그리스도께서 인간으로 오실 것을 함의한 예언이다.

이 말씀은 하나님께서 뱀에게 하신 말씀이다. 뱀은 마귀요 뱀의 후손은 택함 받지 못한 자들의 후손을 가리킨다. 그리고 여자는 교회를 가리키기도 한다.

갈라디아서 4:22에 "기록된바 아브라함이 두 아들이 있으니 하나는 여종에게서, 하나는 자유 있는 여자에게서 났다"라고 하였는데, 아브라함의 두 아내 하갈과 사라는 교회로 비유되었다. 자유인 사라는 신약의 교회로, 종 하가는 구약 교회로 비유된다.

요한계시록 12:13-17에도 여자는 교회로 비유되었다.

요한계시록 12:17에 "용이 여자에게 분노하여 돌아가서 그 여자의 남은 자손 곧 하나님의 계명을 지키며 예수의 증거를 가진 자들과 더불어 싸우려고 바다 모래 위에 서 있더라."고 하였다.

　　　　　　　　　　　히스기야 왕의 신앙 부흥 운동

그러므로 여자의 후손은 택한 자들의 후손을 말한다. 택함 받은 자들의 후손의 대표자는 예수이시다. 예수님은 마귀들의 머리를 상하게 하시는 일 곧 마귀를 멸하고 지옥에 모두 잡아넣는다(요한계시록 20:1-3).

그러나 택함 받지 못한 자들의 후손은 발꿈치를 상하게 하는 것 곧 예수를 핍박하였고, 십자가에 못 박는 일을 하였으나 예수님은 다시 살아나셨다. 머리를 상하게 하는 것은 죽이는 일이나 발꿈치를 상하게 하는 일은 고통을 주는 정도에 그치는 것이다.

그런 점에서 창세기 3:15의 말씀은 예수를 보내 주시겠다는 예언이었다.

창세기 3:21에 "여호와 하나님이 아담과 그의 아내를 위하여 가죽옷을 지어 입히시니라"고 하였는데, 여기에 '가죽옷'은 최초로 예수 그리스도의 희생을 상징적으로 보여 준다(베드로전서 1:19-20).

가죽은 짐승의 희생이 있어야 얻어지는 것이다. 이 말씀도 아담과 하와가 범죄하고 난 후 부끄러워 무화과 나뭇잎으로 치마를 만들어 입고 있었는데, 그 옷을 벗기시고 가죽옷을 입히신 것은 예수, 즉 유월절 양을 예비적으로 보여 주신 것이다. 나뭇잎으로 만든 치마는 마르면 가랑잎이 되어 부서져 버리면 다시 부끄러움이 노출된다.

그러나 가죽옷은 잘 부서지지 않고, 잘 해어지지 않으므로 오래도록 입을 수 있다. 그것은 인간의 노력으로는 죄를 씻을 수 없으나 하나님이 보내 주신 속죄의 양이신 예수로 말미암아 인간의 죄가 영원히 씻겨 짐을 나타내는 귀한 뜻이 담겨 있다.

무화과 나뭇잎과 짐승 가죽옷의 비교는 곧 매일 속죄의 제사를 드리는 짐승의 제사와 단번에 영원한 속죄의 제사를 완성하신 십자가에서의 영원한 제사를 보여 주신 것이다(베드로전서 3:18).

- 사람이 만든 것 → 무화과 나뭇잎 옷 → 매일 준비함 → 짐승의 속죄제
- 하나님이 주신 것 → 짐승의 가죽옷 → 영원한 것 → 예수의 속죄제

하나님께서 아담과 하와에게 지어 주신 가죽옷은 사천 년 전에 예표 된 예수 그리스도를 통하여 나타나서 십자가에서 죽으심으로 성취된 것이다. 인간의 시조 아담과 하와가 범죄하였을 때 그 범죄자들을 위하여 이미 하나님께서 가죽옷을 지어 입혀 주심으로써 예수 그리스도로 속죄하여 주실 것을 미리 보여 주신 것이다.

유월절 양이 예수 그리스도로서 나흘 전에 선택하여 두었다가 정월 십사 일에 잡는 것은 창세기 3:21에 가죽옷이 사천 년 후에 나타나셨던 마태복음 37:46의 예수님의 모습이었다.

그리고 창세기 3:15의 "여자의 후손"도 사천 년 전에 보여 주신 예수 그리스도에 대한 예언이다.

하나님이 만들어 주신 가죽옷이 아담과 하와의 부끄러움을 온전히 가릴 수 있었듯이 하나님께서만 우리의 죄를 온전히 해결해 주실 분이라는 것을 가르쳐 주신다.

> • 찬송가 259(193)장
>
> 1절)
> 예수 십자가의 흘린 피로써 그대는 씻기어 있는가
> 더러운 죄 희게 하는 능력을 그대는 참 의지 하는가
> **후렴)**
> 예수의 보혈로 그대는 씻기어 있는가
> 마음속에 여러 가지 죄악이 깨끗이 씻기어 있는가
> 2절)
> 주 예수와 밤낮으로 늘 함께 그대는 행동을 하는가
> 아무 때나 어디든지 그대는 십자가 붙들고 있는가

• 어린양의 선택의 기준

출애굽기 12:3-4 "너희는 이스라엘 온 회중에게 말하여 이르라 이 달 열흘에 너희 각자가 어린 양을 잡을지니 각 가족대르 그 식구를 위하여 어린 양을 취하되 그 어린 양에 대하여 식구가 너무 적으면 그 집의 이웃과 함께 사람 수를 따라서 하나를 잡고 각 사람이 먹을 수 있는 분량에 따라서 너희 어린 양을 계산할 것이며"

이스라엘 사람들이 유월절 양을 선택하는데 반드시 그 근거가 있다.

하나, "너희 각자가 어린 양을 잡을지니"라고 하였다.

이것은 사람들 각자가 어린양 곧 예수를 믿어야 할 것을 나타내는 말씀이다. 유월절 어린양을 각 개인이 취하여야 하는 것처럼 예수는 각 개인이 믿어야 하는 것이다. 여기에 개인 구원의 의미가 나타나 있다.

일 년 된 어린양은 분명히 한 사람 혼자서는 그 고기를 다 먹을 수가 없다. 그래서 각 가족과 식구를 말씀하셨다. 그런데도 "너희 각자가 어린 양을 잡을지니"라고 분명히 말씀하셨다. 이 말씀은 개인 구원의 진리를 확실하게 보여 준 것이다.

유월절 양고기를 가족 한 사람, 한 사람이 각자가 다 먹어야 한다. 가족 중에 남녀노소를 불문하고 다 먹어야 구원을 받았다.

양고기를 불에 구워서 가족 중 한 사람도 빠짐없이 각자가 다 배불리 먹어야 했다. 그와 같이 예수는 모든 사람 개개인이 다 온전히 믿어야 구원받는 것이다.

요한복음 3:16에 "하나님이 세상을 이처럼 사랑하사 독생자를 주셨으니 이는 그를 믿는 자마다 멸망하지 않고 영생을 얻게 하려 하심이라"고 하였는데 이 말씀에 '믿는 자마다'라는 말씀은 역시 각 개인을 나타내는 말로써 개인 구원을 말씀한 것이다.

믿는 자는 구원을 받고, 믿지 않는 자는 구원을 받지 못한다. 구약 시대에 이스라엘 민족적 선택 중에서도 이 점이 개인 구원의 귀중한 진리를 유월절에서 보여 주고 있다.

둘, '각 가족대로' 어린양을 취하라고 하였다.

유월절 양을 잡는 기준은 가족 단위다. 이 가족, 저 가족이 섞이는 것을 원치 아니하셨다. 가장 순수한 단체가 가족이다. 그래서 각 가족대로 어린양을 취하라 하셨다. 유월절 양은 예수님이기 때문이다.

가족은 혈통으로 맺어진 가장 기초적인 단체이다. 가장 순수한 집단이어야만 예수 그리스도를 영접하는 데 합당하기 때문이다.

이 '가족'은 영적으로 예수님의 가족을 의미하기도 한다(마태복음 1:21). 예수 그리스도의 피로 맺어진 가족들이 그리스도인들이다.

 히스기야 왕의 신앙 부흥 운동

예수께서 그의 모친과 동생들이 찾아왔다는 말씀을 들으셨을 때 주님은 이렇게 말씀하셨다.

마태복음 12:49-50에 "손을 내밀어 제자들을 가리켜 이르시되 나의 어머니와 나의 동생들을 보라 누구든지 하늘에 계신 내 아버지의 뜻대로 하는 자가 내 형제요 자매요 어머니이니라."고 하셨다.

유월절 어린양을 먹을 수 있는 집단은 순수한 가족이었던 것처럼 하나님의 뜻을 행하는 그리스도인들이 모인 단체가 곧 교회로서 예수를 믿는 아름다운 모임이다.

셋, '그 식구를 위하여' 어린양을 취했다.

가족(家族)과 식구(食口)는 일반적으로 구분하지 않고 사용하는 경우도 있으나 가족과 식구는 다르다. '가족'은 피로 맺어진 모임이지만 '식구'는 그렇지 않다. 함께 한솥밥을 먹는 사람을 식구라고 한다. 혈통이 아닌 남이라도 한식구로 살고 있다. 결혼으로 맺어진 인연은 가족으로 호칭하지만 가족이 아닌 식구가 있다.

예를 들면 이스라엘인들에게는 종들이 있었다. 남이지만 함께 숙식을 하면 식구로 호칭한다. 여기에 이방인 구원 문제가 암시되어 있다. 이방인 구원 문제는 이미 할례 언약에서 나타나 있다.

창세기 17:12에 "너희의 대대로 모든 남자는 집에서 난 자나 또는 너희 자손이 아니라 이방 사람에게서 돈으로 산 자를 막론하고 난 지 팔일 만에 할례를 받을 것이라"고 하였기 때문이다.

유월절 어린양의 선택 기준이 각 가족대로 하는 것이 원칙이지만 '식구를 위하여' 하라고 하심으로써, 혹 가족이 아닌 식구도 포함되어 있다.

넷, '사람 수를 따라서', '사람이 먹을 수 있는 분량에 따라서' 어린양을 계산한다.

그 이유는 어린양의 고기를 다 먹어야 하기 때문이다. 한 마리 양을 잡아서 그 고기를 다 먹을 수 있을지 사람의 수효를 계산하고, 또 그들의 수효가 한 마리 양을 다 먹을 수 있을지 식사량을 계산하여 선택하라는 것이다.

가령 가족이 열 명이라면 모두 장성한 자들이면 한 마리를 먹을 수 있으나 만약 어린이들이 대부분이라면 먹지 못할 것이므로 이웃집과 함께 한 마리를 선택하여야 할 것이다.

이스라엘인들은 유월절에 열 명당 한 마리를 잡는 습관이 후대에 와서는 굳어졌다고 한다. 열 명이면 옛날에는 보편적인 한 가족의 숫자였다. 지금은 두 가족이 모여야 하거나 세 가족이 모여야 할 숫자다.

한 마리의 유월절 양을 여러 사람이 합하여 선택하여 두었다가 그 고기를 함께 먹는 것은 성도의 신앙 공동체적인 성격을 띠고 있음을 보여 준다. 교회는 개인이 아니라 공동체이다.

성도는 영적 공동체인 교회를 이루고 있다. 개인 혼자의 신앙생활은 어렵다. 그러므로 하나님께서는 교회를 주신 것이다.

유월절 양을 개개인이 먹도록 하시지 않고 집단으로 선택하여 가족과 식구가, 한 자리에서 먹도록 하신 것은 교회의 모습을 보여 주신 것이다.

　　　　　　　히스기야 왕의 신앙 부흥 운동

한 사람의 설교를 통해서 교회 회원 모두 함께 주님의 말씀을 먹는 식구
(食口)들이다. 그래서 교회의 구성원들은 한 가족과 같고 식구와도 같다.
하나님께서는 유월절 양의 선택의 기준을 통해서 영적으로 교회의 모습을
나타내 주셨다.

• 어린양의 선택의 조건

유월절 어린양을 선택하는 시기, 기준에 이어 이제 선택의 조건에 대하
여 말씀드리려 한다.

어떤 양이든지 유월절 양이 될 수 있는 것은 아니다. 하나님께서는 분명
한 조건을 제시해 주셨다. 양이나 염소 중에서 취하라 하셨지만, 일반적으
로 양으로 알려지고 있다. 성경에 유월절 양이라고 호칭하였고, 유월절 염
소라고는 호칭하지 않았다. 그것은 양이 염소보다 예수 그리스도를 더 잘
묘사해 주기 때문이다.

메시아의 고난을 가장 정확히 예언해 주신 이사야 53장에서 양으로 표
현하였다.

이사야 53:7에 "그가 곤욕을 당하여 괴로울 때에도 그의 입을 열지 아
니하였음이여 마치 도수장으로 끌려가는 어린 양과 털 깎는 자 앞에 잠잠
한 양 같이 그의 입을 열지 아니하였도다."라고 한 것이다.

출애굽기 12:3과 5절에도 '어린양'이라고 하였다. 12장 전체에 모두 양
으로 기록되었고, 염소라고 한 것은 6절에 한 번 나타나고 있다.

그러므로 양을 선택하는 것이 원칙이며, 양이 없는 자는 혹 염소도 가능하게 한 것은 하나님의 사랑이었고 배려였던 것이다. 후대에도 이스라엘인들은 양으로 하는 것을 원칙으로 하였다.

그렇다면 이제 어떤 것을 유월절 양으로 선택할 수 있는가?

하나, '흠 없는 것으로'

이 유월절 양은 하나님께 제사를 드리기 위함이 아니고 먹기 위하여 잡는 양이다. 그런데도 유월절 양은 아무런 흠이 없어야 했다.

일반적으로 가정에서 가축을 기르다가 한 마리씩 잡아먹는 경우에는 좋은 것은 기르고 나쁜 것을 골라서 잡아먹는다. 그것이 사람들의 보편적인 생각이다.

그러나 유월절 양은 다르다. 그 이유는 유월절 양은 예수님의 모형이기 때문이다(고린도전서 5:7). 유월절 양의 희생은 곧 예수님의 희생을 의미한다.

예수님은 하나님의 아들로서 아무런 흠과 티가 없으셨다. 우리 모든 사람의 죄를 대신 담당하시고 십자가에서 속죄의 제물이 되실 분은 아무런 흠이 없어야 했다. 허물과 죄가 전혀 없어야 했다.

하나님의 공의를 만족시켜 드릴 만한 성스러운 사람이어야 했다. 그런 분이 이 세상 사람 중에는 아무도 없었기 때문에 삼위일체 하나님께서 성자이신 분을 이 땅에 보내시어 '말씀(λόγος)'이신 하나님께서 육신을 입으시고 이 땅에 오셨으니, 그분이 바로 예수님이시다.

요한복음 1:1에 "태초에 말씀이 계시니라 이 말씀이 하나님과 함께 계셨으니 이 말씀은 곧 하나님이시니라."고 하였다.

　　　　　　　　　　히스기야 왕의 신앙 부흥 운동

그리고 요한복음 1:14에 "말씀이 육신이 되어 우리 가운데 거하시매 우리가 그의 영광을 보니 아버지의 독생자의 영광이요 은혜와 진리가 충만하더라."고 하였다.

예수님은 아무런 흠이 조금도 없으신 분으로서 거룩하시고 성결하시고 전혀 죄가 없으시고 완전한 분이셨다.

이러한 예수님의 상징인 유월절 양은 첫째로 흠이 없어야 했다. 흠이 없는 양이란 곧 병들지 아니해야 하고 육체가 불구가 되지 않아야 하며, 허약하지 아니하며, 상한 곳이 없어야 했다. 실하고 튼튼하고 살지고 온전한 것이라야 되었다.

둘, '일 년 된 것으로'

유월절 양의 선택의 조건으로서 일 년 된 것이어야 했다. 양으로서 일 년 된 것에는 무슨 의미가 있을까?

'양'이란 짐승은 일 년이 되면 새끼가 거의 성숙한 양으로 자란다. 소나 말 같은 큰 짐승은 일 년이 되면 아직 미성숙한 편에 속한다. 그리고 닭이나 오리 같은 작은 짐승은 일 년이면 완전히 성숙하여 어미가 되는 나이다. 그러나 양이나 염소는 일 년이면 거의 성숙하기는 했지만 아직은 어미가 되지 않은 나이가 된다.

양이 일 년 된 것으로 선택하는 것은 청년이신 예수 그리스도를 상징하기 때문이다.

셋, '수컷으로'

유월절 양이 수컷이어야 하는 이유는 역시 이 '양'이 예수님의 그림자였기 때문이다. 수컷은 예수님이 남성이심을 의미하는 것이다. 그래서 제물로 사용되는 짐승은 대부분 수컷이어야 했다.

일부 화목제(레위기 3:6)와 속건제(레위기 5:6)에는 암컷으로도 드릴 수 있도록 허용되었으나 수컷으로 드리는 것이 원칙이었다.

특히 유월절에는 수컷으로만 드리도록 말씀하셨다. 유월절 양이 반드시 수컷으로 드리게 하신 것은 또한 유월절 재앙에서 장자(長子)의 죽음을 가져오는 재앙이었기 때문이기도 하다.

넷, '어린양으로'

유월절 양의 네 번째 선택 조건은 어린양이어야 했다. 양의 나이가 일 년이면 거의 다 성숙하여 어미 양처럼 되었는데도 반드시 어린양이어야 한다는 조건이 있다. 어린양이어야 하는 이유는 역시 유월절 양이 예수님의 모형이기 때문이다.

예수님은 삼십삼 세로서 성년이 되셨지만, 결혼은 하시지 아니한 청년이었다. 그러므로 유월절 양도 일 년 된 것으로서 성숙하였지만 반드시 어린양이어야 했던 것이다.

일 년 된 성숙한 양이면서도 어찌하여 어린 양이라고 부를까? 결혼(?)하지 않은 양임을 나타낸다. 우리는 미혼녀, 즉 처녀(miss)를 가리켜서 '아가씨' 또는 '큰 애기'라고 부르고 있다. 성숙한 여자, 성년이 된 처녀이지만 결혼하지 아니하였으므로 '아가'나 '애기'로 호칭한다. 왜 그럴까? 그것은 아직 어른이 아니라는 뜻이다. '애기' 또는 '아가'라는 이름에 '큰' 자나 '씨'를 붙여서 성숙하였음을 표현한다.

유월절 양도 일 년 된 것으로서 다 성장하였지만, 아직은 어미가 아닌 것을 가리키는 의미로 어린양이라고 한다. 유월절 양은 흠이 없어야 하며, 일 년 된 것으로서 수컷이어야 하며, 어린양으로 선택하는 것이다.

이것은 예수님께서 죄 없으시고 온전하시고 성숙한 분이시면서 미혼이었으며 남성이심을 정확하게 예표(豫表)해 주고 있다.

　　　　　　　　　　히스기야 왕의 신앙 부흥 운동

베드로전서 1:19에 "오직 흠 없고 점 없는 어린 양 같은 그리스도의 보배로운 피로 된 것이니라."고 하였다.

• 어린양을 잡는 방법

하나님께서 애굽 땅에 재앙을 내리시는 시기가 정월 십사 일 밤이다. 출애굽기 11:4에 "모세가 바로에게 이르되 여호와께서 이와 같이 말씀하시기를 밤중에 내가 애굽 가운데로 들어가리니"라고 하였으며, 출애굽기 12:12에는 "내가 그 밤에 애굽 땅에 두루 다니며 사람이나 짐승을 막론하고 애굽 땅에 있는 모든 처음 난 것을 다 치고 애굽의 모든 신을 내가 심판하리라 나는 여호와라."고 하였다.

그러므로 그 밤이 오기 전에 '해 질 때에' 유월절 양을 잡아서 처리하고 장자의 재앙에 대비하는 것이다.

유월절 어린양을 잡는 방법을 보다 자세히 살펴보자.

▶ 하나, '해 질 때' 잡는다.

성경에서 밤은 환난의 때로 종종 묘사하고 있다. 욥기 36:20에 "그대는 밤을 사모하지 말라 인생들이 밤에 그들이 있는 곳에서 끌려가리라"고 하였는데, 여기 밤도 환난의 때를 가리킨다.

유월절에도 애굽 땅에 하나님이 장자의 재앙을 내리시는 시간을 밤으로 말씀하셨다. 애굽 전국에서 밤중에 사람의 장자와 짐승의 첫 새끼를 죽이는 무서운 재앙이 임하게 된 것이다.

해가 질 때는 빛이 사라지고 어두움이 찾아오는 시간대이다. 낮과 밤이 교차하는 시간대로서 막 밤이 시작되는 시점이다.

낮은 평안한 때요, 밤은 환난의 때이다. 낮은 일할 수 있는 때요, 밤은 일할 수 없는 때이다. 낮에는 자기 길을 온전히 갈 수 있거니와 밤에는 실족하기 쉬운 때이다.

요한복음 9:4에 "때가 아직 낮이매 나를 보내신 이의 일을 우리가 하여야 하리라 밤이 오리니 그때는 아무도 일할 수 없느니라."고 하였고, 요한복음 11:9-10에는 "예수께서 대답하시되 낮이 열두 시간이 아니냐 사람이 낮에 다니면 이 세상의 빛을 보므로 실족하지 아니하고 밤에 다니면 빛이 그 사람 안에 없는 고로 실족하느니라."고 하였다.

그러므로 해 질 때에는 평안한 시기가 지나고 환난이 오는 시점을 가리키며, 더 나아가 구약의 시대가 끝나고 신약의 시대가 시작되는 시점이며, 이 시대는 인간의 종말이 오는 마지막 때, 즉 말세의 시작을 의미한다.

선지자 세례 요한이 사역을 처음 시작할 때 외치는 첫 음성이 "회개하라 천국이 가까웠느니라(마태복음 3:2)."라고 하였고, 예수께서도 복음 사역 처음에 외치시기를 "회개하라 천국이 가까웠느니라(마태복음 4:17)."라고 하셨다. 이것은 곧 복음 시대, 즉 하나님의 나라가 임박했음이요 마지막 때인 말세가 오고 있음을 의미한다.

성경에 보면 예수께서 하나님의 나라가 임박하여 오고 있음을 말씀하셨고 사도들도 그렇게 믿고 있었다.

마태복음 16:27-28에 "인자가 아버지의 영광으로 그 천사들과 함께 오리니 그때에 각 사람이 행한 대로 갚으리라 진실로 너희에게 이르노니 여기 서 있는 사람 중에 죽기 전에 인자가 그 왕권을 가지고 오는 것을 볼 자들도 있느니라."고 하였으며, 마태복음 10:23에는 "이 동네에서 너희를 박해하거든 저 동네로 피하라 내가 진실로 너희에게 이르노니 이스라엘의 모든 동네를 다 다니지 못하여서 인자가 오리라.”고 하였다.

그러므로 유월절 양을 “해 질 때” 잡으라고 하신 것은,
첫째, 예수 그리스도께서 죽으시는 때가 환난의 시작이요, 밤의 시작이
니 말세의 시작임을 보여 주는 귀한 교훈이다.

둘째, 환난이 오기 전에 예수 그리스도를 영접하고 신앙생활을 해야 할
것을 가르치는 말씀이다.

유월절에는 해 질 때에 양을 잡아서 불에 구워 먹고 그 밤을 지내면 유
월절 양을 먹은 가정에만 그 재앙이 피하여 넘어간다. 그러나 애굽 사람들
에게는 그 밤에 애굽 전국 집 집마다 장자의 재앙이 임하는데 누구도 피해
갈 수 없다.
양고기를 먹고 밤 곧 환난을 대비하는 것은 예수를 믿고 영접하고 환난
을 예비하는 것과 같다.

셋째, 예수 그리스도께서 죽으실 때, 운명하실 때가 바로 해 질 때처럼 어
두움의 때였기 때문이다.
예수 그리스도께서 십자가에 못 박혀 달려 있을 때 어두움이 온 세상
에 임하였다. 마태복음 27:45-46에 “제육시로부터 온 땅에 어둠이 임하
여 제구시까지 계속되더니 제구시쯤에 예수께서 크게 소리 질러 이르시되
‘엘리 엘리 라마 사박다니’ 하시니 이는 곧 나의 하나님, 나의 하나님, 어
찌하여 나를 버리셨나이까”라고 하였으며, 잠시 후에 크게 소리 지르시고
운명하셨다.

예수님은 유대 시간으로 제삼시에 십자가에 못 박혀(마태복음 15:25) 제구시에 운명하셨으니, 여섯 시간 동안을 십자가에 매달려 고통을 받으셨는데, 세 시에서 여섯 시까지는 빛이 밝았고, 다시 여섯 시 이후부터 아홉 시까지는 어두움이 온 땅에 임하였다. 여섯 시부터 아홉 시까지는 우리나라 시간으로 환산하면 정오부터 오후 세 시까지이다.

그것은 곧 성경 말씀(출애굽기 12:6) "해 질 때"가 이루어지는 현상이었다. 다시 말하면 유월절 어린양이 죽는 시간이 해 질 때인 것은 예수님의 십자가에서 죽으심이 온 땅에 어두움이 임하는 것을 예표한 것이다.

예수께서 십자가에 달리실 때가 낮이요, 제육시에서 제구시까지는 하루 중에 가장 해가 빛을 강하게 발산하는 시간인데 어찌하여 온 땅에 어두움이 임하였는가에 대하여 성경학자들 중에는 '죄 없으신 독생자 예수께서 고통당하시는 것을 하나님 아버지께서 차마 보실 수 없어서 눈을 돌리시는 뜻이 아니겠는가!'라고 생각하는 학자들도 있다.

그러나 그보다 더 중요한 것은 성경이 하나님의 말씀으로서 유월절 양이 예수 그리스도를 예표한 것으로서 해 질 때에 양을 잡는 것을 이루시는 증표이다.

예수님이 죽으실 때의 어두움과 어린양을 해 질 때 잡는 것은 정확하게 일치하는 것으로서 하나님 말씀에 대한 예언적인 성취이다.

넷째, 예수께서 생애의 마지막 유월절에 지금의 성찬 예식을 행하여 최초로 성찬의 제도를 세우실 때도 저물 때였다.

마태복음 26:19-20에 "제자들이 예수께서 시키신 대로 하여 유월절을 준비하였더라. 저물 때에 예수께서 열두 제자와 함께 앉으셨더니"라고 하였다.

　　　　　　　　　히스기야 왕의 신앙 부흥 운동

유월절 양이 잡히는 "해 질 때"에 맞춰서 예수께서도 "저물 때"에 유월절을 지키셨으며, 이때 성찬 예식을 세우시며 떡을 가지시고 이것은 내 몸이라 하셨고, 식후에 잔을 가지시고 이것을 내가 너희를 위하여 흘리는 나의 피라고 하시며 이것을 행하여 나를 기념하라 말씀하셨다.

마태복음 26:26-28에 "그들이 먹을 때에 예수께서 떡을 가지사 축복하시고 떼어 제자들에게 주시며 이르시되 받아서 먹으라. 이것은 내 몸이니라 하시고 또 잔을 가지사 감사 기도하시고 그들에게 주시며 이르시되 너희가 다 이것을 마시라 이것은 죄 사함을 얻게 하려고 많은 사람을 위하여 흘리는바 나의 피 곧 언약의 피니라."고 하였다.

▶ 둘, 피를 문설주와 인방에 바름

출애굽기 12:7 "그 피로 양을 먹을 집 문 좌우 설주와 인방에 바르고"

출애굽기 12:22 "우슬초 묶음을 가져다가 그릇에 담은 피에 적셔서 그 피를 문 인방과 좌우 설주에 뿌리고 아침까지 한 사람도 자기 집 문밖에 나가지 말라."

죽음의 재앙을 피해 지나가기 위해서는 유월절 양고기를 먹어야 할 뿐 아니라, 반드시 양(羊)의 피를 그 집 문설주와 인방에 뿌려야 했다. 문(門)의 인방과 설주에 피를 뿌리는 것은 우리 집은 유월절 양을 잡아먹었다는 표시였다.

다시 말하면 우리 집은 예수 그리스도를 영접해 드린 가정이라고 표시하는 영적 의미가 있는 것이다. 하나님의 사자가 애굽 전국을 돌아다니면서 가가호호(家家戶戶)에 그 집 문 좌우 설주와 인방에 양의 피를 보고서 넘어가게 되어 있다.

출애굽기 12:13에 "내가 애굽 땅을 칠 때에 그 피가 너희가 사는 집에 있어서 너희를 위하여 표적이 될지라. 내가 피를 볼 때에 너희를 넘어가리니 재앙이 너희에게 내려 멸하지 아니하리라"고 하였다.

문 인방과 설주에 양의 피가 뿌려져 있으면 재앙을 내리지 않고 넘어가고, 양의 피가 뿌려져 있지 않으면 그 집 장자(長子)를 쳤다. 그래서 문 인방과 설주에 뿌려진 피는 매우 귀중한 표적이 되었다.

이것은 영적으로 마음으로 믿고 입으로 시인하는 것을 의미한다. 안에서 양고기(예수)를 먹고(영접하여 믿고) 밖에는 양의 피를 뿌려 표적(表迹)으로 드러내야 했던 것이다. 이것은 입으로 시인하는 것을 뜻한다.

로마서 10:9-10에 "네가 만일 네 입으로 예수를 주로 시인하며 또 하나님께서 그를 죽은 자 가운데서 살리신 것을 네 마음에 믿으면 구원을 받으리라 사람이 마음으로 믿어 의에 이르고 입으로 시인하여 구원에 이르느니라."고 하였다.

마음으로 믿는다고 하지만 입으로 시인하기를 거부하는 자는 구원에 이르지 못한다. 여기에 대하여 예수님은 분명히 밝혀 주셨다.

마태복음 10:32-33에 "누구든지 사람 앞에서 나를 시인하면 나도 하늘에 계신 내 아버지 앞에서 그를 시인할 것이요 누구든지 사람 앞에서 나를 부인하면 나도 하늘에 계신 내 아버지 앞에서 그를 부인하리라."고 하였다.

그러므로 성도가 온전히 구원받는 믿음이 되려면 마음으로 믿고 입으로 예수를 시인해야 한다. 성도는 자꾸 예수를 자랑해야 한다. 증거하고 간증해야 한다.

유월절 때, 문인 방과 문설주에 뿌려진 양의 피는 곧 예수 그리스도의 피의 모형이다. 예수 그리스도의 피를 의지하고 드러내는 자만이 구원받는다.

  히스기야 왕의 신앙 부흥 운동

출애굽기 12:23에 "여호와께서 애굽 사람들에게 재앙을 내리려고 지나가실 때에 문 인방과 좌우 문설주의 피를 보시면 여호와께서 그 문을 넘으시고 멸하는 자에게 너희 집에 들어가서 너희를 치지 못하게 하실 것임이니라."고 하였다.

지금은 거의 사라졌지만 우리 한국 풍속에 십이월 동짓날에 팥죽을 끓여 그 붉은 팥죽 국물을 문설주와 인방에 뿌리는 것을 볼 수가 있었다. 그 이유는 잡귀(雜鬼)나 재앙이 임하지 말라는 뜻으로 그렇게 하였다. 우리나라의 전통적인 그런 풍습이 혹 유월절 절기에 양의 피를 뿌리는 것에서 잘못 전달된 것이 아닌가! 싶다.

성경에 나타난 제사 예법들이 본래는 하나님께만 드리게 되어 있었으나 이방인들에게 잘못 전래하면서 우상에게 제사하게 되었고, 조금씩 성경의 제사법과 달라진 것들도 우리는 볼 수 있다.

성경에 나타난 최초의 제사는 창세기 4장에 나타나는 것으로 아담의 아들 가인과 아벨의 제사였다. 이 일은 아담 이후의 사건이 아니었고 아담 생존 시에 있었던 사건이었다. 하나님께 드리는 제사는 첫 사람인 아담 때부터 있었던 것인데, 이것이 우상에게로 간 것이다. 하나님을 떠난 자들이 하나님 대신에 우상을 섬기면서 행해진 것이다.

이렇게 변질된 우상의 제사법이 오늘날 세상에 이르게 된 것이다. 우리는 세상 풍속은 하나님의 뜻과 일치하는 것이 아니요, 오직 성경 말씀만 하나님께서 기뻐하시는 뜻임을 알아야 한다.

• 어린양을 먹는 방법

출애굽기 12:8-11 "그 밤에 그 고기를 불에 구워 무교병과 쓴 나물과 아울러 먹되 날것으로나 물에 삶아서 먹지 말고 머리와 다리와 내장을 다 불에 구워 먹고 아침까지 남겨두지 말며 아침까지 남은 것은 곧 불사르라 너희는 그것을 이렇게 먹을지니 허리에 띠를 띠고 발에 신을 신고 손에 지팡이를 잡고 급히 먹으라 이것이 여호와의 유월절이니라."

이것을 간추려 정리하면 다음과 같다.

- 다 먹어야 한다.
- 급히 먹어야 한다.
- 불에 구워 먹어야 한다.
- 한 집에서 먹어야 한다.
- 날것으로 먹지 않는다.
- 물에 삶아서 먹지 않는다.
- 완전히 출발 준비를 하고 먹어야 한다.
- 아침까지 남겨두지 않고 밤에 먹는다.
- 무교병과 쓴 나물과 아울러 먹어야 한다.
- 먹고서 아침까지 문밖에 나가지 말아야 한다.

이상 열 가지 먹는 방법과 조건들은 영적으로 우리에게 아주 귀한 교훈을 준다.

▸ **하나, 다 먹어야 한다.**

이것은 통째로 다 먹어 버릴 것을 가리키는 말씀이다. 왜냐하면 양고기는 예수의 상징적 모형이기 때문이다.

우리가 일상생활을 하면서 고기를 먹을 때 한 마리의 고기를 한꺼번에, 한 자리에서 다 먹어 버려야 할 이유는 절대 없다. 먹다가 싫으면 안 먹고 배부르면 안 먹는다.

오히려 한꺼번에, 한 자리에서 다 먹는 것은 미련스러운 바보짓이다. 조금씩 여러 차례 먹는 것이 훨씬 더 유익하고 지혜로운 방법이다.

그런데 왜, 유월절 양고기를 한꺼번에 다 급히 먹으라고 하였을까? 유월절 양고기가 곧 예수이기 때문이다. 예수는 인격체이시다. 그러므로 예수를 나눌 수는 없다. 예수를 부분적으로 믿을 수 없다는 영적인 의미가 담겨 있다.

사람이 방에 들어가려는데 한 발은 방 안에 들여놓고 한 발은 문밖에 있어서는 안 되는 것과 같다. 사람의 반은 들어오고 반은 밖에 있을 수 없다. 두 발이 다 들어오든지 밖에 있든지 해야 한다.

그와 같이 예수님을 사람들의 마음속에 일부는 받아들이고 일부는 배척할 수 없다. 예수를 온전히 다 믿어야 하고, 온전히 마음속에 영접해야 한다.

또한 예수님의 말씀인 복음도 마찬가지다. 복음을 부분적으로 받아들이거나 부분적으로만 믿으면 안 된다. 복음은 다 믿어야 하고 온전히 믿어야 한다.

요즘 그릇된 현대 신학자 중에는 성경을 다 믿지 못하고 성경을 철저히 분해해서 부분적으로 자기들 이성(理性)으로 용납할 수 있는 것만 받아들이려고 시도하고 있다.

좀 더 자세히 말한다면 성경 속에는 하나님의 말씀이 아닌 것들이 많이 포함되어 있다는 것이다.

예를 들자면 불신자들의 말, 악인들의 말, 마귀의 말, 짐승의 말, 그리고 상당한 부분이 성경을 기록한 저자의 이야기가 들어 있으니, 이것들을 제거해 버리고 순수하게 "하나님이 가라사대", "예수께서 가라사대"라고 하신 말씀만 진정한 하나님의 말씀으로 받아들이고 싶다는 것이다. 아주 그럴듯한 말인 것 같다.

성경 속에서 전설 속의 신화와 같은 말들을 가려내고, 비과학적인 말들을 가려내고, 합리적이고 타당성 있는 말씀만을 믿자는 주장이다.

이런 식으로 성경을 분해하면 신구약 육십육 권 속에 남는 것은 극소수의 몇 장만 그들이 믿을 수 있는 하나님의 말씀으로 보는데, 어찌 이렇게 해서 남은 부분마저도 온전히 믿어질 수 있겠는가?

마치 고기를 먹으려는 사람이 짐승을 통째로 잡아 놓고서 머리는 꿈자리 사납게 생겼다고 버리고, 꼬리는 볼품이 없다고 버리고, 족발은 밥맛 달아나게 생겼다고 버리고, 내장은 기분 나쁘다고 버리고, 가죽은 징그럽다고 버리고, 기름은 해롭다고 버리고, 힘줄은 질기고 소화 안 된다고 버리고, 순수한 살코기만 먹어야 하는데 살코기 중에서도 질긴 부분, 맛없는 부분, 설익는 부분을 다 제거해 버리고 나서, 먹고 싶은 몇 점 골라 먹다가 도대체 입맛이 없어서 목으로 넘어가지 않으니까, 손을 털면서 못 먹겠다고 자리에서 일어나는 식상(食傷)한 사람과 똑같은 자들이다.

괜히 먹지도 못할 자가 고기만 난도질해서 망쳐 놓고 일어나는 사람이나 믿지도 못할 사람들이 괜히 성경만 트집 잡고 이러쿵저러쿵하다가 지옥 갈 자들이나 똑같은 짓들을 하고 있다.

하나님은 이런 자들을 원치 않으신다. 성경은 이런 사고방식을 배척한다. 성경은 모두 하나님의 말씀이다. 정확무오(正確無誤)한 하나님의 말씀이다.

          히스기야 왕의 신앙 부흥 운동

마태복음 5:18에 "진실로 너희에게 이르노니 천지가 없어지기 전에는 율법의 일점일획도 결코 없어지지 아니하고 다 이루리라."고 하였고, 디모데후서 3:16에 "모든 성경은 하나님의 감동으로 된 것으로 교훈과 책망과 바르게 함과 의로 교육하기에 유익하니."라고 하였다.

하나님께서 출애굽기 12:9-10절에 양고기를 다 먹어야 할 것을 명령하셨다. 이것은 우리가 예수를 온전히 믿고, 온전히 마음속에 영접해 드리라는 말씀이니 하나님의 말씀도 역시 다 믿고 다 받아들이라는 뜻이다.

출애굽기 12:9-10에 "날것으로나 물에 삶아서 먹지 말고 머리와 다리와 내장을 다 불에 구워 먹고 아침까지 남겨두지 말며 아침까지 남은 것은 곧 불사르라"고 하였다.

• 찬송가 200(235)장 - 달고 요묘한 그 말씀

1절)
달고 오묘한 그 말씀 생명의 말씀은
귀한 그 말씀 진실로 생명의 말씀이
나의 길과 믿음 밝히 보여 주니
후렴)
아름답고 귀한 말씀 생명 샘이로다.
아름답고 귀한 말씀 생명 샘이로다.
2절)
귀한 그 말씀 내 노래 제목이 되도다.
모든 사람의 복 주는 생명의 말씀을
값도 없이 받아 생명 길을 가니

출애굽기 12:46에 "한 집에서 먹되 그 고기를 조금도 집 밖으로 내지 말고 뼈도 꺾지 말지며"라고 하였는데, 여기 말씀 중 "뼈도 꺾지 말지며"라고 하신 말씀의 뜻은 곧 온전히 먹으라는 뜻이다.

이것은 유월절 양이신 예수님에게 이루어지신 예언적 사건이기도 하였다(요한복음 19:31-36). 이렇게 성경 말씀은 정확하게 이루어지고 있음을 깨닫고 하나님의 말씀을 신뢰하고 말씀에 귀 기울여서 성경이 명령하는 대로 살아가야 한다.

‣ 둘, 급히 먹어야 한다.

출애굽기 12:11 "너희는 그것을 이렇게 먹을지니 허리에 띠를 띠고 발에 신을 신고 손에 지팡이를 잡고 급히 먹으라 이것이 여호와의 유월절이니라."

양고기를 먹는 방법 중에는 우리가 납득하기 어려운 것들이 있다. 불에 구워서 통째로 다 먹고, 서서 허리띠를 매고, 손에 지팡이를 잡고, 급히 먹으라고 하셨다.

조금씩 먹어야 하는데 다 먹어라. 앉아서 먹어야 하는데 서서 먹어라. 허리띠를 풀어놓고 먹어야 하는데 매고 먹어라. 두 손으로 잡고 먹어야 하는데 한 손에는 지팡이를 잡고 먹어라. 천천히 먹어야 하는데 급히 먹으라고 하셨으니, 이해가 안 된다. 우리 상식으론 맞지 않는다.

그러나 이것이 여호와의 명령이요, 이것이 우리가 예수를 믿는 방법이다. 예수를 믿는 것은 이치로 따지기 시작하면 못 믿는다. 하나님의 말씀이니 무조건 믿고 따라야 한다.

양고기를 급히 먹듯이 예수를 급히 영접하라는 것이다. 사람이 예수를 믿는 일에는 망설일 필요가 없고, 이유를 따질 필요가 없다. 무조건 급히 믿고, 급히 영접하여 우리가 예수 안에서 살아가야 한다.

그것은 예수는 참 구주이시기 때문이다. 오직 예수님만 그리스도이시오. 참 하나님이시기 때문이다.

가짜와 진짜를 구별하기 어려울 때는 망설여지는 것이지만 예수는 참 그리스도이심이 명백하여, 다시 사신 부활로서 증명되었기 때문에 급히 믿어야 한다. 하나님의 말씀인 복음도 급히 받아들이라는 것이다.

성경 말씀을 읽을 때나 들을 때나 "아멘! 아멘!" 하면서 급히 받아들이는 자가 복을 받는다. 하나님의 말씀은 참되신 진리요 우리 영혼의 양식이니 아멘으로 급히 받아먹는 자가 되어야 한다. 하나님께서 은혜를 주시고자 하실 때, 권고하실 때 "아멘!" 하여야 축복을 받는다.

이사야 55:6에 "너희는 여호와를 만날 만한 때에 찾으라. 가까이 계실 때에 그를 부르라"고 하였다.

▸ 셋, 불에 구워 먹는다.

출애굽기 12:8-9 "그 밤에 그 고기를 불에 구워 무교병과 쓴 나물과 아울러 먹되 날것으로나 물에 삶아서 먹지 말고 머리와 다리와 내장을 다 불에 구워 먹고"

유월절 어린양의 고기를 불에 구워 먹어야 한다. 왜, 불에 구워 먹어야 할까? 어린양은 예수님의 모형이기 때문이다(고린도전서 5:7).

예수님을 상징하는 양고기이기 때문에 불에 구워 먹는다. 양고기를 불에 구워 먹는 것에는 영적인 의미가 있다.

성경에서 불은 성령을 상징한다

▸ **오순절 성령강림을 불로 표현했다.**

사도행전 2:3-4에 "마치 불의 혀처럼 갈라지는 것들이 그들에게 보여 각 사람 위에 하나씩 임하여 있더니 그들이 다 성령의 충만함을 받고 성령이 말하게 하심을 따라 다른 언어들로 말하기를 시작하니라."고 하였다.

▸ **세례요한 선지자가 예수의 세례를 성령과 불로 표현했다.**

누가복음 3:16에 "요한이 모든 사람에게 대답하여 이르되 나는 물로 너희에게 세례를 베풀거니와 나보다 능력이 많으신 이가 오시나니 나는 그의 신발 끈을 풀기도 감당하지 못하겠노라 그는 성령과 불로 너희에게 세례를 베푸실 것이요"라고 하였다.

▸ **성령의 감동을 마음에 뜨거움으로 표현했다.**

누가복음 24:32에 "그들이 서로 말하되 길에서 우리에게 말씀하시고 우리에게 성경을 풀어 주실 때에 우리 속에서 마음이 뜨겁지 아니하더냐"라고 하였다.

이 말씀은 예수께서 부활하셨다는 소식을 듣고 예루살렘에서 엠마오로 가던 두 제자가 한 말로서 예수께서 그 두 제자에게 성경을 풀어 일러 주실 때 속에서 성령의 감동으로 마음이 뜨거워졌다고 하였다.

이상과 같이 성경 여러 곳에서 성령의 임재를 불로 나타내신 표현들이 많이 있다. 양고기를 불에 구워서 먹는 것은 예수를 성령의 인도로 믿게 될 것을 의미한 상징적 표현이다.

우리가 예수를 믿는 것은 겉으로 볼 때는 순전히 나의 의지로 자유로이 예수를 믿게 된 것 같지만 내면적으로는 보이지 않는 성령의 인도하심으로 내가 예수를 믿게 된 것이다.

요한복음 6:44에 "나를 보내신 아버지께서 이끌지 아니하시면 아무도 내게 올 수 없으니 오는 그를 내가 마지막 날에 다시 살리리라"고 하였으며, 고린도전서 12:3에는 "그러므로 내가 너희에게 알리노니 하나님의 영으로 말하는 자는 누구든지 예수를 저주할 자라 하지 아니하고 또 성령으로 아니하고는 누구든지 예수를 주시라 할 수 없느니라."고 하였다.

또한 이 말씀들은 더 나아가서 구원은 하나님의 예정하심과 선택으로서 이루어진 것과도 관련이 깊다.

우리가 예수를 믿고 하나님의 자녀가 되는 것은 이미 창세 전에 하나님께서 기쁘신 뜻대로 예정해 놓으시고 선택하신 것이다.

에베소서 1:4-5에 "곧 창세 전에 그리스도 안에서 우리를 택하사 우리로 사랑 안에서 그 앞에 거룩하고 흠이 없게 하시려고 그 기쁘신 뜻대로 우리를 예정하사 예수 그리스도로 말미암아 자기의 아들들이 되게 하셨으니"라고 하였다.

그러므로 구원은 사람 편에서 이루어지는 것이 아니라 전적으로 하나님의 주권적인 뜻에 따라 성취되는 것이다.

그리고 구원은 하나님의 가장 큰 최고의 선물이다.

에베소서 2:8에 "너희는 그 은혜에 의하여 믿음으로 말미암아 구원을 받았으니 이것은 너희에게서 난 것이 아니요 하나님의 선물이라."고 하였으며, 사도행전 13:48에는 "이방인들이 듣고 기뻐하여 하나님의 말씀을 찬송하며 영생을 두시기로 작정된 자는 다 믿더라."고 하였다.

이 말씀은 바울 사도의 전도 설교를 듣고 영생을 주시기로 작정 된 자, 곧 예정된 자는 다 믿더라고 한 것이다. 반대로 안 믿는 자들은 어떤 자들이었는가 하면 영생을 주시기로 작정되지 않는 자들이었다.

이처럼 심오(深奧)한 예정의 진리를 그림자적으로 보여 주신 말씀이 곧 어린양의 고기를 반드시 불에 구워 먹도록 하신 것이다. 날 것이나 삶아서 먹는 것은 절대로 금지되어 있다(출애굽기 12:9).

그 이유는 불은 성령을 상징하고 있기 때문이다. 그리고 어린양은 예수 그리스도이기 때문이다.

▸ 넷, 한 집에서 먹어야 한다.

출애굽기 12:46-47 "한 집에서 먹되 그 고기를 조금도 집 밖으로 내지 말고 뼈도 꺾지 말지며 이스라엘 회중이 다 이것을 지킬지니라."

이 말씀은 신앙공동체인 교회를 함의(含意)하고 있다. 한 집에서 한 가족이 날마다 먹고 마시며 공동체 생활을 하는 것처럼 성도는 교회라는 한 집에서 날마다 영적으로 예수와 복음을 먹고 마시는 것이다.

교회는 예수 안에서 한 집이요 예수의 몸이다. 성도는 교회라는 한 집에 사는 공동체의 구성원이다. 예수 그리스도는 모든 그리스도인의 구세주이시며 주인이시며 친구가 되어 주시는 분이다.

이런 영적인 의미가 출애굽기 12:4절의 말씀 속에 함축되어 있다. 유월절 어린양을 잡아 그 고기를 가족과 식구 또는 이웃과 함께 먹는 것은 예수 그리스도를 모시고 함께 교회 생활을 하며 함께 말씀을 듣고 함께 믿는 것을 의미한다.

마태복음 18:20에 "두세 사람이 내 이름으로 모인 곳에는 나도 그들 중에 있느니라."고 하였다.

이 말씀은 예수께서 교회에 함께 계시겠다는 진리의 말씀이다.

     히스기야 왕의 신앙 부흥 운동

신약 교회는 오순절 날 성령강림으로부터 예루살렘에서 시작되었다.

사도행전 1:14에 보면 백이십 명의 성도와 사도들이 함께 모여 "더불어 마음을 같이하여 오로지 기도에 힘쓰더라."고 하였는데, 이때 성령이 임하셨다. 성령은 곧 예수 그리스도의 영이다.

그러므로 마태복음 18:20절의 예수님의 약속이 오순절에 예루살렘에서 최초로 이루어진 것이다.

예수님은 교회의 머리이며, 교회는 예수님의 몸이다.

골로새서 1:18에 "그는 몸인 교회의 머리시라 그가 근본이시오 죽은 자들 가운에서 먼저 나신이시니 이는 친히 만물의 으뜸이 되려 하심이요"라고 하였다.

그러므로 예수께서는 항상 교회와 함께하신다. 그러므로 무교회주의(無敎會主義)를 부르짖는 자들은 성경적이 아니다. 우리는 곧 예수 이름으로 정기적으로 모일 때 교회가 되는 것이다. 그러므로 주를 사랑하는 자들은 교회로 모이기를 힘써야 한다.

히브리서 10:25에 "모이기를 폐하는 어떤 사람들의 습관과 같이하지 말고 오직 권하여 그날이 가까움을 볼수록 더욱 그리하자"라고 하였다.

▸ **다섯, 날것으로 먹지 않는다.**

양고기를 날(生)것으로 먹지 말라는 것은 영적으로 신앙의 자유주의 사상을 배격하는 깊은 의미이다. 불에 구워 먹는 방법이 성령의 인도하심으로 상징되었으니, 반대로 날(生)것으로 먹는 방법은 인본주의, 인간의 자유의지를 가지고, 인간 의지를 살려서, 성령의 인도하심이 없이 예수를 믿을 수 없음을 나타낸 것이다.

날것은 죽은 것이 아닌 산 것을 말한다. 날것으로 먹으면 재앙에서 구원받을 수 없음을 말씀하신 것은 사람들이 자기 이성, 자기 지식, 자기 노력으로 예수를 믿고 구원에 이르려는 방법을 배제하신 교훈이다. 인간 이성(理性)으로는 예수 그리스도를 찾아갈 수 없다.

고린도전서 1:21에 "하나님의 지혜에 있어서는 이 세상이 자기 지혜로 하나님을 알지 못하므로 하나님께서 전도의 미련한 것으로 믿는 자들을 구원하시기를 기뻐하셨도다."라고 하였다.

인간이란 자기가 살아있어서는 진실로 예수의 사람이 될 수 없다. 자기가 살아있는 상태라면 예수를 이해할 수 없으며 믿을 수도 없다.

성령의 인도 아래 있어야 깨달음도 주시고 믿음도 주신다. 그래야 성경과 예수님에 대하여 믿어지는 것이다. 믿음과 구원을 하나님께서 선물로 주시지 않으면 아무도 믿어지지 않고 믿을 수도 없다.

그러므로 성도들은 큰 믿음을 달라고 기도해야 한다. 자기 지식과 지혜 그리고 자기 감정과 이성으로는 도무지 구원에 이르는 참믿음을 가질 수 없다.

요한복음 3:5에 "예수께서 대답하시되 진실로 진실로 네게 이르노니 사람이 물과 성령으로 나지 아니하면 하나님의 나라에 들어갈 수 없느니라."고 하였고, 고린도전서 15:31에는 "형제들아 내가 그리스도 예수 우리 주 안에서 가진바 너희에 대한 나의 자랑을 두고 단언하노니 나는 날마다 죽노라."고 하였다.

에베소서 4:22에 "너희는 유혹의 욕심을 따라 썩어져 가는 구습을 따르는 옛 사람을 벗어 버리고"라고 하였다.

성경이 증거하는 하나님 여호와, 즉 아브라함의 하나님, 이삭의 하나님, 야곱의 하나님을 인간의 지혜와 지식으로 찾아가려고 하는 사람들은 유월절 양고기를 날것으로 먹으려는 사람과 같다.

인간의 이성주의, 자연주의, 합리주의, 과학주의, 철학주의 등의 인간 이성을 최고로 삼는 자들은 유월절 양고기를 날것으로 먹으려는 자들과

  히스기야 왕의 신앙 부흥 운동

같아서 구원에 이를 수 없다.

다만 하나님께서 믿음을 주시고, 구원을 선물로 주셔서 중생하여 육의 사람 곧 옛사람이 죽고, 영의 사람 곧 새사람이 되어야만 구원에 이를 수 있다.

그러므로 우리 그리스도인들은 성경 말씀과 예수 그리스도에 대하여 자기 이성과 판단으로 알고 믿으려 하지 말고, 모든 것을 하나님께 전적으로 맡기고 의뢰하면서 인도하심을 기도해야 한다.

혹시 믿어지지 않는 부분이 있다고 할지라도 기도하면서 성령의 인도하심을 바라보아야 한다.

▸ **여섯, 물에 삶아서 먹지 않는다.**

이것은 영적으로 혼합 주의를 배격하는 의미가 있다. 양고기를 물에 넣고 삶으면 고기 속에 있는 영양 성분의 일브는 빠져나오고, 반대로 고기 속에 물이 침투한다. 그리하여 물과 고기가 혼합된다.

우리는 예수님에게 다른 것을 더할 수 없고 덜할 수도 없다. 또한 성경은 예수님에 대하여 증명해 주시는데 우리는 성경 말씀에다 무엇을 더할 수도 덜할 수도 없다. 성경은 아무것도 가감할 수 없음을 엄격히 경고하셨다.

요한계시록 22:18-19에 "내가 이 두루마리의 예언의 말씀을 듣는 모든 사람에게 증언하노니 만일 누구든지 이것들 외에 더하면 하나님이 이 두루마리에 기록된 재앙들을 그에게 더하실 것이요 만일 누구든지 이 두루마리의 예언의 말씀에서 제하여 버리면 하나님이 이 두루마리에 기록된 생명나무와 및 거룩한 성에 참여함을 제하여 버리시리라."고 하였다.

율법이나 복음은 본래 전하여 준 그대로 믿고 준수하여야 한다. 예수님이 전해 주신 복음에다 무엇을 더하면 그것은 곧 다른 복음이다.

갈라디아서 1:6-8에 "그리스도의 은혜로 너희를 부르신 이를 이같이 속히 떠나 다른 복음을 따르는 것을 내가 이상하게 여기노라 다른 복음은 없나니 다만 어떤 사람들이 너희를 교란하여 그리스도의 복음을 변하게 하려 함이라 그러나 우리나 혹 하늘로부터 온 천사라도 우리가 너희에게 전한 복음 외에 다른 복음을 전하면 저주를 받을지어다."라고 하였다.

유명한 설교자 스펄전 목사는 물에 삶아서 양고기를 먹듯이 그리스도의 다른 사상을 섞어서 믿는 자를 잘못되었다고 비평하였으며, 이렇게 믿는 자들을 가리켜서 '복음을 삶는 자(Gospel boiler)'라고 하였다.

'양고기를 먹는 방법', 즉 '예수를 믿는 방법'은 성령의 인도로 예수를 믿어야(불에 구워 먹는 자) 구원받게 되며, 인간 이성이 살아있어서 예수를 믿으려는 자들(날것으로 먹는 자)은 결국 구원에는 실패하고 만다.

요즘 자유주의 신앙인들은 복음을 인간 이성으로 이해하려고 노력하나 실패하고 결국은 그들은 말하기를 성경은 하나님의 말씀이 아니다. 하나님은 없다. 하나님은 죽었다. 예수는 하나님이 아니라는 말을 하고 있다. 그들은 심지어 천국도 지옥도 없다고 부인한다. 부활도 영생도 부인한다. 성경에 나타난 모든 이적도 부인해 버리는 것이다.

양고기를 날것으로 먹으려고 하는 자는 다 먹을 수도 없는 것과 같아서 먹다가 내던져 버리거나 먹는 것을 포기해 버리는 것과 같다.

그리고 양고기를 물에다 삶아서 먹는 자들처럼 혼합주의 사상, 즉 예수의 사상에다가 무엇을 가감하여 자기 교리를 만들어서 믿으려는 혼합주의 자들이나 이단주의자들 역시 구원에는 실패하고 만다.

하나님께서 순수하지 못한 혼합주의를 싫어하신다. 유월절에 누룩을 넣지 않고 만든 무교병을 먹으라는 말씀은 혼합주의를 배격하는 말씀이다.

 히스기야 왕의 신앙 부흥 운동

하나님께 제사로 소제의 예물을 드릴 때 누룩을 넣지 말고 꿀을 넣지 말라는 것도 역시 혼합주의를 배격하는 말씀이다.

레위기 2:11에 "너희가 여호와께 드리는 모든 소제물에는 누룩을 넣지 말지니 너희가 누룩이나 꿀을 여호와께 화제로 드려 사르지 못할지니라."고 하였으며, 레위기 19:19에는 "너희는 내 규례를 지킬지어다 네 가축을 다른 종류와 교미시키지 말며 네 밭에 두 종자를 섞어 뿌리지 말며 두 재료로 직조한 옷을 입지 말지며"라고 한 것도 혼합주의를 배격한 것이다.

그러므로 우리는 성경 말씀에 다른 것들을 더하지 말 것이며, 기독교 진리에 이교의 교리를 유입시키지 말 것이며, 기독교 사상에 세상 것들을 혼합하지 말아야 한다.

▶ 일곱, 완전히 준비하고 먹어야 한다.

출애굽기 12:11 "너희는 그것을 이렇게 먹을지니 허리에 띠를 띠고 발에 신을 신고 손에 지팡이를 잡고 급히 먹으라 이것이 여호와의 유월절이니라."

이 말씀은 복장을 완전히 준비하고 유월절 양고기를 먹어야 할 것을 가리킨다.

준비로는 어떠한 것들이 필요한가? 애굽을 떠날 준비를 해야 한다. 하나님이 지시할 땅, 가나안을 향하여 떠날 준비를 해야 한다. 광야 사십 년의 여행 준비를 해야 한다. 영적으로 이것은 예수를 믿는 자들이 예수님을 따르를 단단한 각오를 해야 할 것을 가리킨다.

장차 멸망당할 죄악 세상인 애굽(세상)을 떠나서 젖과 꿀이 흐르는 곧 가나안 땅(천국)을 향하여 사십 년 동안의 광야(교회) 생활을 하려면 단단한 각오가 있어야 한다.

마태복음 16:24에 "이에 예수께서 제자들에게 이르시되 누구든지 나를 따라오려거든 자기를 부인하고 자기 십자가를 지고 나를 따를 것이니라."라고 하였다.

예수를 믿는 자는 세상과 인연을 끊을 준비, 새 생활을 할 준비, 새출발 할 준비가 되어 있어야 한다. 그러기 위해 다음의 것들이 필요하다.

• 허리의 띠

출애굽기 12:11 "너희는 그것을 이렇게 먹을지니 허리에 띠를 띠고…"

허리는 사람의 중심 부위이다. 사람이 허리가 강해야 힘을 쓴다. 허리에 띠를 띠는 것은 옷을 흐트러지지 않게 하고, 간편하게 매는 것이며, 영적으로 허리띠는 진리를 가리킨다.

사람의 입는 옷을 생활로 비유하자면 옷에 매는 띠는 진리이다. 성도의 생활이 진리로 띠를 띠어야 아름답고 맵시 있고 흐트러짐이 없다.

진리를 떠난 생활은 방종이요, 타락이며 범죄일 수밖에 없다. 그래서 하나님은 진리로 허리띠를 띠라고 하셨다.

에베소서 6:14에 "그런즉 서서 진리로 너희 허리띠를 띠고 의의 호심경을 붙이고"라고 하였다.

• 발의 신

출애굽기 12:11 "너희는 그것을 이렇게 먹을지니… 발에 신을 신고 손에 지팡이를 잡고 급히 먹으라."

발에는 신을 신으므로 걷기에 편하고 오래 걸을 수 있고 피곤치 않는다. 맨발로는 오래 걷지 못한다. 아프고 터지고 상처가 난다. 그럴 뿐만 아니

 히스기야 왕의 신앙 부흥 운동

라 발이 더러워진다.

이스라엘인들이 하나님의 명령이 떨어지면 즉시 떠나야 하므로 간편하게 옷을 매는 허리띠를 띠고, 여행을 잘 감당하기 위해서 발에 신을 신어야 했다.

사람이 걸을 때 반드시 신을 신는 것처럼 영적으로 성도들은 예수를 믿고 새출발하려면 반드시 신어야 할 것들이 있다. 그것은 바로 복음이다.

에베소서 6:15에 "평안의 복음이 준비한 것으로 신을 신고"라고 하였다. 구원받을 성도는 하나님의 전신 갑주를 취하는 데 있어서, 반드시 발에 복음의 신을 신고 다녀야 한다.

복음이 없는 인생의 여행은 실패일 뿐이다. 복음이 없는 나그네 인생은 좌절이요, 낙심이요, 피곤하고, 상하고, 찢길 뿐이다. 복음의 신을 신고 인생 여행을 할 때 가볍고, 때 묻지 않고, 신선한 성공적인 삶을 살 수 있다.

• 손의 지팡이

출애굽기 12:11 "너희는 그것을 이렇게 먹을지니 …손에 지팡이를 잡고…"

여행자에게 지팡이는 돕는 힘이다. 맹인에게는 길잡이요, 노인에게는 의지가 되며, 장애물을 만난 자에게는 무기가 된다. 지팡이로 장애물을 제거하고 원수를 쳐서 무찌르며 가야 할 길을 저시하기도 한다.

지팡이는 권위 권세 능력의 상징이다. 법궤 앞에 두었던 제사장 아론의 싹 난 지팡이를 바로 왕 앞에 던졌을 때, 뱀이 되었던 선지자 모세의 지팡이는 모두 다 능력과 권세를 상징하였다.

여행자에게 말 없는 동반자는 지팡이다. 유월절 양고기를 먹은 자가 손에 지팡이를 가지라고 한 것은 여행의 동반자로서 지팡이인데, 영적으로는 성령의 능력을 상징한다.

예수를 구주로 믿는 성도에게 유일한 동반자는 성령이다. 구원받은 성도가 교회 생활에서 꼭! 손에 가지고 살아야 할 것이 있다면 곧 능력의 지팡이인 성령의 능력이다.

능력 없는 성도의 생활은 무기력하며 침체요, 시험이 올뿐이다. 성도는 성령의 능력으로 강건해져야 한다.

에베소서 5:17-18에 "그러므로 어리석은 자가 되지 말고 오직 주의 뜻이 무엇인가 이해하라 술 취하지 말라 이는 방탕한 것이니 오직 성령으로 충만을 받으라."고 하였다.

유월절 양고기를 먹는 자는 허리에 띠를 띠고 발에 신을 신고 손에 지팡이를 잡고 먹으라고 하였다.

이것은 곧 구원받은 성도, 예수를 영접한 성도가 진리로 생활하고, 복음으로 행동하고, 성령의 능력으로 전진할 것을 지시하신 말씀이다.

‣ 여덟, 아침까지 남겨두지 않고 밤에 먹는다.

왜 양고기를 밤에 먹으라고 하였을까? 밤은 영적으로 말세다. 그리고 밤은 환난의 때다.

유월절에는 실제로 '그 밤에', 즉 유월절 어린양의 고기를 먹는 '그 밤에' 장자의 재앙이 임하였다. '그 밤에' 양고기를 먹어야 재앙이 임하지 않고 피하여 넘어갔다.

양고기를 먹는다는 것은 예수 그리스도를 마음에 영접하고 믿는 것이다. 그러므로 예수를 언제 믿어야 하느냐에 대한 해답을 이 말씀에서 주시는 것이다.

지금은 어느 때인가? 환난의 때요 말세이다. 지금은 우리가 예수를 믿어야 할 때다.

유월절 양고기를 반드시 밤에만 먹어야 했던 것처럼 예수는 반드시 그리스도께서 이 땅에 오신 이후인 신약 시대, 즉 지금 믿어야 할 때이다.

밤이 지나가면 양고기를 먹을 수 없다. 밤어 그 유월절 양고기를 다 먹어야 했다. 그것은 곧 밤의 때, 지금 말세의 때에 온전히 예수를 믿으므로 구원받는 것을 의미한다.

고린도후서 6:2에 "보라 지금은 은혜받을 만한 때요 보라 지금은 구원의 날이로다."라고 하였다.

이 말씀에서 지금은 어느 때일까? 구약 시대가 아닌 신약 시대를 가리킨다. 율법의 때가 아닌 복음의 때를 가리키며, 메시아의 초림을 대망하는 때가 아니요 그리스도의 재림을 대망하는 마지막 때를 가리키고 있다.

예수 그리스도께서 십자가에서 속죄의 제물이 되어 주신 그때로부터 예수께서 재림하실 때까지이다. 이 기간이 곧 밤의 기간이다.

낮과 밤에 대하여 예수께서도 말씀해 주셨다(요한복음 1:1-14).

요한복음 9:4-5에 "때가 아직 낮이매 나를 보내신 이의 일을 우리가 하여야 하리라 밤이 오리니 그때는 아무도 일할 수 없느니라. 내가 세상에 있는 동안에는 세상의 빛이로라."라고 하였으며, 요한복음 12:35-36에는 "예수께서 이르시되 아직 잠시 동안 빛이 너희 중에 있으니 빛이 있을 동안에 다녀 어둠에 붙잡히지 않게 하라 어둠에 다니는 자는 그 가는 곳을 알지 못하느니라 너희에게 아직 빛이 있을 동안에 빛을 믿으라 그리하면 빛의 아들이 되리라."고 하였다.

어두움은 세상이요 빛은 예수님이시다. 예수님이 이 세상에 계실 때가 낮이다. 예수님이 승천하신 이후에는 밤이다.

▶ 아홉, 무교병과 쓴 나물과 아울러 먹어야 한다.

출애굽기 12:8 "그 밤에 그 고기를 불에 구워 무교병과 쓴 나물과 아울러 먹되"

장자 재앙이 내리던 그날, 밤에 양고기만 먹는 것이 아니라 무교병과 쓴 나물을 함께 아울러 먹어야 한다.

양고기는 예수를 믿음에 대한 교훈이요, 무교병과 쓴 나물은 믿음의 생활에 대한 교훈이다. 믿음만 주장하고 생활을 등한히 하는 것을 배격하는 말씀이다.

오늘날 우리 그리스도인들 사이에 사회에서 손가락질의 대상이 되고 있는 현실은 믿음만 주장하고 생활을 전혀 도외시하는 태도에서 오는 결과이다.

믿음만 주장하고 생활을 도외시하는 태도는 독선이요 위선이며, 생활만 주장하고 믿음을 도외시하는 것은 도덕이지 신앙은 아니다.

믿음 없는 진실한 생활은 주인 없는 집을 잘 수리해 놓은 것과 같다 할 것이다. 신자는 믿음과 생활을 병행시켜야 한다. 이것이 바로 양고기와 쓴 나물을 무교병과 함께 아울러 먹으라는 영적 교훈이다.

야고보서 2:14에 "내 형제들아 만일 사람이 믿음이 있노라 하고 행함이 없으면 무슨 유익이 있으리요 그 믿음이 능히 자기를 구원하겠느냐"라고 하였으며, 야고보서 2:22에는 "네가 보거니와 믿음이 그의 행함과 함께 일하고 행함으로 믿음이 온전하게 되었느니라.'고 하였다.

그런가 하면 야고보서 2:26에는 "영혼 없는 몸이 죽은 것같이 행함이 없는 믿음은 죽은 것이니라."고 하였다.

▸ 열, 먹고서 아침까지 문밖에 나가지 말아야 한다.

출애굽기 12:22 "우슬초 묶음을 가져다가 그릇에 담은 피에 적셔서 그 피를 문 인방과 좌우 설주에 뿌리고 아침까지 한 사람도 자기 집 문 밖에 나가지 말라."

집 안에서 유월절 양고기를 먹고, 양의 피를 뿌린 문밖으로 나가지 말라는 명령이다.

이때 문밖으로 나가는 것은 예수의 피 밖으로 나가는 것을 의미한다. 예수 그리스도의 피 밖에서는 구원받을 수 없다. 밤에 재앙이 내리므로 재앙이 끝나는 아침까지 한 사람도 자기 집 문밖으로 나가지 말라고 했다. 이 환난의 밤이 다 지나가기까지 예수의 피 밖으로 나가지 말아야 한다.

그러므로 구원받은 성도는 이렇게 해야 한다. 두 가지 곧 첫째는 예수를 떠나면 안 된다. 둘째는 교회를 떠나면 안 된다.

피를 뿌린 문밖은 예수의 밖이요, 자기 집 문밖은 교회 밖이다. 양의 피가 뿌려진 문은 구원의 문이다.

요한복음 10:7에 "그러므로 예수께서 다시 이르시되 내가 진실로 진실로 너희에게 말하노니 나는 양의 문이라"고 하였으며, 요한복음 10:9에는 "내가 문이니 누구든지 나로 말미암아 들어가면 구원을 받고 또는 들어가며 나오며 꼴을 얻으리라"고 하였다.

우리는 모두 양(羊)이다. 그러므로 양의 문이신 예수 그리스도를 떠나지 말아야 한다.

• 찬송가 – 주님 한 분만으로

물을 떠난 고기가 다시 산다 하여도
예수 떠난 심령은 사는 법이 없어요.
예수님 예수님 내 중심의 옵소서
주님 한 분만으로 만족하옵니다.

 히스기야 왕의 신앙 부흥 운동

• 무교병에 대하여

▸ 무교병이란 무엇인가?

우리말에서 무교병(無酵餅)이란 말은 좀 생소한 느낌이 든다. 물론 성경에는 여러 차례 나온다. '무교병(無酵餅)'은 한자(漢字)에서 온 말이다. 즉, 누룩을 넣지 않는 떡이란 뜻이다. 그런데 우리나라에는 떡에다가 누룩을 넣는 사람은 아무도 없다. 그러므로 '무교병'이라고 하면 그 뜻을 이해하기 어렵다.

사실은 이것은 떡이 아니라 빵을 가리키는 것이다. 영어 성경에는 '누룩을 넣지 않는 빵(Unleavened bread)'이라 기록되어 있다. 다시 말하면 발효되지 않는 빵을 가리키는 것으로, 우리말 성경에서는 무교병이라고 번역한 것이다.

한글 성경이 처음 번역될 때는 1882년경이었다. 그때 우리 동양권에서는 떡의 문화였고, 빵의 문화가 들어오지 않았었다. 식생활이 동양에서는 떡이요 서양에서는 빵이었다. 그러므로 빵을 불가피 떡으로 번역하게 된 것이다.

우리나라에 빵이 들어와 식생활에 익숙하게 된 것은 훨씬 뒤에 있었던 일이다. 그러므로 성경에 떡이라고 기록된 말씀은 빵으로 이해하고 읽어야 한다. 그러므로 '무교병'은 빵에다 누룩을 넣지 않고 구워 만든 것이다.

일상생활에서 빵을 만들 때 반드시 효소(酵素) 곧 누룩을 넣어서 만들어야 맛도 있고 먹기도 좋고 소화도 잘된다.

이스라엘인들은 평상시에는 발효된 빵을 먹었으나 유월절 때만큼은 반드시 하나님의 명령에 따라 발효되지 않는 빵, 즉 우리나라식으로는 개떡을 먹어야 했다.

무교병을 만들 때는 두 가지 경우가 있다. 하나는 유월절 때이고, 다른 하나는 하나님께 제물로 드릴 때이다.

하나님께 제물로 드릴 때의 무교병은 우리말로는 '개떡'이나 혹은 전 (煎), 즉 부침개를 가리킨 것이다. 프라이팬(frying pan)에 무교병을 붙인 것이 우리말로 '빈대떡'이다.

유월절에는 '개떡'을 먹어야 했고, 하나님께 드릴 때는 '빈대떡'을 바쳐야 했다. 그 이유는 누룩을 절대 사용치 말아야 했기 때문이다.

출애굽기 23:18에 "너는 네 제물의 피를 유교병과 함께 드리지 말며"라고 하였다.

레위기 2:4에는 "네가 화덕에 구운 것으로 소제의 예물을 드리려거든 고운 가루에 기름을 섞어 만든 무교병이나 기름을 바른 무교전병을 드릴 것이요"라고 하였다.

• 누룩의 성질

누룩이 밀가루에 들어가면 세 가지 작용을 한다.

▸ 하나, 부풀게 한다.

밀가루 반죽에다 누룩을 넣으면 빵을 굽거나 찔 때 부풀어 오른다. 부풀어 오른다는 것은 사실은 바람이 들어가서 커지는 것이다. 질(質)은 그대로이면서 양(量)만 커지는 현상이다.

이것은 영적으로 무슨 교훈을 줄까? 즉, 내용은 그대로 있으면서 외모만 커진 것이기 때문에 교만, 자랑, 우쭐대는 것, 거짓, 위선, 외식(外飾), 허영, 허세, 허풍 떠는 것 등의 겉치레를 생각할 수 있다.

구원받은 성도는 이것들을 버려야 한다. 밀가루 반죽에다가 뜨거운 열이 가해지면 누룩 넣은 밀가루는 부풀어 오르나 누룩 넣지 않는 밀가루 반죽은 '개떡'이 되어 부푸는 게 아니라 오히려 움츠러들고, 서로 응집(凝集)한다. 그리하여 오리려 탄력성이 생긴다. 그리고 질과 양을 그대로 지니고

　　　　　　　　히스기야 왕의 신앙 부흥 운동

있다.

그러므로 이것은 영적으로 인내, 온유, 겸손, 솔직하고 진실하고 정직한 것을 의미한다. 구원받은 성도는 이와 같아야 한다. 언제나 내 모습 이대로 살아가는 자연미를 지닌 인간의 매력이 있어야 한다.

• 찬송가 214(349)장

1절)
나 주의 구원받고자 주 예수님께 빕니다.
그 구원 허락하시사 날 받으옵소서
후렴)
내 모습 이대로 주 받으옵소서
날 위해 돌아가신 주 날 받으옵소서
2절)
큰 죄에 빠져 영 죽을 날 위해 피 흘렸으니
주 형상대로 빚으사 날 받으옵소서

사람이 몸매는 가꿀수록 아름답고, 옷차림은 치장할수록 우아해 보이고, 옷은 새로 갈아입을수록 신선한 감이 드는데, 반대로 언제나 그 옷만을 입으면 지루하고 싫증이 난다. 하지만 마음씨는 언제나 변함이 없을수록 친밀해지고, 사람은 꾸밈이 없을수록 신선감이 있고 정드는 것이다.

그러므로 몸매는 가꾸어도 마음은 꾸미지 말고, 옷차림은 바꾸어도 마음씨는 변하지 말아야 한다.

누룩이 들어가지 않는 밀가루 반죽은 열이 가해지면 오히려 단단해지고 탄력이 있어서 먹으면 쫄깃쫄깃하다. 이것은 영적으로 신앙인에게 환난이나 고난의 불길이 닿으면 더욱 견고한 신앙이 되며, 모두 하나 되어 단결하고 협력하며 살아야 한다는 교훈을 준다.

‣ 둘, 누룩은 부패하게 한다.

밀가루 반죽에다 누룩을 넣으면 밀가루 전체가 발효된다. 발효된다는 것은 곧 누룩 균에 의한 화학적 반응을 일으켜 변질된 것을 의미한다. 누룩의 성질은 변하고 썩고 부패하여 전체를 버리게 한다.

구원받은 성도는 변질되고 부패하고 부정하고 더러워지면 안 된다. 예수 그리스도를 믿고 영접하여 새사람이 된 성도는 언제나 변함없이 신선하고 아름답고 깨끗하고 성결하게 거룩한 모습을 가져야 모든 이에게 그리스도의 아름다운 향기가 될 수 있다.

고린도후서 2:15-16에 "우리는 구원 받는 자들에게나 망하는 자들에게나 하나님 앞에서 그리스도의 향기니 이 사람에게는 사망으로부터 사망에 이르는 냄새요 저 사람에게는 생명으로부터 생명에 이르는 냄새라 누가 이 일을 감당하리요."라고 하였다.

누룩이 들어간 인생의 삶이 되어 부패하고 부정하고 변질되어 악취가 난다면 어떻게 그리스도의 사명을 감당할 수 있겠는가? 그러므로 성도에게서는 누룩을 완전히 제거해 버려야 한다.

고린도전서 5:7에 "너희는 누룩 없는 자인데 새 덩어리가 되기 위하여 묵은 누룩을 내어버리라 우리의 유월절 양 곧 그리스도께서 희생이 되셨느니라."고 하였다.

출애굽기 12:19에는 "이레 동안은 누룩이 너희 집에서 발견되지 아니하도록 하라 무릇 유교물을 먹는 자는 타국인이든지 본국에서 난 자든지를

   히스기야 왕의 신앙 부흥 운동

막론하고 이스라엘 회중에서 끊어지리니”라고 하였다.

이 말씀은 우리의 몸에서 누룩의 성질이나 성격을 완전히 버리라는 말씀이다. 누룩의 성질인 교만, 자랑, 허영, 허욕, 허세, 자긍, 자만, 외식(外飾), 거짓 등과 같은 것들, 그리고 부패, 부정, 불결, 더럽고 추한 것, 변질된 것 등을 모두 다 자기 몸에서 제거해 버리고, 자기 가정에서도 제거해 버려야 한다.

이런 것들을 소극적으로는 버릴 뿐 아니라 나아가 적극적으로는 온유, 겸손, 진실, 솔직, 그리고 깨끗하고 성결하며 거룩하여 언제나 신선감 있고 생동감 있어서 아름다운 자극제 같은 역할, 즉 그리스도 향기의 사명을 감당해야 한다.

▸ **셋, 누룩은 결집력을 약하게 한다.**

고린도전서 5:7 “너희는 누룩 없는 자인데 새 덩어리가 되기 위하여 묵은 누룩을 내어버리라 우리의 유월절 양 곧 그리스도께서 희생이 되셨느니라.”

“새 덩어리가 되기 위하여”란 말씀은 구원받은 그리스도인으로서 단합, 단결, 화목, 화합을 이루라는 교훈이다.

밀가루 반죽이 발효되면 부풀어서 결집력이 약해져 빵이 마치 ‘카스텔라’처럼 부슬부슬 부서지는 것과 같은 모습이나 행실은 누룩 성질이 들어간 사람으로서 분쟁, 다툼, 시기, 질투, 불화, 분리, 이단 등의 행위를 한다.

그러나 누룩 없는 성격을 가진 사람은 마치 빵이 마치 ‘개떡’처럼 결집력이 강해져서 쫄깃쫄깃하고 탄력성이 있고, 단단해지는 사람으로서 하나되고 단합하고 화목하고 협력하는 것이다.

일반 식생활에서는 발효된 빵을 먹어야 좋고 소화도 잘되므로 모두 발효된 빵을 먹는다. 그러나 유월절이나 제사 때만큼은 그러지 말라고 하신 것은 이런 영적인 의미 때문이다.

누룩 끼가 있는 사람들끼리 모이면 싸우고 다투고 터지고 난장판을 이룬다. 악을 도모하는 데서는 일시적으로 단합이 되어도 곧 분쟁이 일어나고 언제나 단체 속에서 분리하고 당을 짓고 불화하고 불평불만 불목(不睦)하여 시기 질투하고 이단에 빠지게 된다.

이런 죄목(罪目)들은 결국 성경에는 사형에 해당하는 것이며, 육신의 일이요 하나님과 원수 되는 일이라고 하였다.

로마서 1:28-32에 "또한 그들이 마음에 하나님 두기를 싫어하매 하나님께서 그들을 그 상실한 마음대로 내버려 두사 합당하지 못한 일을 하게 하셨으니 곧 모든 불의, 추악, 탐욕, 악의가 가득한 자요 시기, 살인, 분쟁, 사기, 악독이 가득한 자요 수군수군하는 자요 비방하는 자요 하나님께서 미워하시는 자요 능욕하는 자요 교만한 자요 자랑하는 자요 악을 도모하는 자요 부모를 거역하는 자요 우매한 자요 배약하는 자요 무정한 자요 무자비한 자라 그들이 이 같은 일을 행하는 자는 사형에 해당한다고 하나님께서 정하심을 알고도 자기들만 행할 뿐 아니라 또한 그런 일을 행하는 자들을 옳다 하느니라."고 하였다.

갈라디아서 5:19-21에는 "육체의 일은 분명하니 곧 음행과 더러운 것과 호색과 우상숭배와 주술과 원수 맺는 것과 분쟁과 시기와 분냄과 당 짓는 것과 분열함과 이단과 투기와 술 취함과 방탕함과 또 그와 같은 것들이라 전에 너희에게 경계한 것 같이 경계하노니 이런 일을 하는 자들은 하나님의 나라를 유업으로 받지 못할 것이요"라고 하였다.

　구원받은 성도는 마음속에 누룩이 생기지 않도록 기도하고, 말씀으로 늘 마음을 씻어내야 한다. 성령의 불로 늘 태워 소독해야 한다. 누룩 없는 새 덩어리가 되기 위하여 노력하고 힘써야 한다.

　예수님께서도 제자들에게 누룩을 조심하라고 말씀하셨다.

　마태복음 16:11에 "오직 바리새인과 사두개인들의 누룩을 주의하라 하시니"라고 하였다.

　바리새인의 누룩은 말만 하고 행동이 따르지 않는 겉치레와 외식적인 행동이요, 사두개인의 누룩은 부활과 내세를 부인하고 영(靈)들을 믿지 않는 것이다. 그러므로 사두개인들의 가르침을 듣지 말아야 하며, 바리새인들의 행동을 본받지 말라 한 것이다.

　그러므로 그들은 구원받지 못할 자들이 되었다. 그러므로 예수님께서는 이들 사두개인과 바리새인들에게 화(禍)를 선포하고 저주를 내리셨다(마태복음 23장).

　우리 그리스도인들은 이 누룩 끼가 있는 사람들의 행위를 본받지 말고, 그들의 교훈도 받아들이지 말고, 나쁜 자의 모습을 배우지도 말고, 나쁜 자의 말에 귀 기울이지도 말자! 이것이 누룩을 주의하는 일이다.

> ・ 찬송가 342(395)장
>
> 1절)
> 너 시험을 당해 범죄치 말고 너 용기를 다해 곧 물리쳐라
> 너 시험을 이겨 새 힘을 얻고 주 예수를 믿어 늘 승리하라
> 우리 구주의 힘과 그의 위로를 빌라 주님 내 편에 서서 항상 도우시리
> 2절)
> 네 친구를 삼가 잘 선택하고 너 언행을 삼가 늘 조심하라
> 너 열심을 다해 늘 충성하고 온 정성을 다해 주 봉사하라
> 우리 구주의 힘과 그의 위로를 빌라 주님 내 편에 서서 항상 도우시리

• 무교병을 먹는 방법

▸ 하나, 반드시 유월절 양과 쓴 나물과 함께 먹어야 한다(출애굽기 12:8).

양(羊)을 먹는 것은 신앙이요. 무교병을 먹는 것은 생활이요. 쓴 나물을 먹는 것은 생활에 따르는 고난의 상징이다.

양을 먹는 것은 예수를 영접하는 신앙이므로 신앙을 가진 사람은 그 생활이 어떠해야 할까?

여기에 대답은 무교병, 즉 누룩 없는 생활을 하는 것이다. 그래서 반드시 양고기는 무교병과 함께 아울러 먹으라고 한 것이다. 양과 무교병의 관계는 신앙과 생활의 관계이다. 신앙과 생활은 수레의 두 바퀴와 같아서 필연적인 관계이다.

수레가 한 바퀴로는 절대로 앞으로 나아갈 수 없음과 같이, 마치 사람이 한 다리로는 걸을 수 없음과 같이, 필연적으로 왼발과 오른발로 함께 걸어가야 하는 것처럼 신앙과 생활은 병행해야 한다.

히스기야 왕의 신앙 부흥 운동

믿고 행하고, 행하고 믿는 신앙인이어야 한다. 믿음과 행함이 병행하는 신자가 건전한 신자요, 믿음과 행함이 일치하는 신앙이 건강한 신앙이다. 그렇지 못할 때는 병든 믿음이며 잘못된 생활이다.

▸ 둘, 무교병은 칠(7) 일 동안 먹어야 한다.

출애굽기 12:15 "너희는 이레 동안 무교병을 먹을지니 그 첫날에 누룩을 너희 집에서 제하라 무릇 첫날부터 일곱째 날까지 유교병을 먹는 자는 이스라엘에서 끊어지리라."

출애굽기 12:18 "첫째 달 그 달 열나흗날 저녁부터 이십일 일 저녁까지 너희는 무교병을 먹을 것이요."

'7'은 완전, 온전한 것을 의미하는 수이다. 그러므로 '칠 일'은 온전한 날 동안을 의미한다.

영적으로 이레 동안 무교병을 먹으라는 말씀은 구원받은 성도가 천국 갈 때까지 온전한 생활을 하라는 뜻이다. 즉, 천국 갈 때까지 누룩 없는 생활을 하라는 교훈이다. 유월절은 정월 십사 일 저녁부터 이십일 일 저녁까지 칠 일 동안이다.

유월절 전(全) 기간에 누룩 없는 빵을 먹으라는 것은 구원받은 성도가 이 세상 살 동안에 누룩 없는 생활을 하라는 것이다. 어느 때, 어느 장소, 어떤 사건에서도 누룩 없는 생활을 해야 한다. 항상 거룩하고 선하고 진실하고 깨끗하고 화목하고 화평하라는 것이다.

▶ 무교병을 먹으면 백성 중에서 끊어진다.

이 말씀에서 "끊어지리라"는 말씀은 멸절(滅絶)된다는 뜻이다, 곧 이스라엘 백성 중에서 제거되는 것이다.

이스라엘 백성은 하나님의 백성으로 선택된 백성인데, 여기에서 제거되는 것은 천국에서 제거되는 것을 의미한다. 선택된 민족일지라도 그중에서 누룩을 먹는 자는 끊어지는 벌을 받는다. 이것은 엄청난 비극이다.

이는 비록 오늘날 예수를 믿고 교회를 다닌다고 할지라도 누룩 들어간 생활을 하면 천국에 못 들어간다는 교훈이다.

죄인이 천국에 들어갈 수 있는 길은 철저히 회개하고 예수를 믿는 믿음이 있어야 한다. 그래서 믿음으로 구원받는다고 말한다. 그러나 그 믿음의 진실성 여부는 하나님만 아시는 일이지만, 이 땅에서는 생활로 나타나야 한다.

야고보 2:14에 "내 형제들아 만일 사람이 믿음이 있노라 하고 행함이 없으면 무슨 유익이 있으리요 그 믿음이 능히 자기를 구원하겠느냐"라고 하였고, 마태복음 7:21에는 "나더러 주여 주여 하는 자마다 다 천국에 들어갈 것이 아니요 다만 하늘에 계신 내 아버지의 뜻대로 행하는 자라야 들어가리라."고 하였다.

그리스도를 믿는다고 할지라도 행함이 뒤따르지 않으면 천국에 들어가지 못함을 분명히 말씀하셨다. 이는 유월절 때에 비록 유월절 양고기를 먹었다 할지라도 유월절에 유교병을 먹으면 백성 중에서 끊어진다는 뜻이다. 성경의 가르침은 누룩의 성질과 같은 생활을 하는 자가 천국에 못 들어감을 명시하신 것이다.

로마서 1:28-32에 "또한 그들이 마음에 하나님 두기를 싫어하매 하나님께서 그들을 그 상실한 마음대로 내버려 두사 합당하지 못한 일을 하게 하셨으니 곧 모든 불의, 추악, 탐욕, 악의가 가득한 자요 시기, 살인, 분쟁, 사기, 악독이 가득한 자요 수군수군하는 자요 비방하는 자요 하나님께서 미워하시는 자요 능욕하는 자요 교만한 자요 자랑하는 자요 악을 도모하는 자요 부모를 거역하는 자요 우매한 자요 배약하는 자요 무정한 자요 무자비한 자라 그들이 이 같은 일을 행하는 자는 사형에 해당한다고 하나님께서 정하심을 알고도 자기들만 행할 뿐 아니라 또한 그런 일을 행하는 자들을 옳다 하느니라."고 하였다.

갈라디아서 5:19-21에는 "육체의 일은 분명하니 곧 음행과 더러운 것과 호색과 우상숭배와 주술과 원수 맺는 것과 분쟁과 시기와 분냄과 당 짓는 것과 분열함과 이단과 투기와 술 취함과 방탕함과 또 그와 같은 것들이라 전에 너희에게 경계한 것 같이 경계하노니 이런 일을 하는 자들은 하나님의 나라를 유업으로 받지 못할 것이요"라고 하였다.

'육체의 일'은 육신의 생각에서 나오며, 육신의 생각은 하나님과 원수가 된다고 하였고, 사망이라고 하였다(로마서 8:5-7).

요한계시록 21:8에 "그러나 두려워하는 자들과 믿지 아니하는 자들과 흉악한 자들과 살인자들과 음행하는 자들과 점술가들과 우상숭배자들과 거짓말하는 모든 자들은 불과 유황으로 타는 못에 던져지리니 이것이 둘째 사망이라"고 하였다.

사람이 누룩이 들어간 생활을 하면 이 세상에서는 편하고 즐거울지 몰라도 하나님의 나라에는 절대로 들어가지 못한다. 하나님 나라에 들어가고 싶은 성도는 누룩 생활을 청산하고 누룩 없는 생활을 하기를 간곡히 부탁한다.

• 쓴 나물에 대하여

쓴 나물은 쓴맛을 내는 나물이다. 이것을 유월절 절기에 양고기와 무교병과 함께 아울러 먹으라 한 것은 중요한 의미가 있다.

‣ 쓴 나물은 고난의 상징이다.

사람이 고난과 고통을 당할 때, 번민하고 고민할 때, 환난이나 핍박을 당할 때 입에서 쓴 나물을 씹는 것처럼 쓰디쓴 맛을 느낀다. 그래서 쓴 나물은 고난의 상징이요 연단의 대명사라고 할 수 있다.

예레미야애가 3:19에 "내 고초와 재난 곧 쑥과 담즙을 기억하소서."라고 하였으니, 예레미야 선지자는 나라의 어려운 시련기에 선지자로 활동을 한 사람으로서 많은 고난과 고통을 당하였다.

그때 예레미야 선지자는 재난과 고초를 쑥과 담즙으로 표현하였다. 유월절에 쓴 나물을 먹으라고 하신 것은 다음과 같은 고난을 기억하게 함이다.

‣ 하나, 애굽에서 당한 고난을 생각하라.

이스라엘 백성들이 애굽 나라에서 노예로서 받은 고난은 엄청난 것이었다. 육체적 노동으로 인한 고난으로서 쉴 새 없이 매일 노동을 하면서 애굽 나라에서 정해 준 노역의 목표량을 채우는 뼈를 깎는 고통스러운 노동을 했다. 목표량을 채우지 못하면 채찍이 여지없이 혹독하게 등을 난타하여 갈기갈기 찢어 놓는다.

이스라엘 백성들이 애굽인들에게 맞아서 상처를 입고도 편히 쉴 수도 없고, 누구에게 하소연할 수도 없고, 그렇다고 분풀이할 곳도 없었다. 완전히 인권을 유린당해 버린 처참한 노예 생활이었다. 정신적으로도 압박을 받는 고난이었다.

인간의 자유와 존엄성을 인정받지 못하는 이스라엘인들은 노예가 아닌 노예로서 타국에서 서러움을 당하며 울먹여야 했던 정신적 고통은 심각한 것이었다.

민족을 말살시키려는 피의 고통이었다. 다행히 이스라엘인들을 하나님께서 강건케 하사 번창하고 창대하였으므로 애굽 바로 왕의 말살 정책은 실패하였으나 여자아이를 낳으면 살려 주고 남자아이를 낳으면 죽여 버리는 신생아 학살 사건을 감내해야 했다.

이스라엘 백성들은 애굽 나라를 통해서 세계 어느 나라에서도, 어느 민족이 겪어 보지 못한 야만적인 학대와 고통을 강했다.

그렇지만 그것으로 인해 그들은 일찍이 하나님을 떠났던 종교심을 회복하는 계기가 되었다. 그들은 고통 속에서 하나님을 부르기 시작했다.

자비로우신 하나님께서 이스라엘인들의 고통 소리를 들으시고 구원하시는 사역이 바로 유월절이었다.

▸ 둘, 광야에서 당할 고난을 생각하라.

이스라엘 백성들이 정월 십사 일 밤 유월절에 양고기와 무교병과 쓴 나물을 아울러 급히 먹고, 다음 날 아침에 모두 일어나서 애굽을 떠나 광야 사십 년의 유랑생활을 해야 할 자들이었다. 광야 사십 년의 여행 중에 그들은 숱한 고난으로 연단을 받았다.

홍해(紅海)에 이르러 당한 고난으로부터 시작하여 마실 것으로 인한 고난, 먹을 것으로 인한 고난, 고라당(黨)의 반역 사건으로 당하는 고난, 금송아지 사건으로 당하는 고난, 발람 술사의 올무로 인하여 당하는 고난 등 엄청난 광야의 고난과 시련을 겪어야 했다.

결국 그들은 이러한 고난 속에서 모두 하나님의 의중에 불합격되어 여호수아와 갈렙 단 두 사람을 제외하고는 출애굽 세대 가운데에서 모두 다 가나안 복지에 들어가지 못하고 광야의 생활로 그들의 생을 마감했다.

여호와 하나님께서는 유월절 때 광야의 고난을 각오하고, 지난날 애굽의 고난을 기억하면서, 가나안 땅에 들어가기를 원하셨건만 그들은 쓴 나물의 참된 의미를 깨닫지 못했던 것이다.

▸ **셋, 구원받은 성도로서 당할 고난을 생각하라.**

고난을 좋아하거나 원하는 사람은 아무도 없다. 그러나 원치 않게 찾아오는 고난을 어떻게 하겠는가? 고난은 누구에게나 있다. 믿지 않는 자들에게도, 믿는 우리 성도들에게도 고난은 있다.

그러나 성도의 고난과 불신자들의 고난은 그 성격이 다르다. 성도에게 고난이 올 때, 혹 어떤 이들은 낙심이 되고, 신앙에 회의가 생기고, 입으로 죄짓는 자들이 있다.

믿음의 삼대 족장인 아브라함의 고난, 이삭의 고난, 야곱의 고난을 우리는 기억해야 한다. 다윗 왕, 다니엘, 욥, 요셉도 많은 고난 속에서 승리한 자들이다. 이들이 신앙생활을 잘못해서 고난을 겪은 것이 아니라 연단으로서 고난 겪게 된 것이다.

하나님께서는 고난으로서 성도를 훈련하신다. 그러므로 성도의 고난을 불평하거나 낙심하지 말고, 인내로서 시련을 이겨내야 한다. 고난을 이기는 자는 복을 받는다. 또한 혹시 나의 죄로 인하여 고난이 오는 것은 아닌

 히스기야 왕의 신앙 부흥 운동

지(?) 자기를 철저히 돌아볼 필요가 있다.

창세기 3:17-19에 "아담에게 이르시되 네가 네 아내의 말을 듣고 내가 네게 먹지 말라 한 나무의 열매를 먹었은즉 땅은 너로 말미암아 저주를 받고 너는 네 평생에 수고하여야 그 소산을 먹으리라 땅이 네게 가시덤불과 엉겅퀴를 낼 것이라 네가 먹을 것은 밭의 채소인즉 네가 흙으로 돌아갈 때까지 얼굴에 땀을 흘려야 먹을 것을 먹으리니 네가 그것에서 취함을 입었음이라 너는 흙이니 흙으로 돌아갈 것이니라."고 하셨다.

야고보 1:2-4에 "내 형제들아 너희가 여러 가지 시험을 만나거든 온전히 기쁘게 여기라 이는 너희 믿음의 시련이 인내를 만들어 내는 줄 너희가 앎이라 인내를 온전히 이루라 이는 너희로 온전하고 구비하여 조금도 부족함이 없게 하려 함이라."고 하였다.

그리고 야고보서 1:14-15에 "오직 각 사람이 시험을 받는 것은 자기 욕심에 끌려 미혹됨이니 욕심이 잉태한즉 죄를 낳고 죄가 장성한즉 사망을 낳느니라."고 하였다.

• 쓴 나물은 신자의 소화제이다

▶ 하나, 쓴 나물은 음식물의 소화제다.

사람이 음식을 먹으면 그것을 소화시킬 소화효소가 필요하다. 그래서 하나님께서는 우리 몸에 자동 급수 방식으로 소화제를 주셨다. 입과 위와 장(腸), 간(肝)에서도 소화액이 나온다.

특히 담낭에서 나오는 담즙이 있는데, 이것이 바로 쓴 나물과 같은 소화제로서 하나님이 주신 자동 급수식이다. 이런 것들을 골고루 소화제로 주셨으나 때로는 인체의 소화제만으로는 부족할 때가 있다.

현대에는 의학적으로 만든 소화제를 복용하지만, 옛날에는 약으로 만든 소화제가 없어서 들에 나가서 쓴 나물을 채취해 먹었다.

유월절 때에도 양의 불고기와 무교병(개떡)을 급히 서서 다 먹어버렸으니, 소화가 안 될 것은 뻔한 일이다. 그래서 하나님께서 아예 누구나 무조건 처음부터 쓴 나물을 아울러 먹으라고 하셨다.

하나님은 참으로 자상하신 분이시다. 우리 몸에서 나오는 소화액 중에 특히 쓸개주머니에서 나오는 담즙은 고기를 먹었을 때 지방질을 소화시키는 일을 한다.

그런데 양고기를 급히 많이 먹어 버렸기 때문에, 인체에 있는 담즙만으로는 부족함으로 쓴 나물을 더 먹으라고 하신 것이다.

▶ 둘, 쓴 나물은 신앙의 소화제이다.

쓴 나물이 단순한 음식물의 소화제 역할만 하는 것이 아니라 영적으로는 그것이 바로 신앙에도 소화제 역할을 한다. 우리 그리스도인들에게 쓴 나물은 영적으로 대단히 좋은 의미를 지니고 있다.

쓴 나물은 고난과 고통의 상징이다. 사람이 고난과 고통을 통하여 죄를 지은 자가 회개하게 되고, 교만한 자가 겸손해지고, 하나님을 잊었던 자가 하나님께로 돌아오게 되고, 믿음 생활을 등한히 하던 자가 열심을 내게 되고, 불의한 짓을 하던 자가 바로 서게 된다.

하나님의 자녀는 고난을 통하여 바른길을 가게 되고 바른 생활을 배우게 된다. 사람이 자녀를 양육할 때 그릇됨을 교훈과 책망과 채찍을 통하여 바르게 양육하여 가는 것처럼 하나님께서 삐뚤어진 신자를 바로 세우고 고집 센 신자를 바로 세울 때 고난으로 채찍을 삼으신다.

시편 119:71에 "고난당한 것이 내게 유익이라 이로 말미암아 내가 주의 율례들을 배우게 되었나이다."라고 하였다.

고난 없이 자란 신앙은 비바람을 쐬지 않는 연한 풀과 같고, 고난 없는 신앙은 눈보라와 추위를 당해 보지 않는 연약한 나무와 같다. 고난 속에서

   히스기야 왕의 신앙 부흥 운동

신앙이 참되게 자라나고, 영글어 가며, 성숙한 성도가 되어 가는 것이다.

▶ 셋, 쓴 나물은 인생의 소화제이다.

쓴 나물의 교훈은 신앙인에게만 국한된 것은 아니다. 고난은 역시 좋은 인생을 길러내는 교과서다. 속담에 '젊어 고생은 사서도 한다', '실패는 성공의 어머니'라는 말을 우리는 자주 듣고 또 사용한다.

고난 속에서 인생이 무엇인가를 깨닫게 되고, 고난 속에서 세상이 어떤 것인가도 알게 된다.

고난이 얼마나 인생에 좋은 소화제인가는 욥의 경우에서도 잘 나타난다.

욥기 23:10에 "그러나 내가 가는 길을 그가 아시나니 그가 나를 단련하신 후에는 내가 순금같이 되어 나오리라"고 하였다.

모든 인생도 단련받아야 정금같이 값있는 사람, 진실한 사람, 때 묻지 않은 신선한 사람이 될 수 있다.

옛 어른들이 자식을 기를 때에 하신 말씀이 '자식은 아프면서 자란다'고 했다. 그와 같이 인생은 고난 속에서 영글어 가고 성숙해진다.

폭풍과 홍수, 눈보라와 가뭄을 많이 견디어 낸 나무가 낙락장송이 되는 것처럼 시험과 환난을 잘 견뎌낸 사람이 지혜로운 사람이며, 큰 사람이 될 수 있다.

고철(古鐵)도 불에 들어갔다 나올 때 새로운 철재로 나오며, 광석이 용광로에 들어갔다 나와야 순도 높은 고품질이 되는 것과 같다.

쓴 나물이 입에서는 쓰나 속에 들어가면 약이 되는 것처럼 고난은 당시에는 안 좋아 보이나 고난을 겪어야 신앙에도, 인생에도 유익하게 한다.

초대 교회의 삼백 년 동안의 위대한 지도자들인 폴리갑, 익나티뉴스, 키푸리안 등이 다 고난의 사람이요, 중세 교회의 지도자 루터, 칼빈, 파렐, 베자, 록스 등이 모두 다 고난을 받았던 사람들이다.

‣ 쓴 나물의 고난은 하늘의 상급 받는 비결이다.

쓴 나물, 즉 고난 때문에 신앙이 아름다워지고 인생이 바르게 될 때, 그것은 곧 상 받을 사람으로 변화되어 간다.

마태복음 5:10-12에 "의를 위하여 핍박을 받은 자는 복이 있나니 천국이 그들의 것임이라 나로 말미암아 너희를 욕하고 박해하고 거짓으로 너희를 거슬러 모든 악한 말을 할 때에는 너희에게 복이 있나니 기뻐하고 즐거워하라 하늘에서 너희의 상이 큼이라 너희 전에 있던 선지자들도 이같이 박해하였느니라."고 하였다.

그리스도인들이 예수를 위하여, 예수님 때문에 핍박이나 고난을 당하는 일은 하늘의 상급이 크다고 하였다(마태복음 5:11-12). 그리스도인들이 땅에서 잘 되는 일은 좋은 일이지만 그보다 더 좋은 것은 하늘에서 큰 상급을 받는 일이다.

히브리서 12:11에 "무릇 징계가 당시에는 즐거워 보이지 않고 슬퍼 보이나 후에 그로 말미암아 연단 받은 자들은 의와 평강의 열매를 맺느니라"라고 한 것도 고난과 관련한 것이다.

'의와 평강의 열매'는 곧 하늘 상급의 조건이다. 그러므로 성도는 평강이 오면 평강이 온 대로 기뻐하고, 고난이 오면 고난이 온 대로 기뻐하면서 상급을 기대하기 바란다.

‣ 쓴 나물은 신앙인의 필수요건이다

출애굽기 12:8 "그 밤에 그 고기를 불에 구워 무교병과 쓴 나물과 아울러 먹되"

양의 불고기와 무교병과 쓴 나물을 아울러 먹으라 한 것은 하나님의 명령이요 말씀이다. 이것은 반드시 대대로 지켜야 할 하나님의 말씀이다. 그

　　　　　히스기야 왕의 신앙 부흥 운동

러므로 양고기, 무교병, 쓴 나물, 이 세 가지는 신앙의 필수요건이다. 이 셋 중 한 가지라도 빠지면 안 된다.

양고기는 구원받는 철저한 신앙을 가리키고, 무교병은 구원받는 진실한 생활을 가리키고, 쓴 나물은 구원받는 성도 생활의 연단을 가리킨다.

그렇다면 그 연단이야말로 빠질 수 없는 것이다. 과일나무에 꽃이 피고 열매를 맺는데 그 열매가 맺혔다고 해서 곧바로 따 먹지는 못한다. 햇볕을 쬐고, 비바람에 시달려 가면서 굵어져야 하고, 무르익어 가야 한다. 영양가가 듬뿍 채워져야 하고 맛이 들어야 한다. 그런 다음 수확을 한다.

이와 같이 사람의 신앙도 예수를 믿고 생활이 변했다고 그것이 당장에 합격이라고 판단할 수는 없다. 과일이 익어 가듯이 신앙도 영글어 가야 한다. 그 과정이 곧 단련이다.

논밭에 심어 놓은 벼나 보리가 이삭이 나왔다고 해서 곧바로 낫을 가지고 추수할 수 없듯이, 신앙에도 햇빛과 비바람과 이슬을 맞아가며 무르익어 가듯이 그런 과정이 지난 다음에 하나님께서 옳다고 인정하시게 된다.

마가복음 10:29-30에 "예수께서 이르시되 내가 진실로 너희에게 이르노니 나와 복음을 위하여 집이나 형제나 자매나 어머니나 아버지나 자식이나 전토를 버린 자는 현세에 있어 집과 형제와 자매와 어머니와 자식과 전토를 백 배나 받되 박해를 겸하여 받고 내세에 영생을 받지 못할 자가 없느니라."고 하였다.

이 말씀을 살펴보면 예수님을 위하여 부모, 형제자매, 자식, 그리고 재산까지 버린 사람은 얼마나 믿음이 좋은 사람인가? 그야말로 모든 것을 다 주를 위하여 버린 사람이다. 그래서 축복도 엄청나게 받는다.

그런데 핍박이 있다는 것이다.

'금세'(이 세상) → 백배나 받고(모든 것)

'겸하여'(이 세상) → 박해를 받고(고난)

'내세'(천국에서) → 영생을 얻는다.

이것을 보면 현세와 내세의 것만 있다면 얼마나 좋은가? 그러나 중간에 겸하여 받는 박해가 끼어 있다. 바로 이 박해는 '쓴 나물', 즉 소화제로 따라오는 것이다. 이것이 성경의 원리요 주님의 뜻이다. 신앙인에게 필연적 필수적으로 받아야 할 연단이다. 신앙인에게 축복, 박해, 영생 이 세 가지는 필수요건이다.

고린도전서 13:13절에 믿음, 소망, 사랑 이 세 가지가 항상 있을 것이라고 하신 것과 같이 축복 핍박 영생도 항상 병행하는 것이다.

믿음 → 영생

소망 → 박해

사랑 → 축복

'믿음'으로 구원받고 영생을 얻는다. 믿음을 가진 자만이 구원에 동참할 수 있다.

'소망'이 있어야 박해를 견디어 낸다. 소망이 없으면 박해를 견디지 못한다. 어떤 소망일까? 이 세상에서 백배의 축복받는 소망과 내세에서 얻는 영생의 소망이다. 그러므로 소망과 박해는 직결되는 것이다.

'사랑'이 있으므로 축복을 받는다. 구원은 믿음으로 받고, 축복은 함으로써 받는다. 이것이 성경의 가르침이다. 그런데 그리스도인의 행함은 어디에서 나와야 할까? 바로 사랑이다. 우리의 행함은 사랑으로 나타나고, 사랑은 행함으로 아름답게 나타난다.

사랑은 축복을 가져오고, 축복은 사랑에서 나온다. 이 사랑은 주님을 사랑하는 사랑, 형제를 사랑하는 사랑이다. 마가복음 10:29-30의 말씀도 예수를 위하여 모든 것을 버리는 것은 예수를 사랑하기 때문이다. 그러므로 사랑과 축복은 직결된다.

양고기를 먹고, 무교병을 먹고, 쓴 나물을 먹는 것은 예수를 바르게 믿고, 진실과 거짓 없이 세상과 어울리지 않고 깨끗하게 살다 보면 어찌 평안함만 오겠는가! 고난이 오는 것도 당연하다.

예를 들어 거짓말을 하면 쉽게 아무렇지도 않게 지나갈 것도 진실을 말하므로 고난 겪는 경우가 있다.

유월절 양고기와 무교병과 쓴 나물을 아울러 먹으면서 여기에 참여한 자들이 기억해야 할 것은 예수 믿고 진실하게 살려면 고난도 각오하라는 것이다.

디모데후서 3:12에 "무릇 그리스도 예수 안에서 경건하게 살고자 하는 자는 박해를 받으리라"고 하였고, 마태복음 16:24에 "이에 예수께서 제자들에게 이르시되 누구든지 나를 따라오려거든 자기를 부인하고 자기 십자가를 지고 나를 따를 것이니라."고 하였다.

4) 유월절에 참여할 자 (출애굽기 12:43-49)

유월절은 하나님 구원의 반열에 든 자만이 참여할 수 있다. 그러므로 여기에 규정을 만드신 것이다.

• 할례를 받아야 한다

출애굽기 12:48 "너희와 함께 거류하는 타국인이 여호와의 유월절을 지키고자 하거든 그 모든 남자는 할례를 받은 후에야 가까이하여 지킬지니 곧 그는 본토인과 같이 될 것이나 할례받지 못한 자는 먹지 못할 것이니라."

• **할례란 무엇인가?**

할례는 하나님과 아브라함 사이에 맺은 언약이다.

할례는 언약의 표증이다.

할례는 대대로 지킬 언약이다.

할례는 남자가 난 지 팔 일 만에 행하는 것이다.

할례는 남자의 양피를 베는 것이다.

할례를 양피에 하는 것은 언약의 표증을 몸에 새기게 하는 것이다.

할례받지 아니한 자는 백성 중에서 끊어진다.

할례는 구약 시대에 가장 중요한 것으로서 선민(選民)이 지켜야 할 예식이다.

할례를 받은 자라야 하나님의 백성으로서 인정된다.

할례를 받지 아니한 자는 유월절에 참여할 수도 없고 양고기를 먹을 수도 없었으니 구원받지 못한 백성으로 취급한 것이다.

• **깨끗해야 한다**

역대하 30:17-18 "회중 가운데 많은 사람이 자신들을 성결하게 하지 못하였으므로 레위 사람들이 모든 부정한 사람을 위하여 유월절 양을 잡아 그들로 여호와 앞에서 성결하게 하였으나 에브라임과 므낫세와 잇사갈과 스불론의 많은 무리는 자기들을 깨끗하게 하지 아니하고 유월절 양을 먹어 기록한 규례를 어긴지라 히스기야가 그들을 위하여 기도하여 이르되 선하신 여호와여 사하옵소서"

유대인 중에 상당수는 깨끗하게 하지 않고 유월절 양고기를 먹어 성경에 기록한 규례, 즉 성경 말씀을 어겼다. 그러므로 유월절에 참여할 조건으로 반드시 깨끗하게 하여야 한다.

이미 히스기야 왕 때 유월절에서 본 바와 같이 히스기야 왕은 절기에 임하기 전에 깨끗하게 하는 속죄의 제사를 드렸다(역대하 29장). 유월절에 참여할 자는 할례를 받고 속죄의 제사를 드려야 죄가 깨끗해진다.

민수기 9:6에 "그때에 사람의 시체로 말미암아 부정하게 되어서 유월절을 지킬 수 없는 사람들이 있었는데…"라는 말씀이 있다.

3. 히스기야 왕의 유월절 (역대하 30:13-27)

지금까지 출애굽기 12장의 유월절 규정에 대하여 살펴보았으나 이제는 히스기야 왕 때의 유월절이 어떻게 진행되었는지를 살펴보자.

1) 유월절의 일자(日字)

역대하 30:13 "둘째 달에 백성이 무교절을 지키려 하여 예루살렘에 많이 모이니 매우 큰 모임이라."

역대하 30:15 "둘째 달 열넷째 날에 유월절 양을 잡으니 제사장과 레위 사람이 부끄러워하여 성결하게 하고 번제물을 가지고 여호와의 전에 이르러"

출애굽기 12장의 유월절은 정월 십사 일에 유월절 양을 잡았는데, 히스기야 왕 때에는 이월 십사 일로 유월절을 지키게 되었다. 그러므로 히스기야 왕의 유월절은 약간 변칙적인 면이 있다.

히스기야 왕은 왜, 이월에 유월절을 지키게 되었는가?

• 준비를 철저히 하다 보니 늦어졌다

역대하 29:17 "첫째 달 초하루에 성결하게 하기를 시작하여 그달 초팔 일에 여호와의 낭실에 이르고 또 팔 일 동안 여호와의 전을 성결하게 하여 첫째 달 십육 일에 이르러 마치고"

히스기야가 왕위에 오를 때에 정월이었으므로 철저하게 하나님의 성전을 수리하고 정결케 하고 성결케 하다 보니, 만 두 주간이 걸려 정월 십육 일에야 깨끗하게 하기를 마칠 수 있었다. 그러므로 정월 십사 일이 지나

버리게 되었고, 부득이 이월 십사 일로 하게 되었다.

• 히스기야가 왕위에 오른 때와 유월절 절기 사이의 기간이 너무 짧았다

역대하 29:3에 보면 히스기야가 즉위한 대가 '원년(元年) 정월'이라고 하였다. 여기 '원년'은 히스기야 왕의 즉위 제일 년이다. 그러므로 정월 초하루에 왕이 되었고, 왕이 되자마자 유월절 준비에 들어갔으나 그동안 나라가 우상숭배로 성전이 폐쇄되어 버렸으므로 준비 기간이 두 주간으로 길어진 것이다. 그래서 부득불 이월 십사 일에 지키게 되었다.

이월 십사 일은 유월절과 관련이 있는 날이었기 때문에 그렇게 정한 것이다. 정월 십사 일 유월절 절기에 불가불 참여할 수 없었던 유대인들에게 하나님께서 관용을 베푸셔서 이월 십사 일에 지키게 했다. 그래서 히스기야 왕도 이월 십사 일을 유월절 절기로 선택한 것이다.

민수기 9:10-11에 "이스라엘 자손에게 말하여 이르라 너희나 너희 후손 중에 시체로 말미암아 부정하게 되든지 먼 여행 중에 있다 할지라도 다 여호와 앞에 마땅히 유월절을 지키되 둘째 달 열넷째 날 해 질 때에 그것을 지켜서 어린양에 무교병과 쓴 나물을 아울러 먹을 것이요"라고 하였다.

• 그때 나라의 형편이 긴박한 상황이었다

우상숭배로 나라는 대단히 피폐하였고, 백성들의 신앙 상태는 해이해졌기 때문에 유월절 절기인 정월 십사 일이 지났다고 해서 다음 해까지 일 년 동안을 기다릴 수가 없었다.

그러므로 히스기야 왕으로서는 하루속히 하나님의 무서운 징계를 이 땅 위에서 떠나게 하도록 급히 유월절을 지킴으로써 신앙 부흥 운동을 일으키고자 한 것이다.

역대하 29:10-11에 "이제 이스라엘의 하나님 여호와와 더불어 언약을 세워 그 맹렬한 노를 우리에게서 떠나게 할 마음이 내게 있노니 내 아들들아 이제는 게으르지 말라 여호와께서 이미 너희를 택하사 그 앞에 서서 수종들어 그를 섬기며 분향하게 하셨느니라."고 하였다.

• 두 주간의 절기를 지켰다

출애굽기 12:8에 보면 본래 유월절 기간은 정월 십사 일부터 이십일 일까지 칠 일 동안이었는데, 히스기야 왕 때는 칠 일을 지키고 또 연장하여 칠일 간을 더 지켰으므로 십사 일간의 유월절 기간이 걸렸다. 이것도 일반 유월절과 다른 점이었다.

2) 유월절의 특색

히스기야 왕 때의 유월절이 본래 유월절과 몇 가지 다른 특색을 가지고 있는데 그것은 다음과 같다.

- 정기 유월절은 정월 십사 일인데 이월 십사 일로 지켰다.
- 유월절 기간은 칠 일간인데 십사 일 동안으로 연기하여 지켰다.
- 유월절을 솔로몬 왕 이후에 최대의 절기로 지켰다.
- 유월절 명절에 대한 백성들의 뜨거운 열심이 있었다.
- 유월절에 하나님의 크신 복이 임하였다.

3) 부정한 자들의 유월절 참여

역대하 30:17-18 "회중 가운데 많은 사람이 자신들을 성결하게 하지 못하였으므로 레위 사람들이 모든 부정한 사람을 위하여 유월절 양을 잡아 그들로 여호와 앞에서 성결하게 하였으나 에브라임과 므낫세와 잇사갈과 스불론의 많은 무리는 자기들을 깨끗하게 하지 아니하고 유월절 양을 먹어 기록한 규례를 어긴지라 히스기야가 그들을 위하여 기도하여 이르되 선하신 여호와여 사하옵소서."

성경의 명령은 할례받은 자가 자기를 성결케 한 후에 유월절 양고기를 먹을 수 있다. 그렇게 아니하면 성경의 규례를 어긴 것이며, 또한 범죄 행위가 된다.

그런데 히스기야 왕 때의 유월절에는 부정한 자들이 참여하여 버려 성경의 규례를 어겨 버렸다. 그리하여 그 죗값으로 하나님이 징계하시어 백성들이 병으로 고통을 당하였으나 히스기야 왕의 중보기도로 죄를 용서함을 받고, 병 나음을 받았다. 그리하여 백성들이 도리어 큰 은혜를 체험하게 되었다.

4) 유월절과 성찬식의 비교

구약의 유월절과 신약의 성찬 예식은 같은 의미가 있다. 구약은 그림자요 모형이며, 신약은 실물이요 실체다. 구약에서 나오는 사건, 인물, 예식, 사물들은 모두 신약에 나타날 일들에 대하여 예시적으로 나타내 주고 있다. 그래서 신약과 구약은 실물과 그림자의 관계, 원형과 모형의 관계, 실제와 예언의 관계가 있다.

구약	신약
유월절	성찬식
할례	세례
속죄의 제사(성결)	회개의 기도(깨끗함)
유월절의 부정한 자 징계	성찬식의 부정한 자 징계
역대하 30:17~18	고린도전서 11:28~30
유월절 양	예수
무교병	온전한 예수
쓴 나물	예수의 십자가
이스라엘인	그리스도인

<비교>

이상은 유월절의 관련된 부분만 비교한 것인데 서로 분명하게 상통하고
있다.

5) 유월절에 나타난 징계

유월절에 부정한 자들이 참예하므로 인하여 하나님의 징계가 임했는데,
그 내용이 무엇이었는지는 성경에 자세히 나타나 있지 않았다. 그러나 징
계가 있었던 것만은 분명하다(역대하 30:17-30 참조).

역대하 30:20에 "여호와께서 히스기야의 기도를 들으시고 백성을 고치
셨더라."는 말씀과 고린도전서 11:30에 "그러므로 너희 중에 약한 자와
병든 자가 많고 잠자는 자도 적지 아니하니"라는 말씀을 보면 육체적인 징
계가 있었던 것이다.

부정한 자들 → 유월절 양고기 먹음 → 규례를 어김 →
히스기야 왕의 중재기도 → 여호와께서 백성을 고치심

                                히스기야 왕의 신앙 부흥 운동

사람이 범죄하면 반드시 하나님의 징계가 오는 것이다. "백성을 고치셨더라."는 말씀은 분명히 징계가 임했기 때문에 고쳤다는 것이다.

고린도전서 11:30에 의하면 약한 자와 병든 자와 잠자는 자, 즉 죽은 자가 있었을 수도 있으나 히스기야의 유월절에는 당일에 일어난 사건이므로 병든 자가 있었을 것으로 추측된다.

그러므로 고린도전서 11:28-29에 "사람이 자기를 살피고 그 후에야 이 떡을 먹고 이 잔을 마실지니 주의 몸을 분별하지 못하고 먹고 마시는 자는 자기의 죄를 먹고 마시는 것이니라."고 하였다.

• 성찬 예식에 대한 교훈

- 여호와께서 유월절을 명하신 것처럼 예수께서 성찬식을 명하셨다.
- 유월절을 이스라엘 백성이 대대로 지키라고 하신 것처럼(출애굽기 12:42) 성찬식은 그리스도께서 재림하실 때까지 지키라고 하였다(고린도전서 11:26).
- 유월절 양을 합당치 않게 먹으면 안 되는 것처럼 성찬도 합당치 않게 먹고 마시면 안 된다.
- 유월절에 할례받은 자가 참여한 것처럼 성찬식에도 세례받은 자가 참여해야 한다.
- 유월절에 부정한 자가 참여치 못했음과 같이 성찬식에도 죄를 회개치 않고 참여할 수 없다.
- 고린도전서 11:27에 "그러므로 누구든지 주의 떡이나 잔을 합당하지 않게 먹고 마시는 자는 주의 몸과 피에 대하여 죄를 짓는 것이니라."고 하였다.
- 부정한 자가 유월절 양을 먹어 범죄한 것처럼 주의 몸을 분별치 못하고 먹고 마시는 자는 자기 죄를 먹고 마신다고 하였다.

- 유월절 준비물과 성찬식의 준비물이 같은 의미가 있다.

유월절	성찬식
양고기	예수 자신
무교병	성찬 떡
쓴 나물	포도주

쓴 나물이 포도주와 같다는 것은 쓴 나물의 영적 의미인 고난은 최종적으로 예수께서 십자가에서 당하실 고통을 상징한 것으로서 포도즙은 예수님이 십자가에서 흘리는 피를 기념하는 것이었다.

6) 결심과 기도

역대하 30:18-19 "에브라임과 므낫세와 잇사갈과 스불론의 많은 무리는 자기들을 깨끗하게 하지 아니하고 유월절 양을 먹어 기록한 규례를 어긴지라 히스기야가 그들을 위하여 기도하여 이르되 선하신 여호와여 사하옵소서 결심하고 하나님 곧 그의 조상들의 하나님 여호와를 구하는 사람은 누구든지 비록 성소의 결례대로 스스로 깨끗하게 못 하였을지라도 사하옵소서 하였더니"

이스라엘인에게 하나님의 징계가 임하였을 때 히스기야 왕의 기도 내용을 살펴보자. 이때 히스기야 왕은 하나님께 중재기도를 할 수 있는 근거를 백성들의 '결심(決心)'에 두고 있었다.

  히스기야 왕의 신앙 부흥 운동

• 무슨 결심일까?

지금까지 우상만 섬기던 백성들이 이제는 '그 열조의 하나님 여호와'만을 섬기기로 작정하고 돌아온 결심이다. 현재 그들의 신앙 상태가 부정(不淨)하다고 할지라도 그들의 '결심'을 보시고 용서하여 달라고 간청하였더니, 하나님께서 히스기야 왕의 기도를 들으시고 백성의 결심을 보시고 고쳐 주신 것이다.

이 결심은 마음의 상태였지 행동의 결과는 아니었다. 행동의 결과는 오히려 깨끗하게 못 한 것이었고 범죄였다. 결심은 행동 이전의 상태이며, 마음속에서 작용한 신앙이었다. 행위가 온전한 사람은 아무도 없다.

시편 14:2-3에 "여호와께서 하늘에서 인생을 굽어살피사 지각이 있어 하나님을 찾는 자가 있는가 보려 하신즉 다 치우쳐 함께 더러운 자가 되고 선을 행하는 자가 없으니 하나도 없도다."라고 하였으며, 로마서 3:10에는 "기록한바 의인은 없나니 하나도 없으며"라고 하였다.

하나님은 행동 이전에 마음의 결심을 보셨다. 히스기야 왕의 기도가 하나님께 상달되고 응답되어 병 고침을 받게 된 것은 왕의 기도가 아름다웠다는 것이 아니라, 백성의 결심이 하나님께 인정받았기 때문이었다.

필자도 부흥 집회를 인도할 때마다 이 설교를 하며, 성도에게 결심하게 하고 안수기도를 하였을 때, 많은 병자가 치료받는 놀라운 신유(神癒) 은사(恩賜)가 나타났다. 그중에는 불치병자나 중병 환자들도 많이 있었다. 그들의 믿음과 결심을 보시고 하나님께서 고쳐주신 것이다.

성도들이 지금까지 예수를 믿는다고 공언하면서도 주님의 뜻대로 살지 못하였고, 성경의 말씀대로 살지 못하여 때로는 병이 들고, 실패가 오고 환난이 일어났다면 이제는 결심하고 하나님께로 돌아와야 한다.

믿음으로 돌아오고, 하나님의 말씀으로 돌아오고, 주님의 품으로 돌아와야 한다. 하나님께 인정받을 만한 새로운 결심이 필요하다. 결심이 진실한 자에게는 기도에 능력 있고, 하나님의 역사(役事)가 나타나지만, 성도의 결심이 없는 기도에는 응답도 없다.

흔히들 사람들이 성경 말씀대로 살자고 호소하면 아예 자포자기하며, 도무지 인간은 하나님 말씀대로 살 수 없다고 말한다. "'의인은 없나니 하나도 없다'고 했는데 우리가 어떻게 성경대로 산다는 말인가!" 하며 단념해 버린다.

그러나 성도는 분명히 성경 말씀을 따라 살 수 있다. 간혹 실수는 있을 수 있으나 말씀을 지킬 수 있다. 의인은 없나니 하나도 없다는 말씀은 인간이 성경대로 100% 지킬 수 없다는 뜻으로서 성도가 노력하다가도 간혹 실수로 아차! 하고 범죄하는 때가 있어서 의인은 없다고 한 것이다.

송강 정철 선생의 시 중에 이런 내용이 있다.

<blockquote>
태산이 높다 하되 하늘 아래 뫼이로다.
오르고 또 오르면 못 오를 리 없건마는
사람이 제 아니 오르고 뫼만 높다 하더라.
</blockquote>

이 시는 사람의 체념(諦念), 자포자기가 얼마나 나쁜 것인지를 보여 준다. 인내와 노력이 있으면 결국 무엇이나 다 할 수 있다.

사람이 성경 말씀을 지킬 수 있다. 그런데 성경대로 살 수 없다는 것은 마음에서 포기해 버리기 때문이다.

신명기 30:11-14에 "내가 오늘 네게 명령한 이 명령은 네게 어려운 것도 아니요 먼 것도 아니라 하늘에 있는 것이 아니니 네가 이르기를 누가 우리를 위하여 하늘에 올라가 그의 명령을 우리에게로 가지고 와서 우리에게 들려 행하게 하랴 할 것이 아니요 이것이 바다 밖에 있는 것이 아니니 네가 이르기를 누가 우리를 위하여 바다를 건너가서 그의 명령을 우리에게로 가지고 와서 우리에게 들려 행하게 하랴 할 것도 아니라 오직 그 말씀이 네게 매우 가까워서 네 입에 있으며 네 마음에 있은즉 네가 이를 행할 수 있느니라”고 하였다.

로마서 10:10에는 “사람이 마음으로 믿어 의에 이르고 입으로 시인하여 구원에 이르느니라.”고 하였다.

성경을 지키는 것이 어려운 것도 아니요, 성경 말씀이 사람에게서 먼 것도 아니다. 아주 가까워 나와 함께 있다. 곧 나의 마음에 있고 나의 입에 있다고 하였다. 이것은 무슨 뜻인가?

마음에 있다는 것은 마음속으로 결심하면 된다는 것이며, 내 입에 있다는 것은 입으로 하겠다고 고백하고 시인하면 할 수 있다는 뜻이다. 마음에 결심도 없고, 입의 시인도 고백도 없으니까 못 지키는 것이다.

만약에 못 지킬 성경 말씀을 우리에게 주시고 사람으로 하여금 못 지킨다고 해서 벌을 주신다면 하나님은 고약한 하나님이 되실 것이다. 그러나 하나님은 결코 그런 분이 아니시다.

능히 인간이 지킬 수 있는 말씀을 주셨는데도 마음으로 결심하지 않고 입으로 시인하지도 않으니 결국 못 지켜 범죄하게 되는 것이다. 할 수 있는 것을 안 했기 때문에 벌주는 것이니 당연하다.

예컨대 사람이 높은 집 지붕에 올라가려면 사다리가 필요하다. 아버지가 아들에게 사다리를 놓고서 올라가라고 명령해서 자식이 안 올라갔으므로 아버지가 자식을 책망했다면 이것은 아버지의 잘못이 아니라 부모의 명령에 거역한 자식이 불효한 것이다.

그러나 사다리도 없이 아버지가 올라가라고 하며 호통을 치면서 지붕에 못 올라갔다고 채찍질했다면 자식이 나쁜 것이 아니라 아버지가 잘못한 것이다.

우리는 주님의 뜻대로 살기로 결심하고 성경 말씀대로 살기로 다짐해야 한다.

• **복음성가**

1절)

주님 뜻대로 살기로 했네 주님 뜻대로 살기로 했네

주님 뜻대로 살기로 했네 뒤돌아서지 않겠네

2절)

이 세상 사람 날 몰라줘도 이 세상 사람 날 몰라줘도

이 세상 사람 날 몰라줘도 뒤돌아서지 않겠네

3절)

세상 등지고 십자가 보네 세상 등지고 십자가 보네

세상 등지고 십자가 보네 뒤돌아서지 않겠네

히스기야 왕의 신앙 부흥 운동

4. 유월절 성회에 내린 은혜 (역대하 30:21-27)

히스기야 왕의 유월절은 온갖 정성을 다하여 준비하였고, 백성들의 결심이 대단하였기 때문에, 이 성회에 내린 하나님의 은혜도 매우 컸다.

1) 신유(神癒)로 인한 즐거움

> 역대하 30:21 "예루살렘에 모인 이스라엘 자손이 크게 즐거워하며 칠 일 동안 무교절을 지켰고 레위 사람들과 제사장들은 날마다 여호와를 칭송하며 큰 소리 나는 악기를 울려 여호와를 찬양하였으며"

이 즐거움은 앞 20절의 병을 고침받은 것으로 인한 즐거움이었다. 범죄의 결과로 병이 나서 죽겠다고 아우성치던 자들의 병이 낫게 되었으니, 그들에게 기쁨이 충만하였다.

로마서 5:20에 "율법이 들어온 것은 범죄를 더하게 하려 함이라 그러나 죄가 더한 곳에 은혜가 더욱 넘쳤나니"라는 말씀대로 되었다.

신약 시대에도 예루살렘 성전 미문에 구걸하던 자가 제구시 기도 시간에 베드로와 요한 두 사도가 성전으로 기도하러 갈 때, 구걸하던 자를 고쳐줌으로 인하여 병 나은 자는 기쁨이 충만하였다.

사도행전 3:6-8에 "베드로가 이르되 은과 금은 내게 없거니와 내게 있는 이것을 네게 주노니 나사렛 예수 그리스도의 이름으로 일어나 걸으라 하고 오른손을 잡아 일으키니 발과 발목이 곧 힘을 얻고 뛰어 서서 걸으며 그들과 함께 성전으로 들어가면서 걷기도 하고 뛰기도 하며 하나님을 찬송하니"라고 하였다.

말라기 4:2에도 "내 이름을 경외하는 너희에게는 공의로운 해가 떠올라서 치료하는 광선을 비추리니 너희가 나가서 외양간에서 나온 송아지 같이 뛰리라"고 하였다.

질병으로 고생하며 고통당하던 자들이 치료받고 건강을 되찾으면 그 기쁨이란 날아갈 것 같고 소원 성취한 것 같은 것이니, 이것을 체험해 보지 못한 자는 이해하지 못한다.

2) 찬송하는 은혜

역대하 30:21하 "…레위 사람들과 제사장들은 날마다 여호와를 칭송하며 큰 소리 나는 악기를 울려 여호와를 찬양하였으며"

이들은 날마다 여호와 하나님을 찬송하였다. 마음의 즐거움은 곧 입의 찬송으로 이어진다.

기쁘면 찬송이 나오는 것이 사람의 자연적인 심리 상태이다. 찬송은 하나님을 영화롭게 한다. 찬송은 감사의 표현이다. 찬송은 곡조 붙은 기도이다. 그리고 찬송은 구원받은 영혼의 아름다운 활동이다.

또한 찬송은 찬송을 부르는 자의 심령을 새롭게 한다. 즐겁게 한다. 평안하게 한다. 확신을 가져다준다. 찬송은 은혜 전달에 좋은 수단과 방법이다.

그러므로 찬송하는 자는 신앙이 살아 있는 자이며, 찬송을 못 하는 자는 신앙이 병든 자이거나 죽은 자이다.

 히스기야 왕의 신앙 부흥 운동

• 찬송가 26(14)장

1절)
구세주를 아는 이들 찬송하고 찬송하세
맘과 뜻과 힘 다하여 경배드리세
2절)
주를 알지 못한 이들 찬송하고 찬송하세
그의 피로 구속하니 찬송할지라

찬송은 모든 사람의 직무이다. 찬송가의 가사 내용처럼 구세주를 아는 이들도 찬송하며 살아야 하고, 주를 알지 못한 자일지라도 찬송하며 살아야 한다.

3) 위로의 은혜

역대하 30:22상 "히스기야는 여호와를 섬기는 일에 능숙한 모든 레위 사람들을 위로하였더라. …"

이때 왕의 위로는 곧 하나님의 위로를 상징한다. 이스라엘 회중이 범죄함으로 인하여 질병 중에 고통당할 때 기도하여 고침을 받고 나서 모두 기뻐할 때 왕은 그들을 위로하였다.

마치 가정에서 자녀가 말짓하다가 부모에게 호되게 책망과 채찍을 맞고 울다가 잘못을 빌면, 부모는 아이에게 모든 것을 용서하고, 타이르며 위로하는 것과 같다. 머리를 쓰다듬으며 서러운 마음을 달래 주고, 착한 아이가 되라고 격려를 해 준다. 말 잘 듣고 착한 아이가 되면 더 좋은 것을 많이 주겠다고 약속도 한다. 이것이 부자지간 또는 모자지간의 사랑이다.

하나님께서도 그와 같은 위로를 내리신 것이다. 우리가 잘못할 때 책망하시고 채찍질하시다가도 회개하면 용서하시고 위로해 주신다. 하나님의 위로는 부모의 위로보다 더 뜨겁고 더 확실하다.

고린도후서 1:3-4에 "찬송하리로다. 그는 우리 주 예수 그리스도의 하나님이시요 자비의 아버지시요 모든 위로의 하나님이시며 우리의 모든 환난 중에서 우리를 위로하사 우리로 하여금 하나님께 받는 위로로써 모든 환난 중에 있는 자들을 능히 위로하게 하시는 이시로다."라고 하였다.

많은 사람이 어릴 때 어머니의 따뜻하고 포근한 정(情)을 못 잊는다. 그러나 필자는 그보다 더 큰 하나님의 뜨거운 정을 느꼈다. 하나님은 얼마나 자상하신지 미처 나 자신도 깨닫지 못한 죄를 지적해 주시며 회개하기를 촉구하시고 진정으로 눈물 어린 회개를 하면 위로하여 주신다.

나의 등을 어루만지시는 위로의 손길이 얼마나 부드럽고 사랑스러운지 말로 표현할 수 없었으며, 내 귀에 속삭이시는 음성은 마치 내 귀의 살갗을 스치므로 간지러움 같은 감정이었다.

이럴 때 정말로 한없는 기쁨과 위로가 넘치고 감사의 눈물이 끊일 줄 모르게 솟아났다. 울어도, 울어도 그 고마움을 표현할 길이 없고 그 순간의 감격이 사라지지 않는다.

이런 하나님의 위로를 이 책을 읽으시는 여러분들도 체험할 수 있기를 간절히 소원한다. 왕 중의 왕이신 하나님의 위로를 받는 자는 최상의 행복한 사람이다.

4) 함께 먹는 은혜

이스라엘 백성들은 유월절 기간인 칠 일 동안에 함께 즐거워하며 찬송하며 위로를 받으며 함께 먹었다.

기쁨 중에 먹는 즐거움은 빼놓을 수가 없다. 옛말에도 '식도락(食道樂)'이라고 하였다. '금강산도 식후경(食後景)'이란 말도 있다.

필자가 1980년 가을에 장기 금식을 할 때, 금식이 끝나고 첫 번째 보호식을 할 때의 일이다. 밤 열두 시면 금식은 가치는데 목사가 금식하는 시간이 지났다고 딱 맞춰서 음식을 먹는다는 것도 좀 마음에 내키지 않아서 마지막 금식 기도 시간이므로 실컷 기도하자고 마음먹고 기도하다 보니 밤 열두 시 사십 분경에 기도를 마쳤다.

방에 들어와서 미음 죽 국물을 조금 마시고 배부르지 않을 정도로 튀김 종류인 스낵 과자 봉지를 뜯고 두 손가락으로 하나씩 입안에 넣는데 그렇게 좋을 수가 없었다.

장기 40일 금식으로 인하여 이는 솟아 있었고, 입안에는 백태가 끼었고, 속에서는 말할 수 없는 악취가 나올 때였다. 그러므로 음식이 입에 들어가니 맛이 있다고 하면 거짓말이다. 하지만 기분은 그렇게 좋을 수가 없었다.

나는 지금 회상해 보면 그때 과자를 먹는 순간이 정말로 행복했었다. 지금은 천국에 계시지만 어머님 홍예순 권사님과 그리고 나의 아내 박재진 사모와 마주 보며 철부지 어린아이처럼 웃었다.

얼마나 먹는 것이 즐거웠던지 새벽 세 시 반경까지 웃으며 먹으면서 시간 가는 줄 몰랐다. 나는 먹는 즐거움에서 기뻐 웃었고, 어머님과 아내는 나를 보면서 웃었다.

함께 있는 사람에게 먹으랄 여유도, 잠자랄 겨를도 없이 마냥 즐거워했다. 먹다가 웃다가 하다 보니 시간이 꽤 흘러, 무려 세 시간 동안을 보내다가 그제야 시계를 바라볼 수 있는 여유가 겨우 생겼고, 그때서야 어머님과 아내에게 잠 못 들게 한 미안한 마음이 들었다.

두 사람을 자게 하고 나는 깜깜한 어두움 속에서 바스락거리는 스낵 과자 봉지 속에서 소리 나지 않게 몰래 입에 넣고 혼자서 즐거워하며 먹다가 잠이 들었다.

목사인 나는 그제야 비로소 하나님의 말씀을 깨달았다.

요한계시록 3:20에 "볼지어다. 내가 문밖에 서서 두드리노니 누구든지 내 음성을 듣고 문을 열면 내가 그에게로 들어가 그로 더불어 먹고 그는 나로 더불어 먹으리라."고 하신 말씀의 의미를 비로소 알게 되었다.

예수님께서 그리스도를 영접한 자에게 왜 함께 먹으리라고 약속하셨을까? 먹는 즐거움이 제일 좋은 기쁨인 줄을 늦게나마 깨달았던 것이다.

　　히스기야 왕의 신앙 부흥 운동

5) 화목하는 은혜

사람은 먹으면서 화목하는 것이다. 이들은 더불어 먹으며 화목제를 드렸다. 함께 먹으면 사이가 소원했던 사람도 가까워지고, 서먹서먹한 사이도 부드러워지고, 원수 사이도 자주 앉아 먹을 기회를 가지면 마음이 누그러지는 것이다. 그래서 먹으며 화해도 하고, 먹으면서 친목도 하고, 먹으면서 로비 활동도 한다. 화목하는 방법의 하나는 먹는 것이며, 화목은 먹는 결과로 온다.

예수께서 화목하게 하시려고 친히 자기 돔을 화목제물로 십자가에서 죽으셨다. 우리 그리스도인들은 십자가(†)의 화목이다. 위로는 하나님과의 화목, 아래로는 사람과의 화목이다. 예수님은 십자가에서 화목제물이 되셔서 하나님과 인간, 인간과 인간 사이에 화목을 이루셨다.

에베소서 2:14-16에 "그는 우리의 화평이신지라 둘로 하나를 만드사 원수 된 것 곧 중간에 막힌 담을 자기 육체로 허시고 법조문으로 된 계명의 율법을 폐하셨으니 이는 이 둘로 자기 안에서 한 새 사람을 지어 화평하게 하시고 또 십자가로 이 둘을 한 몸으로 하나님과 화목하게 하려 하심이라 원수 된 것을 십자가로 소멸하시고"라고 하였으며, 마태복음 5:9에는 "화평케 하는 자는 복이 있나니 그들이 하나님의 아들이라 일컬음을 받을 것임이요"라고 하였다.

하나님의 아들 예수님께서 화목제물이 되어 주시고, 우리에게도 화목을 부탁하셨다.

6) 감사하는 은혜

이스라엘 백성들은 칠 일 동안 함께 먹으며 화목제를 드리며 여호와께 감사드렸다. 감사는 화목에도 제사에도 다 필요하다. 감사 없는 화목은 오래가지 못한다. 감사 없는 제사는 참되지 못하다.

요나 선지자는 그가 하나님의 은혜로 물고기 배 속에 있을 때 여호와께 기도하는 중에 "나는 감사하는 목소리로 주께 제사를 드리겠다."라고 서원하였다.

시편 50:23에 "감사로 제사를 드리는 자가 나를 영화롭게 하나니 그의 행위를 옳게 하는 자에게 내가 하나님의 구원을 보이리라"고 하였으며, 시편 50:14에 "감사로 하나님께 제사를 드리며 지존하신 이에게 네 서원을 갚으며"라고 하였다.

하나님께 감사할 줄 아는 것은 큰 은혜를 받은 결과다. 감사할 줄 모르는 교만한 자의 등에는 채찍이 예비되어 있으나 감사할 줄 아는 겸손한 자의 등에는 하나님 위로의 손길이 예비된 줄 믿으시기를 바란다.

7) 성회를 한 주간 더 연장하는 은혜

유대인들은 첫 번째 칠 일간의 유월절을 큰 은혜 중 마치고 다시 또 칠 일을 연기하여 계속 절기로 지켰다.

 히스기야 왕의 신앙 부흥 운동

그 이유는 두 가지로 이해된다.

첫째는 부정한 자들이 유월절 양고기를 먹어 성회에 흠이 되었으니, 이제는 흠 없는 온전한 절기를 지켜보자는 이스라엘인들의 새로운 결심이 담겨 있다.

첫 번째의 유월절의 잘못을 마음속에 뉘우치고 보다 새롭게 그들의 마음을 가다듬는 신선한 새출발의 의지가 담겨 있다.

둘째는 유월절에 너무도 큰 은혜가 충만해서 그냥 이대로 끝나기가 아쉽다는 심정이 담겨 있다.

그들은 은혜 충만한 분위기를 더 오래도록 간직하고 싶어서 한 주간 성회를 더 연장하게 된 것이다. 이토록 그들은 은혜를 갈망하고 사모하게 되었다. 이런 현상은 참으로 그들의 심령 부흥이 은혜롭게 이루어지고 있음을 증명해 주고 있다.

히스기야 왕의 유월절은 하나의 종교개혁 운동이었다. 우상 종교에서 하나님 여호와께로 돌아오는 종교로 개혁된 것이다. 타락한 종교를 개혁하고, 타락한 심령을 부흥시키는 히스기야 왕의 유월절 성회처럼 우리에게도 이런 운동이 일어나야 한다.

히스기야 왕의 종교개혁과 요시야 왕의 종교개혁은 망국(亡國)의 지경에서 나라와 민족을 구원하는 절체절명의 종교개혁 운동이었다.

8) 큰 희락이 넘치는 은혜

역대하 30:25-26 "유다 온 회중과 제사장들과 레위 사람들과 이스라엘에서 온 모든 회중과 이스라엘 땅에서 나온 나그네들과 유다에 사는 나그네들이 다 즐거워하였으므로 예루살렘에 큰 기쁨이 있었으니 이스라엘 왕 다윗의 아들 솔로몬 때로부터 이러한 기쁨이 예루살렘에 없었더라."

솔로몬 왕 이후에 오랜만에 그들이 맛보는 큰 희락이었다. 역대하 30:21의 즐거움은 병 나은 즐거움이었으나, 25-26절의 즐거움은 유월절 성회로 인한 은혜 충만한 상태에서 맛보는 희락이었다. 희락은 은혜의 선물이요 성령의 열매이다.

갈라디아서 5:22에 "오직 성령의 열매는 사랑과 희락과 화평과 오래 참음과 자비와 양선과 충성"이라고 하였다.

• 복음성가

내게 샘솟는 기쁨 내게 샘솟는 기쁨
내게 샘솟는 기쁨 넘치네 할렐루야
내게 샘솟는 기쁨 내게 샘솟는 기쁨
내게 샘솟는 기쁨 넘치네

---

9) 축복이 임하는 은혜

역대하 30:27 "그 때에 제사장들과 레위 사람들이 일어나서 백성을 위하여 축복하였으니 그 소리가 하늘에 들리고 그 기도가 여호와의 거룩한 처소 하늘에 이르렀더라."

두 주간의 유월절 성회를 모두 마치고, 마지막 순서로 제사장들과 레위 사람들이 백성을 축복하였다.

이것은 오늘날 예배를 마치고 목사가 성도에게 축복(축도)하는 순서와 같다. 은혜 충만한 성회가 되어서 그들이 하는 축복이 그대로 그들에게 임하였다는 사실은 중요한 사건이다.

히스기야 왕의 신앙 부흥 운동

오늘날 주의 사자들이 아무리 성도들에게 축복을 해도 그 축복의 소리가 하나님께 들으신 바가 되지 못하는 사례가 더러 있다.

그러나 유월절 성회의 축복하는 소리는 하나님께 들으신 바가 되어 그대로 그 축복이 백성에게 임하였다. 이는 값진 성회의 결과이었다.

히스기야 왕의 유월절에 제사장들의 축복이 그대로 임한 이유가 어디에 있을까?

▸ 하나, 은혜 충만한 성회가 되었기 때문이다.

하나님이 기뻐하시는 성회가 되었으므로 성령께서 역사하셨기 때문이다. 제사장도 레위인도 백성도 은혜 충만한 자리에 이르게 되었기 때문에 하나님의 축복이 임하였다.

▸ 둘, 축복받을 준비가 되어 있었기 때문이다.

복을 받을 만한 그릇이 준비되어 있지 못하면 주의 종들이 아무리 축복을 해도 소용이 없다.

소낙비가 물줄기처럼 쏟아져도 그릇을 엎어 놓으면 한 방울의 물도 고이지 않는 것처럼 은혜받을 마음의 그릇 준비가 되지 못하면 축복의 소낙비도 그를 피해 간다.

이스라엘 백성들은 유월절 성회를 통하여 마음의 문이 활짝 열려있었기 때문에 축복의 문이 열려 있었다. 하늘 축복의 통로가 열린 것이다. 나와 하나님과의 장벽이 유월절 성회를 통하여 와르르 무너져 내렸고, 이제 확 트인 것이다.

이런 상태에서 제사장의 축복이 백성에게 그대로 임할 수 있었다. 은혜가 충만할 때, 성령께서 역사하실 때, 축복이 함께 함을 믿으시기를 바란다. 은혜받을 만한 그릇 준비가 되지 못하면 축복을 해도 소용이 없다.

이런 교훈은 예수님께서 열두 사도를 파송하실 때 하신 말씀에도 나타난다.

마태복음 10:12-13에 "또 그 집에 들어가면서 평안하기를 빌라 그 집이 이에 합당하면 너희 빈 평안이 거기 임할 것이요 만일 합당치 아니하면 그 평안이 너희에게 돌아올 것이니라."고 하였다.

10) 기도가 하늘에 상달하는 은혜

역대하 30:27 "그 때에 제사장들과 레위 사람들이 일어나서 백성을 위하여 축복하였으니 그 소리가 들으신바 되고 그 기도가 여호와의 거룩한 처소 하늘에 상달하였더라."

목사의 축복하는 기도가 하늘 처소에 상달하고, 성도가 기도하는 소리가 하늘 처소에 상달하면 일등 신자가 되는 것이다.

축복의 소리가→들으신 바 되고
기도의 소리가→상달한 바 되고

이렇게만 된다면 우리가 무엇을 더 바라겠는가? 무엇이든지 축복하는 대로 다 이루어지고, 기도하는 대로 다 이루어진다는 뜻이 담겨 있다.

중동지방 아랍인들의 요술램프도, 우리 한국의 뚝딱 방망이도 부질없는 인간의 꿈이요 욕망으로서 그것들은 모두 거짓이다.

 히스기야 왕의 신앙 부흥 운동

그러나 우리 기독교의 축복과 기도는 꿈이 아니라 현실이며, 환상이 아니라 사실이다. 하늘에 계신 하나님은 복의 원천이며, 땅에 있는 성도의 기도 소리는 복을 실어 오는 수레이다. 그리고 주님 사자들의 축복하는 소리는 복을 실어 오는 능력의 촉진제와 같다.

성도의 행복의 비결은 여기에 있다. 성도가 어려울 때, 위급할 때, 슬플 때, 아플 때, 괴로울 때 기도하면 들어주시는 것, 이것이 곧 행복이요 만사형통이다.

그러나 하나님과 인간의 관계가 잘못되어 주님으로부터 버림을 당하면 아무리 발버둥 치며 불러 봐도, 외쳐 봐도, 물어봐도 하나님은 응답하시지 않는다.

이스라엘 초대 사울 왕의 경우와 같은 것이다. 다급한 사울 왕은 점치는 자를 찾았으나 결과는 비극이었다(사무엘상서 28:6-7).

옛날, 지금으로부터 몇십 년 전에는 우리가 지금과 다른 온돌방에서 살았고 땔 나무로 그 온돌을 덥혔다. 온돌방의 구들장을 뜨겁게 하기 위해서는 온돌 고래를 만들어 아궁이에서 불을 때면 화기(火氣)와 연기가 방고래(아주 작은 터널)를 통하여 굴뚝으로 빠져나가면서 구들장이 더워진다. 이때 연기로 인하여 발생하는 꺼림이 작은 방고래를 점점 메워서 나중에는 방고래가 열 순환이 잘 안돼 온돌방이 덜 따뜻하다.

그래서 그 시대에 서울 거리에는 긴 대나무 쪽을 둥그렇게 말아서 어깨에 메고 꽹과리를 치면서 "뚫어엇! 뚫어엇!" 큰 소리로 외치며, 방고래 막힌 것이나 하수도 막힌 것을 뚫으라고 다니는 직업인들이 있었다. 그들을 청하여 방고래를 뚫으면 방은 예전처럼 다시 따뜻해진다.

그와 같이 우리의 축복의 통로, 은혜의 통로도 뚫어져야 한다. 막혀 버린 온돌 고래나 하수도 구멍처럼 확! 뚫어져야 한다.

결과론

유월절을 통하여 받은 변화와 축복

(역대하 31장)

　유월절 성회는 30장에서 끝나고, 31장의 말씀은 유월절 성회 이후 결과를 소개한다.

　31장의 내용은 그들이 받은 변화와 축복이다. 유월절 성회에서 받은 변화와 축복은 그 대상에 따라서 백성들의 변화와 축복(31:1-10), 레위인들의 변화와 축복(31:1-19), 왕의 변화와 축복(31:20-21) 등으로 나뉜다. 그러나 필자는 여러분에게 변화와 축복을 두 가지로 소개하여 드리고자 한다.

1. 변화된 생활

유월절 성회 후에 이스라엘 백성들은 철저하게 완전히 달라졌다. 왕으로부터 제사장과 레위인들도 달라졌고, 일반 백성들도 달라졌다. 그야말로 철저한 심령 부흥이 일어났다.

1) 철저한 우상 타파의 생활

그들이 얼마나 철저하게 우상을 철폐하였는가?

• 시간상으로는 즉시

유월절 성회가 끝난 즉시 그들은 집으로 돌아가면서 나가다가 우상들을 만나면 철저히 척결해 버렸다. 우리가 나쁜 것은 은혜받은 즉시, 깨달은 즉시, 결심한 즉시로 버려야 할 것을 교훈으로 보여 준다.

이스라엘인들의 받은 은혜와 그들의 결심과 그들의 변화됨이 얼마나 확실한 것이었는가를 증명해 주는 사건이 곧 우상 타파였다.

우리가 잘못을 깨달았다면 즉시 실천해야 한다. 내일로 미루는 것은 변심하기 쉬운 것이다. 우리말에 '인심은 조석변(朝夕變)'이라고 하였다.

• 장소로는 온 땅에서

"유다 여러 성읍에 이르러", "온 땅에서"라고 하였다. 이것은 유대 나라의 구석구석 어느 곳에서나 우상을 발견하면 철폐하였다는 말이다.

한 곳도 남김없이, 어느 곳 하나라도 빠짐없이, 유다 전국에서 성읍마다 우상 타파가 이루어졌다. 우상 철폐에는 성역이 있을 수 없다.

• 종류에서는 모두 다

1절에 주상(柱像), 아세라 목상(木像), 그리고 산당(山堂)과 제단(祭壇)을 없애 버렸다. 우상이라는 것은 어느 하나의 형체도 남김없이 제거해 버린 것이다.

주상과 목상은 우상의 종류요, 산당과 제단은 우상을 설치하는 장소의 시설물이다. 우상 자체도, 우상 설치의 장소도 다 훼파(毁破)해 버린 것이다. 우상을 100% 제거해 버렸다.

• 방법에서는 철저히

1절을 살펴보면 '깨뜨리며', '찍으며', '제하여 멸하고'라는 표현이 있다. 이것은 우상 제거의 방법을 소상하게 표현한 것이다.

과거의 우상숭배를 철저히 회개하는 마음으로, 그리고 과거 우상숭배로 인하여 그들이 당했던 고난을 생각하면서 그것들을 여지없이 깨뜨리며, 찍으며, 제하고, 멸하여 버렸다.

• 참여도에서는 모든 자손이

1절에 역시 '거기 있는 이스라엘 무리가', '이스라엘 모든 자손이'라고 하였다. 어느 누구라도 우상 철폐에 소홀함이 없이 모두 다 함께 일어나 우상 제거에 힘을 합했다.

 히스기야 왕의 신앙 부흥 운동

이 사실은 그만큼 이스라엘 백성들이 골고루 유월절 성회를 통하여 은혜를 받았다는 증거이다. 참으로 놀라운 성회요 진실로 감격스러운 변화였다.

• 순서상으로는 집으로 돌아가기 전에

1절에 보면 '각각 그 본성 기업으로 돌아갔더라.'는 말씀 앞에 이미 그들의 우상 철폐가 선행되었다. 그들이 집으로 돌아가 여장(旅裝)을 풀기 전에 이미 다 우상을 없애 버리고 집으로 돌아갔다.

그들은 참으로 일의 순서를 깨달았던 것이다. 2주 동안 집을 비웠기 때문에 집으로 돌아가는 일도 서둘렀어야 할 문제였지만, 그보다 더 급한 것은 우상 철폐임을 깨닫고 집으로 돌아가는 것을 미루고, 우상 척결을 서둘러 마치고서 집으로 돌아갔다. 이스라엘 백성들은 일의 순서를 알았고 사건의 완급(緩急)을 깨달았다.

우리도 이들을 본받아 우상 철폐에 소홀함이 없어야 하겠다. 그들은 시간적으로나 장소적으로나 방법으로나 종류로나 참여도에서, 그리고 순서에서도 완전히 성실하게 해냈다. 우상 철폐에 조금도 인색함이 없었고 망설임이 없었다.

하나님이 주신 십계명 가운데에서 1, 2계명이 우상숭배에 대한 것이다. 첫째와 둘째가 우상에 대한 계명인 것은 그만큼 우상은 시급하게 순서상으로 무엇보다도 먼저 해결해야 할 것을 가르쳐 주신 것이다. 그들은 이렇게 완전히 하나님의 말씀으로 돌아왔다.

• 우상은 크게 두 종류로 분류할 수 있다

‣ 보이는 우상

보이는 우상은 대부분 사람이 만들어 놓은 수공(手工)물이나 자연물이다. 교회에 다니고 있는 그리스도인들은 대부분 보이는 우상은 철거해 버린 줄로 안다. 으레 예수 믿기로 작정하고 교회에 등록하면 교회에서 그 가정을 심방(尋訪)하여 보이는 우상이 있으면 제거한다. 요즘에는 그들 스스로 알아서 처리해 버린다.

‣ 보이지 않는 우상

교인들에게 문제가 되는 것은 바로 이 보이지 않는 우상이다. 보이지 않는 우상은 거의 마음속에 있는 우상이다. 사람의 마음속에 무슨 우상이 있을까?

골로새서 3:5에 "탐심(貪心)은 우상숭배니라."고 했다. '탐심(πλεονεξία)'이란 지나친 욕심이다. 우리의 마음속에 욕심이 지나칠 때 그것이 탐심이요 그것이 곧 우상숭배가 된다.

사람은 누구나 욕심이 없을 수는 없으나 그것이 지나치면 안 된다. 사람들의 마음속에 자리 잡은 지나친 욕심, 즉 '탐심'을 제거해 버려야 한다. 성도가 가장 조심해야 할 마음속의 탐심 우상은 무엇일까?

야고보 1:15에 "욕심이 잉태한즉 죄를 낳고 죄가 장성한즉 사망을 낳느니라."고 하였다.

성도가 마음속에 탐심 우상을 제거해 버리면 하나님으로부터 합격점을 받는다.

• **탐심 우상의 가능성이 있는 문제, 네 가지가 있다**

‣ 물질에 대한 탐심

성도가 탐심 우상에 걸리기 쉬운 것은 바로 물질이다. 물질이란 사람에게 없어서는 안 될 아주 필요한 것이다. 그렇기 때문에 여기에 걸려 넘어지기 쉽다. 성도가 교회 다니다가 제일 시험에 들기 쉬운 것이 물질이다. 그뿐만 아니라 물질 때문에 믿음이 자라나지 못하는 사람도 많이 있다.

항해하는 배는 물이 있어야 하고 물이 없으면 배가 존재의 필요를 느끼지 못한다. 그처럼 배에는 물은 절대 필요한 것이나, 그렇다고 배가 물속에 침몰하는 것은 안 된다. 배는 언제나 물 위에 떠 있어야 배의 생명을 유지하는 것이다.

마찬가지로 성도가 물질 위에서 지배하는 사람이 되어야지, 물질 속에 빠져들어 가서 물질에 얽매이면 하나님 앞에서 성도로 인정받지 못한다.

물질 때문에 예수를 못 믿는 사람, 물질 때문에 믿음에 장해를 받아 성장하지 못하는 사람이 많이 있다. 성도가 하나님께 가까이 가려고 하면 물질이 가로막고 서 있다. 이것이 문제이다. 하나님과 물질, 둘 중 하나를 선택해야 한다.

마태복음 6:24에 "한 사람이 두 주인을 섬기지 못할 것이니 혹 이를 미워하고 저를 사랑하거나 혹 이를 중히 여기고 저를 경히 여김이라 너희가 하나님과 재물을 겸하여 섬기지 못하느니라."고 하였다.

그런데 현대 그리스도인들은 하나님도 좋고, 물질도 좋고, 하나님도 갖고 싶고, 물질도 겸하여 가지려고 한다. 이것은 성경 말씀에 비추어 볼 때 잘못된 것이다. 예수를 믿어도 물질적으로 부담이 없는 신앙으로 성숙해야 한다.

요즘 큰 교회당을 선택하고 개척 교회 기피증이 있는 교인들이 나타나는 현상은 한국 교회의 문제점이다. 성도가 물질에 대해서 초월했다는 말을 들을 정도로 물질에 대한 애착을 버려야 한다.

소돔과 고모라 성읍이 멸망당할 때 물질에 대한 모든 애착을 버리고 떠난 롯은 구원받았지만, 물질에 대한 애착 때문에 뒤를 돌아본 롯의 아내는 구원받지 못했다.

욥기 1:21-22에 "이르되 내가 모태에서 알몸으로 나왔사온즉 또한 알몸이 그리로 돌아가올지라 주신 이도 여호와시요 거두신 이도 여호와시오니 여호와의 이름이 찬송을 받으실지니이다 하고 이 모든 일에 욥이 범죄하지 아니하고 하나님을 향하여 원망하지 아니하니라."고 하였다.

‣ **명예에 대한 탐심**

대부분 사람이 먹을 것 문제가 해결되면 다음에는 명예에 대한 욕심이 생겨난다.

예수께서 우리를 구원하시기 위하여 하늘 보좌를 떠나서 낮은 신분으로 이 땅에 오셨고, 죽기까지 순종하고 복종하셨으니, 우리도 이 예수님을 기억하면서 명예의 욕심을 버리고, 참고 견디며 조용히 살아가야 하는데 그렇지 못한 자들이 있다.

마치 교회에서 직분을 선택할 때 장로, 집사, 권사를 선택할 때 여기에서 투표로든지 임명에서든지 탈락이 되면, 그것 때문에 교회에서 불평하고 분쟁 거리를 만들거나 타 교회로 떠나는 일들은 지나친 명예심 때문에 일어난 것이라 아니할 수 없다.

우리는 예수님께서 우리를 구원하시기 위하여 창조자가 피조자로, 그것도 가장 낮은 인간의 위치로 오셔서 핍박과 미움을 당하며 사시다가 마침내 십자가에 매달리시기까지 수많은 멸시, 조롱, 비웃음을 당했어도, 그것

히스기야 왕의 신앙 부흥 운동

을 개의치 않으시고 묵묵히 주님의 사명을 감당하신 모습을 바라보며 우리도 명예에 대한 욕심을 훨훨 털어 버려야 하겠다.

▸ **가족에 대한 탐심**

어떤 신자들은 가족이 우상이 되는 경우도 있다. 가족을 주님보다 더 귀하게 여기고 더 우선시하는 자들은 이것이 신앙을 가로막고 성장하지 못하게 하는 걸림돌이 된다. 그러나 주님은 가족보다 주님을 더 사랑하라고 말씀하셨다.

마태복음 10:37에 "아버지나 어머니를 나보다 더 사랑하는 자는 내게 합당하지 아니하고 아들이나 딸을 나보다 더 사랑하는 자도 내게 합당하지 아니하며"라고 하였다.

우리는 욥의 신앙을 본받아야 하겠다. 욥은 가족이 다 없어질 때도 하나님을 부인하거나 저버리지 않는 신앙이었다.

창세기 22장의 아브라함의 경우에 아들과 하나님의 명령 중에 어느 것을 선택할 것인가에서 아브라함은 묵묵히 하나님을 따랐고 자식을 버렸다. 아브라함은 가족 우상의 시험에서 합격한 것이다.

그래서 많은 복을 받았다. 부귀영화도 누리고, 독자 이삭을 통해서 자손도 크게 번성하는 복을 받았다.

▸ **자기 목숨에 대한 탐심**

천하의 모든 것을 다 준다 해도 자기 목숨과는 바꿀 수 없을 만큼 중요한 것은 생명이다. 아무리 하나밖에 없는 생명이지만 주님보다 더 귀한 것이 되면 안 된다.

주께서 내 생명을 구원하시기 위하여 주님의 생명을 버리셨으니, 나도 주님을 위하여 목숨을 버릴 각오가 되어 있어야 한다. 우리가 주를 위하여 목숨을 버리면 주님은 나의 생명을 구원해 주신다.

마태복음 10:39에 "자기 목숨을 얻는 자는 잃을 것이요 나를 위하여 자기 목숨을 잃는 자는 얻으리라"고 하였으며, 마태복음 22:37-38에는 "예수께서 이르시되 네 마음을 다하고 목숨을 다하고 뜻을 다하여 주 너의 하나님을 사랑하라 하셨으니 이것이 크고 첫째 되는 계명이요 둘째도 그와 같으니 네 이웃을 네 자신 같이 사랑하라 하셨으니 이 두 계명이 온 율법과 선지자의 강령이니라."고 하였다.

우리는 하나님의 말씀을 따라 목숨까지라도 바칠 만큼 주님을 사랑해야 한다. 자기 생명이 주 예수님보다 귀한 자는 주께서 합당치 않게 여기시며 이것이 곧 자기 목숨이 우상이 되는 것이다. 성도라면 순교의 각오로 주님을 사랑해야 한다.

• **실화**

1950년 9월 19일에서 20일 사이에 6·25 동란으로 인하여 서울이 함락되고 공산군에게 점령되었다가 미군들의 인천상륙작전의 성공으로 괴뢰군들이 총퇴각을 단행하게 되었다.

이때 괴뢰군들이 우리 기독교 지도자들과 국군들과 미군들을 포로로 끌고 이북 땅으로 도망하기 시작하였다. 이때 멀고 긴 포로들의 후송에 많은 사람이 굶어 지쳐서 쓰러져 죽어 갔다.

그해 10월이 가고 12월이 되어 자성에서 암포까지 가는 동안에 지옥의 행렬이 이어졌다. 계속해서 내리는 눈으로 한 시간에 1km를 가기에도 힘들었고 눈이 쌓여 동사(凍死)하는 병사들이 생겨났다.

괴뢰군들이 끌고 가던 우마차를 두들겨 때서 불을 피우고 쬐는데 미군 포로들이 우르르 불 곁으로 달려들었다. 그러나 괴뢰군들은 총 개머리로 포로들을 때리는 것이었다. 그러나 맞으면서도 달려들어 불을 쬐려니까 괴뢰군들이 조건을 제시하였다.

그것은 곧 미군 병사 중에, 예수 믿는 자들은 손을 들어 보라고 해서 한 쪽으로 세우고 맨 앞 병사의 목에 걸린 십자가를 뜯어 불에 던지면서 모두 목에 걸린 십자가를 뜯어서 불에 던지면 불을 쬐도록 허락한다는 조건이었다.

이때 병사들 중 기독교 신자들은 모두 다 목에 십자가를 달고 있었다. 이런 때에 십자가를 불에 던지는 것은 예수를 버리는 것이기 때문에 아무리 춥더라도 목에 걸린 십자가 목걸이를 떼어 불에 던질 수는 없었다.

함께 포로 된 '로드 사령관'이 괴뢰 군에게 안 된다고 완강히 거절하였다. 그랬더니 결국 북괴군들은 그 추운 겨울에 십자가를 목에서 뜯어내지 않으려거든 옷을 벗으라고 호통을 쳤다.

'로드 사령관'이 아무리 북괴군들을 붙들고 사정을 해도 소용이 없었다. 병사들은 모두 다 신앙을 지키기 위해서 그토록 추운 눈 쌓인 들판에서 옷을 벗었다. 삽시간에 연합군 병사들은 벌거숭이가 되었다.

그런데 연합군 병사 중 나이 어린 한 사람이 앞으로 나오더니 목에서 십자가를 떼어내 불구덩이에 던져 버렸다. 이때 괴뢰군은 "그러면 그렇지! 동무! 그 동무를 불 앞에 세워 주구래!"라고 하렸다.

그 순간 놀라운 일이 생겼다. 그 나이 어린 병사가 불 가까이 다가갔을 때 별안간 크게 경련을 일으키며 울음을 터트리는 것이었다. 그리고 그 병사는 불가에 엎드러져 있더니 숨지고 말았다.

이 사건이 난 후 로드 사령관은 다시 애원하듯 하여 겨우 나머지 병사들에게 옷을 입히고 그들을 위로하였다. 이 '로드 사령관'은 영국인이었기 때문에 삼 년 후에 영국 정부가 소련 정부에 교섭함으로써 모스크바에 갔다가 다시 영국으로 갔다가, 그 후 다시 한국으로 돌아와 구세군 사령관으로 일하게 되어 이 소식이 지금 우리에게 전해진 것이다.

이것은 '한국기독교 백년사'에 나오는 실화(實話)이다. 미군 포로 중에 그 나이 어린 병사는 자기 생명을 얻고자 십자가, 곧 예수를 버렸으나 죽었고, 자기 목숨을 버릴지언정 예수를 버리지 않겠다고 다짐하고 자기 목숨을 잃고자 했던 자들은 모두 살았다.

마태복음 16:25에 "누구든지 제 목숨을 구원하고자 하면 잃을 것이요 누구든지 나를 위하여 제 목숨을 잃으면 찾으리라"고 하였다.

이렇게 자기 목숨보다 주님을 더 사랑하는 성도가 되시기를 바란다.

 히스기야 왕의 신앙 부흥 운동

• 찬송가 94(102)장

1절)

주 예수보다 더 귀한 것은 없네 이 세상 부귀와 바꿀 수 없네

영 죽을 내 대신 돌아가신 그 놀라운 사랑 잊지 못해

후렴)

세상 즐거움 다 버리고 세상 자랑 다 버렸네

주 예수보다 더 귀한 것은 없네 예수밖에는 없네

2절)

주 예수보다 더 귀한 것은 없네 이 세상 부귀와 바꿀 수 없네

이 전에 즐기던 세상일도 주 사랑하는 맘 뺏지 못해

3절)

주 예수보다 더 귀한 것은 없네 이 세상 부귀와 바꿀 수 없네

유혹과 핍박이 몰려와도 주 섬기는 내 맘 변치 못해

2) 직임에 대한 충성하는 생활

역대하 31:2 "히스기야가 제사장들과 레위 사람들의 반열을 정하고 그들의 반열에 따라 각각 그들의 직임을 행하게 하되 곧 제사장들과 레위 사람들에게 번제와 화목제를 드리며 여호와의 휘장 문에서 섬기며 감사하며 찬송하게 하고"

여기서 '직임(職任)'이란 제사장들과 레위 사람들의 직임을 말한다. 신약시대에는 일반 성도들도 제사장의 직무가 있고 레위인의 직무도 있다. 그러므로 2절의 직임은 바로 오늘날 우리 성도들의 직임이다.

그러면 그 직임이 무엇인가를 살펴보자!

• 직임의 종류

▸ 예배하는 생활

2절의 '번제'는 제사를 말하는 것으로서 신약 시대에서는 예배를 가리킨다. 구약 시대에는 제사를 드릴 직임이 있었고, 신약 시대에는 예배드릴 직임이 있다. 성도에게 예배 생활은 천직(天職)이다.

성도가 어떤 일이 있더라도 예배드려야 할 시간에 다른 곳에 있지 않기를 부탁한다. 예배는 진정으로 하나님을 만나는 시간이며, 하나님과 긴밀히 교제하는 시간이다. 그리고 하나님께 영광을 돌리는 시간이며, 복을 받는 시간이다.

내가 하나님께 영광 돌리는 귀한 시간을, 내가 하나님으로부터 복을 받는 귀한 시간에 어디를 가야 하며 무엇을 해야 하겠는가? 예배를 제쳐 두고 절대로 어디로 가서도 무엇을 해서도 안 된다.

예배를 소홀히 하는 것은 하나님 만나기를 소홀히 하는 사람이요, 복 받기를 소홀히 하는 사람이다.

성도가 예배하는 영광스러운 직무를 어찌 게을리할 수 있겠는가? 예배하는 영광스러운 이 직임은 아무나 가질 수 없는 나만의 소유이며 권리이며 행복이다.

요한복음 4:24에 "하나님은 영이시니 예배하는 자가 영과 진리로 예배할지니라."고 하였다.

▸ 화목하는 생활

역시 2절에 '화목제를 드리며'라고 하였다. 화목제는 화목하기 위하여 하나님께 드리는 제사이다.

은혜받은 성도가 두 번째 행할 직임은 바로 화목이다. 화목하는 생활은 성도가 이 땅에 사는 동안 내내 힘써야 할 직임이다.

데살로니가전서 5:13에 "그들의 역사로 말미암아 사랑 안에서 가장 귀히 여기며 너희끼리 화목하라."고 하였고, 고린도후서 5:18에는 "모든 것이 하나님께로서 났으며 그가 그리스도로 말미암아 우리를 자기와 화목하게 하시고 또 우리에게 화목하게 하는 직분을 주셨으니"라고 하였다.

화목은 성도의 직임으로써 화목과 아울러 사랑하고 단결해야 한다. 화목한다고 하면서 사랑하지 못하고 단결 단합하지 못하면 화목은 유명무실한 것이다. 화목과 사랑과 단결에 우리가 모두 힘써야 한다.

▸ 봉사하는 생활

역시 2절에 '여호와의 휘장 문에서 섬기며'라고 기록되어 있다.

여호와의 휘장 문은 하나님의 성전 문을 가리킨다. 섬기는 생활은 곧 봉사하는 생활이다. 은혜받은 성도가 할 일은 봉사이다.

하나님께서 우리에게 직분으로서 은혜와 은사를 주신 것은 자기의 체면과 직위와 명예를 누리게 함이 아니라 봉사하라고 주신 것이다.

시편 84:10에 "주의 궁정에서의 한 날이 다른 곳에서의 천 날보다 나은즉 악인의 장막에 사는 것보다 내 하나님의 성전 문지기로 있는 것이 좋사오니"라고 하신 말씀을 기억하며 살자!

구원받은 성도는 내 육신의 일에는 편히 산다고 하여도 하나님의 일과 교회에서는 수고하여야 한다. 이것이 은혜받은 사람의 마땅히 할 바이다.

노인은 노인대로, 젊은이는 젊은이대로, 학상은 학생대로, 각기 자기가 교회에서 봉사할 부분들을 찾아서 자원하여 봉사하는 생활을 해야 한다. 시키는 일에 순종하는 것도 귀하지만 자원하여 봉사하는 것은 더욱 아름다운 것이다.

시편 84:10의 고라 자손의 시(詩)처럼 '내 하나님의 문지기' 생활이라도 귀하게 여기는 마음을 가지고 감사하게 여기며 섬기는 생활이 되기를 바란다.

• 우리가 봉사할 종류

▸ 첫째: 노력 봉사

건강하고 힘 있는 성도는 자기 육체적 노력을 통해 교회에 봉사할 수 있다. 힘이 있고 시간이 있으면 모든 일에 아낌없이 정성 들여 봉사하면 하나님께서 기뻐하시고 복 주실 줄 믿는다.

▸ 둘째: 물질 봉사

우리는 하나님의 사업에 각기 자기 재력의 한도 내에서 최대한 물질을 드려 봉사하여야 한다.

하나님의 복음 사역에는 많은 물질이 필요하다. 있는 자는 아까워 인색하지 말고 봉사할 것이며, 없는 자는 없다고 핑계하지 말고 힘껏 봉사해야 한다.

▸ 셋째: 기능봉사

자기가 가지고 있는 하나님이 주신 기능(技能)을 하나님의 교회와 복음 사역에서 필요로 할 때마다 아낌없이 기능을 발휘하여 봉사해야 한다.

모세 선지자 시대에 성막을 지을 때, 봉사한 '우리의 아들 부사렐'과 '아이사막의 아들 오홀리압(출애굽기 31:1-6)'이 그들의 지혜와 총명과 솜씨로 성막에 쓰일 각종 물건을 만들었던 것처럼 봉사하여야 하며, 레위인들 중에 노래 잘하는 자들은 노래로 하나님께 찬양하고, 악기를 잘 다루는 자들은 악기로 하나님을 찬양한 것처럼 봉사하여야 한다.

현대 교회에서는 더욱 다양한 재능과 기능을 복음 전도사역에서 필요로 한다. 하나님이 나에게 주신 재능으로 하나님께 영광을 돌리자!

▸ 넷째: 기도 봉사

하나님 나라 사업은 기도 없이 성공할 수 없다. 그러므로 기도 봉사는 절대로 필요하다. 기도 봉사야말로 누구나 다 할 수 있는 일이다.

세상에서 할 일 다 하고 연로하신 노인 성도들도 기도는 할 수 있고, 한가하게 할 일 없는 자들도 기도하기에 좋고, 젊은이들은 힘이 있어서 기도하기에 좋다.

이런저런 핑계치 말고 다 함께 우리 모두 복음 전파와 교회 부흥과 복음 사역자들을 위하여 기도 봉사에 전력을 기울이자.

에베소 6:18-19에 "모든 기도와 간구를 하되 항상 성령 안에서 기도하고 이를 위하여 깨어 구하기를 항상 힘쓰며 여러 성도를 위하여 구하라 또 나를 위하여 구할 것은 내게 말씀을 주사 나르 입을 열어 복음의 비밀을 담대히 알리게 하옵소서 할 것이니"라고 하였다.

▸ 감사하는 생활

역대하 31:2 "…여호와의 휘장 문에서 섬기며 감사하며 찬송하게 하고"

성도의 직임 중에 빼놓을 수 없는 것이 감사이다.

에베소서 5:20에 "범사에 우리 주 예수 그리스도의 이름으로 항상 아버지 하나님께 감사하며"라고 하였고, 데살로니가전서 5:18에 "범사에 감사하라 이는 그리스도 예수 안에서 너희를 향하신 하나님의 뜻이니라."고 하였다.

사실 우리가 살아가는 중에 모든 것 하나하나 따지고 보면 감사치 않는 것이 무엇인가! 자연의 구조에서부터 시작하여 나 자신의 인체 구조에 이르기까지 감사치 아니한 것이 하나도 없다.

그래서 성경 말씀에 항상 감사하라 하였고, 범사에 감사하라고 하신 것이다. 우리가 모태에서 빈 몸으로 왔다가 실컷 먹고 입고 쓰고 살다가 빈 몸으로 가게 하셨으니 얼마나 감사한가?

빈 몸으로 오지 않고 태어날 때 가지고 와야 했다면 그것이 얼마나 큰 문제이겠는가?

또한 우리가 이 세상을 떠날 때 우리가 먹고 쓰고 살던 것, 모두 다 짊어지고 가라고 했더라면 이것을 어찌 감당할 수 있겠는가?

빈 몸으로 왔다가 빈 몸으로 가는 것처럼 행복하고 감사한 일은 무엇보다 더 최고의 감사할 제목이다.

자연에서도 가장 필요한 공기와 물과 땅을 그냥 주셔서 우리에게 사용하게 하셨다. 만약에 산소를 사 먹고, 물을 모두 사서 사용하고 햇빛을 사서 쬐라고 했더라면 어떻게 되겠는가?

그러므로 우리는 감사할 수 있는 마음과 감사할 수 있는 믿음을 가지고 이 감사의 직무를 잘 감당해야 한다.

예배하는 자, 화목하게 하는 자, 봉사하는 자, 감사하는 자로 살아가시기를 바란다. 마음으로 감사하고, 입으로 감사하고, 손으로, 몸을 드려, 물질 드려 감사하시기를 바란다. 하나님이 주신 것, 모두가 감사한 일인데 감사치 아니하면 하나님께서 우리를 대하여 노여워하신다.

시편 50:22-23에 "하나님을 잊어버린 너희여 이제 이를 생각하라 그렇지 않으면 내가 너희를 찢으리니 건질 자 없으리라 감사로 제사를 드리는 자가 나를 영화롭게 하나니 그 행위를 옳게 하는 자에게 내가 하나님의 구원을 보이리라"고 하였다.

 히스기야 왕의 신앙 부흥 운동

‣ 찬송하는 생활

진정한 찬송은 나와 하나님과의 관계에서 화목하게 되고, 하나님의 은혜에 진심으로 감사할 수 있는 믿음과 심령이 되어야 진실한 찬송이 입에서 나올 수 있다.

찬송은 감사에서부터 시작되어야 하고, 마음에서부터 나와야 하며, 마음의 고백과 감사와 기도의 소원이 되어야 한다. 구원받은 성도는 이상에서 소개한 성도의 직임, 다섯 가지를 꼭 실천하면서 감당하여야 한다.

• **직임에 충성하는 방법**(역대하 31:11-21)
‣ 즐거이 행해야 한다.

우리가 교회에서 하나님의 일을 즐거이 한다는 것은 은혜받았기 때문이요 마땅히 할 일이라고 인식하는 데서부터 시작된다.

하나님의 일을 즐거이 해야 하나님께서 기뻐하시고 일의 능력도 오르고 오래도록 지속할 수 있으며 일하는 모습도 아름답다.

‣ 충실히 행하였다.

역대하 31:18 "또 그 족보에 기록된 온 회중의 어린 아이들 아내들 자녀들에게 나눠 주었으니 이 회중은 성결하고 충실히 그 직분을 다하는 자며"

은혜를 받고 변화를 받았기 때문에 충실히 할 수 있게 된 것이다. 은혜를 받지 않는 자들의 충실이란 일시적일 뿐이다.

‣ 선과 정의와 진실함으로 행하였다.

역대하 31:20 "히스기야가 온 유다에 이같이 행하되 그의 하나님 여호와 보시기에 선과 정의와 진실함으로 행하였으니."

이것은 충성의 방법 문제로서 선하게, 정의롭게, 진실하게 하였다는 것이다.

선하지 못하면 악(惡)이 싹트고, 정의롭지 못하면 불의한 것들이 고개를 들게 되고, 진실하지 못하면 거짓이 팽배해져서 불신 사회가 되고 평화롭지 못하며, 좋은 그리스도인의 모습과 행복한 사회가 깨어지고 만다.

‣ 한마음으로 행하였다.

역대하 31:21 "그가 행하는 모든 일 곧 하나님의 전에 수종드는 일에나 율법에나 계명에나 그의 하나님을 찾고 한 마음으로 행하여 형통하였더라."

이것은 오직 하나님만을 찾는 일념(一念)으로 하였다는 뜻이다. 그들의 충성에 다른 헛된 생각이 전혀 없었고, 오직 일편단심 하나님만을 바라보고 하였다.

　　　　　　　　히스기야 왕의 신앙 부흥 운동

이렇게 유대인들은 유월절 성회 후에 충성하는 방법에서도 대단한 아름다움이 있었으므로 히스기야 왕의 유월절 성회는 은혜로운 성회였고, 은혜를 받아도 철저히 은혜받는 심령들이 되었다.

우리도 그들처럼 변화를 받고, 은혜를 받고, 충성할 수 있기를 간절히 소원한다.

3) 물질 봉헌하는 생활

역대하 31:3 "또 왕의 재산 중에서 얼마를 정하여 여호와의 율법에 기록된 대로 번제 곧 아침과 저녁의 번제와 안식일과 초하루와 절기의 번제에 쓰게 하고"

• 헌금하는 기본 원리

▸ 첫째, 자기 재산 중에서 해야 한다.

히스기야 왕은 자기 재산 중에서 하라고 명령하였다. 타인의 소유나 공유의 재산으로 자기 것인 양 헌금해서는 안 된다. 하나님은 부정한 예물은 원치 아니하신다.

다윗 왕이 성전 건축을 위하여 금 십만 달란트와 은 백만 달란트를 예비하였고, 놋과 철을 셀 수 없을 만큼 심히 많이 예비하였는데(역대상 22:14), 그중에서도 더욱 귀한 것은 다윗 왕은 추가로 사유(私有)의 금 삼천 달란트와 은 칠천 달란트를 헌금하였던 것이다(역대상 29:3-4).

다윗은 왕으로서 공인이었지만 공유물로만 헌금한 것이 아니라 공인의 책무를 다하면서도, 한편으로는 자기 개인의 재산 중에서 헌금함으로써 하나님께 진실한 사명을 다하였다.

다윗 왕이 드린 사유재산으로 드린 금과 은을 현실 생활의 수치로 환산해 보면 얼마나 거액인지를 알 수 있다. 그 당시에 '달란트'는 화폐로서의 단위로도 사용되었고, 무게의 단위로도 사용되었는데, 다윗 왕은 실물(實物)로 드렸기 때문에 화폐로서가 아닌 중량으로서의 달란트였다.

다윗 왕이 드린 금과 은의 환산(換算)

1달란트는 구약 시대에는 34.272㎏이며 신약 시대에는 20.4㎏인데, 다윗은 구약 시대의 사람으로서 '금'이 3,000달란트(약 103톤)이고 4톤 트럭에 실으면 26대 분량이며, '은'은 7,000달란트(약 240톤)로서 4톤 트럭으로 60대 분량을 드린 것이다.

이런 엄청난 분량의 금과 은을 하나님의 성전 건축을 위하여 사유재산 중에서 드렸기 때문에 성전 안을 온통 금으로 도금하였고, 기구들을 금으로 만들 수 있었다.

그러면서도 다윗은 교만하지 않았고 겸손하였으며, 오히려 하나님께 드릴 수 있었다는 사실에 크게 만족했으며 즐거워했다.

역대상 29:14에 "나와 내 백성이 무엇이기에 이처럼 즐거운 마음으로 드릴 힘이 있었나이까 모든 것이 주께로 말미암았사오니 우리가 주의 손에서 받은 것으로 주께 드렸을 뿐이니이다."라고 하였다.

▸ **둘째, 얼마를 정하여서 해야 한다.**

역대하 31:3에 '얼마를 정하여'라고 하였다.

미리 정하여 드리는 헌금이 아름답다. 고린도후서 9:7에 "각각 그 마음에 정한 대로 할 것이요 인색함으로나 억지로 하지 말지니 하나님은 즐거내는 자를 사랑하시느니라."고 하였다.

그리고 고린도후서 9:5에는 "그러므로 너가 이 형제들로 먼저 너희에게 가서 너희가 전에 약속한 연보를 미리 준비하게 하도록 권면하는 것이 필요한 줄 생각하였노니 이렇게 준비하여야 참 연보답고 억지가 아니니라."고 하였다.

▸ 셋째, 힘대로 하여야 한다.

고린도후서 8:3에 "내가 증언하노니 그들이 힘대로 할 뿐 아니라 힘에 지나도록 자원하여"라고 하였다.

자기의 능력대로 최선을 다하여 연보하여야 정성을 다하는 것이다. 감당할 수 없을 만큼 하여 시험에 들면 안 되지만 어쨌든 최대한의 힘대로 하여야 한다.

▸ 넷째, 자원하여 드려야 한다.

고린도후서 8:3에 "내가 증언하노니 그들이 힘대로 할 뿐 아니라 힘에 지나도록 자원하여"라고 하였다.

자원하여 드려야 억지가 되지 않고, 인색함도 없는 연보가 되어 즐거이 드리는 연보가 될 수 있다.

▸ 다섯째, 물질 이전에 먼저 자신을 드려야 한다.

고린도후서 8:5에 "우리가 바라던 것뿐 아니라 그들이 먼저 자신을 주께 드리고 또 하나님 뜻을 따라 우리에게 주었도다."라고 하였다.

헌금에는 반드시 헌금 속에 자기의 마음이 담겨야 하고, 자기의 몸을 드리는 마음으로 물질을 드려야 한다.

외적으로 헌금은 하였으되 속마음이 바쳐지지 못하고 자기 몸은 주께 드리지 못한다면 그 연보는 하나님께서 기뻐하시지 않는다.

‣ 여섯째, 인색함으로나 억지로 하지 말아야 한다.

고린도후서 9:7에 "각각 그 마음에 정한 대로 할 것이요 인색함으로나 억지로 하지 말지니 하나님은 즐겨 내는 자를 사랑하시느니라."고 하였다.

• 헌금의 종류

헌금이라 하면 하나님께 드리는 모든 예물이 다 포함된다. 그러나 역대하 31:3에서 자기 재산 중에서 드려야 할 헌금을 소개해 본다.

‣ 첫째, 항상 드리는 헌금

3절에 "아침과 저녁의 번제"라고 하였다.

민수기 28:3에 "또 그들에게 이르라 너희가 여호와께 드릴 화제는 이러하니 일 년 되고 흠 없는 숫양을 매일 두 마리씩 상번제로 드리되"라고 하여 조석(朝夕)으로 드리는 제사를 상번제라고 하였다. 여기의 '상번제'는 데살로니가전서 5:18에 범사에 감사하라는 말씀과 같은 뜻이다.

‣ 둘째, 매 주일에 드리는 헌금

역시 3절에 "안식일" 번제를 말씀했다.

조석(朝夕)으로 번제를 드리기도 했지만, 또 매주 안식일마다 하나님께 번제를 드렸다(민수기 28:9). 이것은 지금의 주일마다 드리는 헌금, 곧 주일헌금과 같다.

　　　　　　　히스기야 왕의 신앙 부흥 운동

‣ 셋째, 매달 드리는 헌금

역시 3절에 "초하루"라고 하였다.

민수기 28:14에는 "초하루의 번제"라고 하였다. 매월 초하루에 번제물(월삭번제)을 드리도록 되어 있다. 매월 감사 헌금을 드리는 것, 즉 월정(月定)헌금이다.

‣ 넷째: 절기마다 드리는 헌금

역시 3절에 "절기번제"라고 했다.

구약 시대에는 많은 절기가 있었는데 절기마다 하나님께서 번제를 드리도록 하였다.

유월절	정월 십사 일	레위기23:5, 민수기28:16
무교절	정월 십오 일부터 한 주간	레위기23:5, 민수기28:16
초실절	유월절로부터 오십 일째	레위기23:10, 민수기28:26
나팔절	칠월 일 일	민수기29:1, 레위기23:24
속죄일	칠월 십 일	민수기29:7, 레위기23:27
초막절	칠월 십오 일부터 칠 일간	민수기29:12, 레위기23:34
부림절	십이월 십사 일과 십오 일	에스더9:19, 21, 28

〈구약의 절기들〉

유월절과 무교절은 성찬 예식의 유래가 되었고, 초실절은 맥추감사절의 유래가 되었으며, 초막절은 추수감사절의 유래가 되었다.

신약 시대에 들어와서 구약 시대 때 없던 절기들이 생겼다. 즉 성탄절, 수난절(종려주일), 부활절, 성령강림절 등이 있다.

고난 일은 구약의 속죄 일과 관련이 되고, 성령강림절은 구약의 오순절과 관련이 되며, 부활절은 구약의 부림절과 유사성이 있다.

성도들은 자기 재산 중에서 연중 매 절기 감사 헌금을 드려야 한다. 구원받은 성도는 날마다, 주일마다, 달마다, 절기마다 감사하는 아름다움이 있어야 한다.

시편 50:23에 "감사로 제사를 드리는 자가 나를 영화롭게 하나니 그 행위를 옳게 하는 자에게 내가 하나님의 구원을 보이리라."고 하였기 때문이다.

스펄전 목사는 말하기를 진정한 변화는 호주머니에서부터 일어나야 한다고 말했다. 헌금 생활에 변화가 있어야 참으로 은혜받고 변화된 성도라고 할 수 있다.

• 십일조와 첫 열매의 헌금

역대하 31:5 "왕의 명령이 내리자 곧 이스라엘 자손이 곡식과 포도주와 기름과 꿀과 밭의 모든 소산의 첫 열매들을 풍성히 드렸고 또 모든 것의 십일조를 많이 가져왔으며"

십일조와 첫 열매의 헌금을 역대하 31:3에서 자기 재산 중에서 드려야 할 헌금의 종목에서 빠진 것은 아예 십일조와 첫 열매는 개인의 재산이 아니기 때문에 처음부터 제외한 것이다.

말라기 3:8에 "사람이 어찌 하나님의 것을 도둑질하겠느냐 그러나 너희는 나의 것을 도둑질하고도 말하기를 우리가 어떻게 주의 것을 도둑질하였나이까 하는도다. 이는 곧 십일조와 봉헌물이라"고 하였다.

여기 '헌물'이란 말씀 속에는 첫 소산과 그 외의 성도가 하나님께 작정한 예물들이 포함되어 있다.

          히스기야 왕의 신앙 부흥 운동

혹 어떤 성도는 십일조 중에서 각종 헌금하는 경우도 있다고 하나, 이것은 성경의 원리가 아니다. 십일조와 첫 소산은 자기 것이 아니므로 그 외의 자기 재산 중에서 각종 헌금을 드려야 한다.

성도에게 가장 우선으로 감당해야 할 두 가지 의무가 있다. 그것은 곧 주일성수와 십일조 봉헌이다.

주일은 하나님의 날이고 내 날이 아니기 때문이다. 요한계시록 1:10에 "주의 날"이라고 하였다. '주의 날'은 주님의 날로서 바로 주일(主日)이다.

'주의 날'이므로 이날은 반드시 지켜야 하고, 이날을 주님께 영광을 돌리는 데 사용해야 한다. '십일조'는 주의 것이므로 반드시 하나님께 바쳐야 한다. 주의 날과 주의 것을 구별하여 하나님께 드리는 자가 복을 받는다.

주의 날과 주의 것을 범하는 자는 주의 것을 도적질하는 것으로서 그리스도인의 윤리 문제이다. 양심선언이라도 하고서 순교적인 정신으로 지키기를 힘써야 한다.

이 두 가지에는 생명을 걸고서라도 지켜져야 할 가장 중요한 일이다.

말라기 3:7에 "만군의 여호와가 이르노라 너희 조상들의 날로부터 너희가 나의 규례를 떠나 지키지 아니하였도다 그런즉 내게로 돌아오라 그리하면 나도 너희에게로 돌아가리라 하였더니 너희가 이르기를 우리가 어떻게 하여야 돌아가리이까 하는도다."라고 하였다.

4) 교역자 봉사 생활

역대하 31:4 "또 예루살렘에 사는 백성을 명령하여 제사장들과 레위 사람들 몫의 음식을 주어 그들에게 여호와의 율법을 힘쓰게 하라 하니라."

제사장과 레위인에게 "제사장들과 레위 사람들 몫의 음식"을 제공하라고 백성들에게 명령하였다.

이 말은 제사장들의 받을 분깃을 가리키는 말이다. 이것은 하나님의 제단에서 봉사하고, 그 제단에서 나오는 것을 먹는 것이었다.

▸ 첫째, "몫의 음식"에는 어떤 것들이 있는가?

역대하 31:5 "왕의 명령이 내리자 곧 이스라엘 자손이 곡식과 포도주와 기름과 꿀과 밭의 모든 소산의 첫 열매들을 풍성히 드렸고 또 모든 것의 십일조를 많이 가져왔으며"

신명기 18:3-4 "제사장이 백성에게서 받을 응식(應食)은 이러하니 곧 그 드리는 제물의 소나 양이나 그 앞다리와 두 볼과 위라 이것을 제사장에게 줄 것이요 또 네가 처음 거둔 곡식과 포도주와 기름과 네가 처음 깎은 양털을 네가 그에게 줄 것이니"

민수기 18:8-19까지에 아론과 그 자손에게 주는 영영한 응식(應食)이 소개된다. 즉, 지성물 중에서 불사르지 않는 것, 모든 소제와 속죄제와 속건 제물들, 첫 소산, 즉 제일 좋은 기름, 제일 좋은 포도주와 곡식, 처음 익은 모든 열매, 특별히 드린 것, 처음 나는 것들(초 태생).

  히스기야 왕의 신앙 부흥 운동

이런 것들은 제사장에게 돌아갈 응식, 즉 분깃으로 주셨는데, 종류별로 소개하면 곡물류, 과일류, 고기류, 음료(포도주), 조미료(식물성 기름), 직물류(양털), 별미(꿀) 등이 제공되었으며, 생활에 어려움이 없게 하였다.

제사장이 받을 응식의 품질은 제일 좋은 것, 특별히 드린 것, 처음 것들이 제사장이 받을 분깃이었다.

갈라디아서 6:6에는 "가르침을 받는 자는 말씀을 가르치는 자와 모든 좋은 것을 함께 하라"고 하였다.

이 말씀 중에 가르침을 받는 자는 성도요, 말씀을 가르치는 자는 교역자이다. 그리고 종류에서는 '모든 것'이며 품질에서는 '좋은 것'이다.

그러므로 구약 시대 성도가 제사장을 섬기는 원리나 신약 시대에 성도가 목회자를 대접하는 원리는 똑같다.

성도가 은혜받으면 교역자 봉사 생활에 달라져야 한다. 주님을 사랑하는 자는 마음으로 목회자를 사랑하고, 주님을 대접하는 마음으로 목회자를 대접하고, 주님을 영접하는 마음으로 목회자를 영접하기를 바란다.

마태복음 10:40-42에 "너희를 영접하는 자는 나를 영접하는 것이요 나를 영접하는 자는 나 보내신 이를 영접하는 것이니라. 선지자의 이름으로 선지자를 영접하는 자는 선지자의 상을 받을 것이요 의인의 이름으로 의인을 영접하는 자는 의인의 상을 받을 것이요 또 누구든지 제자의 이름으로 이 작은 자 중 하나에게 냉수 한 그릇이라도 주는 자는 내가 진실로 너희에게 이르노니 그 사람이 결단코 상을 잃지 아니하리라 하시니라"고 하였다.

‣ 둘째, 왜 '몫의 음식'[應食]을 주어야 하는가?

여호와의 율법에 힘쓰게 하기 위함이 바로 제사장에게 응식(應食)을 제공할 이유이다. 우리 속담에 '어미 베도 먹어야 짠다.'는 말이 있다. 목회자도 굶고는 일을 못한다.

느헤미야 13:10에 "내가 또 알아본즉 레위 사람들이 받을 몫을 주지 아니하였으므로 그 직무를 행하는 레위 사람들과 노래하는 자들이 각각 자기 밭으로 도망하였기로"라는 말씀이 있다.

하나님께서 구약 시대에 성도들에게 재물을 드리도록 명령하신 것은 재물을 드리면서 사람이 하나님을 기억하게 하시며, 종교의 유지 방법으로서 하나님의 일꾼들을 먹이고자 하심이었다.

신약 교회에서도 성도들이 복음의 일꾼들을 대접한 예들이 있다.

누가복음 8:2-3에 "또한 악귀를 쫓아내심과 병 고침을 받은 어떤 여자들 곧 일곱 귀신이 나간 자 막달라인이라 하는 마리아와 헤롯의 청지기 구사의 아내 요안나와 수산나와 다른 여러 여자가 함께하여 자기들의 소유로 그들을 섬기더라."라고 하였다.

| 2. 받은 축복

　유대인들이 유월절 성회를 통하여 생활과 신앙에 엄청난 변화가 있었음을 이미 소개하였고, 이제는 그들이 은혜를 받고 변화를 받으니까, 하나님께서 그들에게 어떻게 얼마만큼의 복을 내리셨는가를 살펴보고자 한다.

• 축복하는 기도의 상달

　역대하 30:27 "그 때에 제사장들과 레위 사람들이 일어나서 백성을 위하여 축복하였으니 그 소리가 하늘에 들리고 그 기도가 여호와의 거룩한 처소 하늘에 이르렀더라."

　성도의 최고의 축복은 기도할 수 있다는 것이요, 기도에는 응답이 있다는 것이다.

• 현저한 물질적 축복

　역대하 31:6-10 "유다 여러 성읍에 사는 이스라엘과 유다 자손들도 소와 양의 십일조를 가져왔고 또 그들의 하나님 여호와께 구별하여 드릴 성물의 십일조를 가져왔으며 그것을 쌓아 여러 더미를 이루었는데 셋째 달에 그 더미들을 쌓기 시작하여 일곱째 달에 마친지라 히스기야와 방백들이 와서 쌓인 더미들을 보고 여호와를 송축하고 그의 백성 이스라엘을 위하여 축복하니라. 히스기야가 그 더미들에 대하여 제사장들과 레위 사람들에게 물으니 사독의 족속 대제사장 아사랴가 그에게 대답하여 이르되 백성이 예물을 여호와의 전에 드리기 시작함으로부터 우리가 만족하게 먹었으나 남은 것이 많으니 이는 여호와께서 그의 백성에게 복을 주셨음이라 그 남은 것이 이렇게 많이 쌓였나이다."

히스기야 왕의 백성들은 유월절 후에 많은 십일조를 가져다가 드려 쌓았다. 그런데 그것을 3월에 쌓기 시작하여 7월에 마쳤으니 무려 넉 달간을 십일조의 곡식더미를 쌓은 것이다.

이렇게 엄청난 하나님의 복을 받은 것이다. 그들은 복을 받았음을 입으로 시인하였다. 성도로서 최고의 물질적 축복은 십일조를 제일 많이 하는 것이다. 십일조를 많이 하면 할수록 더 큰 축복을 받은 결과로 나타난다.

• 매사에 형통한 축복

역대하 31:21 "그가 행하는 모든 일 곧 하나님의 전에 수종드는 일에나 율법에나 계명에나 그의 하나님을 찾고 한 마음으로 행하여 형통하였더라."

"형통하였더라"는 무릇 모든 일에 형통하였음을 나타낸 말이다. 만사불통은 저주받은 결과요, 만사형통은 축복받은 결과이다.

은혜받은 결과는 엄청난 축복이 임하는데, 첫째는 기도 상달의 복이요, 둘째는 십일조의 풍성한 복이요, 셋째는 만사형통의 복이다.

 히스기야 왕의 신앙 부흥 운동

▌ 3. 맺는 말

지금까지 히스기야 왕의 유월절에 대하여 말씀을 소개하였다. 히스기야 왕 때의 유월절은 다른 때보다 특수한 상황 속에서 전 국민이 새로운 각오로 임하게 되었다.

그리하여 그들은 큰 은혜를 받았고, 받은바 은혜를 즉시 생활로 옮겼다. 무엇보다도 결정적인 요인은 그들의 결심이었다. 오직 여호와만을 섬기기로 한 놀라운 결심이 그토록 큰 은혜를 받게 하였고, 변화되게 하였고, 그것이 축복으로 생활에 연결되었다.

유대 땅에 일대 종교개혁운동이 일어났다. 우리도 그들처럼 결심하고 은혜받아 새로운 복된 생활에 진입하는 아름다운 성도들이 되시기를 간절히 주의 이름으로 축원하는 바이다.

히스기야 왕의 유월절이 곧 성도 여러분의 종교개혁 운동, 내지 심령 부흥 운동이 되어서 새로운 생활, 새출발, 그리고 헌신하는 생활이 되기를 간절히 축원한다.

- 끝 -

주여! 이 메시지가 성도에게 소식이 되게 하소서!

주여! 이 메시지가 성도에게 양식이 되게 하소서!

주여! 이 메시지가 성도에게 축복이 되게 하소서!

"충성되고 지혜 있는 종이 되어 주인에게 그 집 사람들을 맡아
때를 따라 양식을 나눠 줄 자가 누구냐
주인이 올 때에 그 종의 이렇게 하는 것을 보면
그 종이 복이 있으리로다."

(마태복음 24:45-46)

저자 연락처

대한예수교 장로회 전주은평교회 원로목사

水川 정복문 목사

핸드폰 010-5020-8842

히스기야 왕의 신앙 부흥 운동

1판 1쇄 발행 2025년 12월 29일

지은이 水川 정복문 목사

교정 신선미 **편집** 차민정 **마케팅·지원** 이창민

펴낸곳 하움출판사 **펴낸이** 문현광
이메일 haum1000@naver.com **홈페이지** haum.kr

블로그 blog.naver.com/haum1000 **인스타** @haum1007

ISBN 979-11-7374-216-3(03230)

좋은 책을 만들겠습니다.
하움출판사는 독자 여러분의 의견에 항상 귀 기울이고 있습니다.
파본은 구입처에서 교환해 드립니다.